信州文史

第六辑·人文

政协上饶市信州区委员会 编

中国文史出版社

图书在版编目（CIP）数据

信州文史．第六辑，人文／政协上饶市信州区委员会编．-- 北京：中国文史出版社，2021.8

ISBN 978-7-5205-3142-9

Ⅰ．①信… Ⅱ．①政… Ⅲ．①文史资料－上饶②上饶－概况③上饶－概况 Ⅳ．①K295.63 ②K925.63

中国版本图书馆CIP数据核字（2021）第183475号

责任编辑：赵姣娇

出版发行：中国文史出版社
社　　址：北京市海淀区西八里庄69号　邮编：100142
电　　话：010－81136606　81136602　81136603（发行部）
传　　真：010－81136655
印　　装：三河市华东印刷有限公司
经　　销：全国新华书店
开　　本：710mm×1000mm
印　　张：21
字　　数：325千字
版　　次：2021年8月第1版
印　　次：2021年8月第1次印刷
定　　价：85.00元

前言

本期为《信州人文》专辑。何谓人文?《辞海》曰:人文指人类社会的各种文化现象。文化是指一个国家或民族的历史、地理、风土人情、传统习俗、生活方式、文学艺术、行为规范、思维方式、价值观念等,由此而推,上饶人文就是上饶在以上几个方面所表现出来的各种现象。

历来,上饶无论政界、学界、文化界都想归纳本土的人文特点,论争多次,也都莫衷一是。因为上饶的人文大致历经了五次大融合、大碰撞而后才形成的今天的种种人文表现。

第一个大碰撞时期应该在秦朝。上饶先秦之前是百越族居住之地,这点可以从铅山炮台山悬棺葬,以及相邻的龙虎山、武夷山都可以看到同样的越族独特的葬俗。而武夷山被评为世界文化遗产地的原因之一,就是因为保留了闽越族的葬俗及其他的闽越风俗。汉刘安《淮南子·人间训》记载:秦始皇三十三年(前214)秦灭楚后,秦始皇命"使尉屠睢发卒五十万为五军,一军塞镡城之岭,一军守九嶷之塞,一军处番禺之都,一军守难野之界,一军结余汗(今上饶余干县)之水。三年不解甲弛弩。……而越人皆入丛簿中,与禽兽处,莫肯为秦虏"。秦朝的这支军队也就驻守于余干等地。秦二世而亡,这些秦国的军人也成为最早的上饶汉人了。

在秦之后,越族逐渐消失。但是越族的民俗还是由民间保留了一部分。中原的习俗与古越习俗在碰撞中融合。这点可以从白居易的《送人贬信州判官》一诗中可以看出,诗中有句:"溪畔毒砂藏水弩,城头枯树下山魈。"信江河畔的砂石藏有可以伤人而人不觉察的阴箭,城旁的枯树中藏有山魈。山魈在中国神话传说中是山中的独脚鬼怪。《山海经·海内经卷》:"南方有赣巨人,人面长臂，黑身有毛，反踵，见人笑亦笑，脣蔽其面，因即逃也。”是一种怪物。上饶水有水鬼，树有树怪，可见当时信州民俗中的巫术文化氛围浓厚。白居易是中晚唐的诗人，可见中晚唐时期信州的古越族的风俗还有保留。而白居易的诗也正是中原诗人对信州风俗的批判。这一时期的人文是以碰撞为主，是一种文化渐渐消融了另一种文化，一种文化渐渐地替代了另一种文化。汉族的文明也逐渐代替了越族的文明。融合的结果是上饶在古代留下的显著的道教文化，今天的三清山、葛仙山、龙虎山都可以做证。

上饶人文第二个融合期是南宋，此时的汉族文化占据了主要的地位，文明程度开始追赶并超越中原地区。曾任过吏部尚书的韩元吉(1118 —1187)，他晚年定居信州城南，对信州所发生的大事多有记载。他在《信州新修牙门记》中说:“信之为郡，山奇而廉，民风俭朴勤生，野人至有白首不识城市者，而士大夫雅以清议为重，至若侈靡斗讼之风，浮薄之习俗群耻之。”《广信府志》卷一之二,八十四地理山川也记载:“信自永嘉东迁，衣冠避地，风气渐开，历唐而宋，文学之士间出，而南渡以后，遂为要区。人知敦本积学，日趋于盛。入明二百余年，艺文学术蔚为东南望郡。下逮田野小民，生理才足，皆知以课以子孙读书为事。好勇尚鬼之习革易殆尽。”南宋时期的文化的变革是因北方大族入驻上饶，带来了比较典型的北方文化，而后又与上饶以及周边的南方文化交融，形成了上饶文化新的格局。如韩元吉是中州开封雍邱（今河南开封市）人，官至吏部尚书，致仕后居住信州信江南岸的山涧中。他中原文化根底深厚，性情超迈，词作风格豪放。他为信州所做的记事文章中，留下了丰富的文献资料，也可以看到他对信州的影响颇深。又如辛弃疾，他是山东济南人，济南是典型的齐文化的地域，齐文化的特点是尊贤上（尚）攻，是一种比较开放的思想。主要表现在军事是富国强兵，思路上不拘一格，注重经济的发展，在礼仪方面讲究简单实用，是一种重利的文化。宋史评价辛弃疾为人豪爽，崇尚气节，能识别和提拔有才能的人，所交多是海内名士。这些从他的生平与战斗生涯都可以体现出来，这就是齐文化的典型表现。他在上饶定居二十余年，留下四百多首词，记载了他在上饶时的思想与内心，也记录了他在上饶的交游。他将当时的一些志趣相投的人物都邀约到上饶，如与浙江东阳陈亮的鹅湖之会，陈亮是浙东学派的代表，是事功派的主要人物。陈亮急切地渴望建功立业，这点与齐文化也十分相通。这些无疑是对上饶原有的道教文化有很大的冲击。而朱熹所创建的闽学，对上饶也有润物细无声的影响力。朱熹在信州授徒讲学，在鹅湖书院与“二陆”的辩论，都在极力传播理学，同时他的理学也改变了信州的风俗。翻开明代以来的《广信府志》与各县县志，都可以看到以理学为规范的社会道德准则。元朝时间短暂，不足百年，对信州文化影响不大。而明代基本继承宋代文化，上饶的理学文化得以占主宰地位。

第三个融合时期应该是在清朝。清初因为耿精忠的反清复明，上饶频遇战事，主要是平息“三藩”之一的，福建耿精忠叛乱。其中在康熙十三年三月，耿精忠的部队包围了信州府，信州知府高梦说与其他官员突围而出，奔赴南昌省城求援，信州所辖的七个县都被攻破。而康熙十五年三月，因知府高梦说随军退入省城，信州城又被耿部占领。在清朝初年，清政府为了防止沿海民众通过海上活动接济反清抗清势力而实行海禁。顺治十二年（1655）六月，朝廷曾下令沿海省份“无许片帆入海，违者立置重典”，顺治十八年（1661），更强行将江、浙、闽、粤、鲁等省沿海居民分别内迁三十至五十里，设界防守，严禁逾越，直到康熙二十年（1681）三藩之乱平定后才解禁。此时作为近邻的信州，迁入大量福建移民。仅仅在1986年版《江西上饶市地名志》（上饶市即信州区），查到这样的记载：

北门人民公社：沽塘大队：朱家坞王家：王、邱两姓分别从本省南丰与福建省迁入；黄土垄：福建黄姓充军于此，定居繁衍；龙牙亭：福建丁姓在此定居，改农牙亭；郭门大队：牛角垄：清末，福建泉州姚姓迁此；大路沿：福建泉州姚姓迁于此，历16代；姚家：清末，福建泉州永春姚姓迁于此；东瓦窑大队：东瓦窑：福建泉州邓姓迁于此，已300年；里瓦窑：福建泉州吴姓迁于此，已200年；下山：福建泉州永春县陈氏迁于此，已300年；沙丘：福建泉州洪姓迁于此，已250年；民主大队，王家地：福建邱姓迁于此，历12代；王家山：福建杨姓迁于此。龙潭村大队，龙潭林家：福建永春林氏迁入，历13代；戴家岭：福建永春廖姓迁入历20代；廖氏有弟兄四人，后分别迁入墙川、茶园、高畈等村落，后来子孙又迁入其他村落；乌石头：福建资溪廖姓迁此，历16代；尤家：福建永春尤姓迁入，历13代；龙潭：福建徐姓迁入，历36代；

常青人民公社：庆丰大队：北门：清咸丰年间，福建徐姓迁于此；汪家园大队：林家洲：福建林氏迁于此历15代；车头大队：上车头：福建曾姓迁于此，历30代；车头：福建曾姓迁此始建村，历30代；

茅家岭人民公社：畴口大队：畴口：福建汪姓迁入，历19代；山蓬村：福建陈姓迁入，历9代；茅家岭大队：茅家岭：福建蔡姓迁入，历16代；庙前村：康熙年间梅姓由福建邵武唐宁迁入；周田大队：周田村横石源：福建李姓迁入，历9代；石底村：福建曾姓迁入，历16代；里珠：福建古田邱、范姓迁入，历20代；塔水大队：张家：福建石城县禾口溪背张姓迁入，历12代；东仓：福建莆田李姓迁入，历12代；黄家山头：福建永春李姓迁入，历10代；

福建移民所迁入的村落以及之后子孙们所居住的村落，几近占据了信州城区的一半左右。福建移民来到上饶，大都是由拓荒起家，他们开垦土地，搭建山棚，繁衍后代，集聚村落。由于人口众多，久而久之，福建的民俗对上饶的影响也很深远。虽然福建移民与本土的百姓也十分融合，但是他们也很独立，如今依旧世代相传地保持了清代闽南语。如果当地的姑娘嫁入村庄，也要求必须学会闽南语，因此闽南语成了上饶语言的一个组成部分。福建的一些农耕习俗也被当地人所接受。移民的勤劳与聪慧，也深深地影响了当地人。

上饶文化第四次大融合应该是在抗战时期。当时上饶在政治、军事、经济、文化诸方面都成为东南五省抗战的中心。政治方面：政界要人周恩来、叶挺、蒋经国、白崇禧和原共产国际代表鲍罗廷，以及美英盟军代表等纷纷来到上饶商量联合抗战事宜。韩国第一任总统李承晚当时也在上饶担任朝鲜抗日先遣总队队长。顾祝同、谷正纲、邓文仪等国民党高级将领驻守上饶。军事方面：抗战期间上饶独立承担东南抗战的大局，领导第三战区4000多万同胞抗日，指挥了著名的“浙赣战役”。震惊世界的“杜立特”行动，成功地营救了因轰炸东京而跳伞的美国飞行员，指挥中心就在上饶。三战区长官司令部与第九战区共同指挥了南昌会战。中国军队还在上饶的象鼻山、土官桥、坑口、冷滩、广丰、弋阳与日军展开激战。经济方面：由于上饶是抗战的指挥中心，相对安全，沦陷区的金融业、商业纷纷迁往上饶。百货业、西药业、餐饮业、旅馆业、照相业等行业十分繁荣。文化方面：当时大批文化人士在上饶办报出刊。上饶编辑出版的报纸杂志达数十种之多。出版单位众多，如战地书局、时代书局、协丰书局、文光书局、文化服务社等。抗日演出队宣传演出深入民间。交通方面：浙赣线在抗战时期曾一度遭到严重的毁坏，而到抗战胜利后又再一次全线开通。抗战时期，铁路文化也融入上饶。

这次融合的结果，使得上饶的人文有了一个飞跃的发展，很快就在各个方面站在全国的前列。这些政治经济文化的影响力在上饶的历史上是空前，因为输入的都是当时全国乃至世界的新的人文风气，而且是全面地发展。虽然这段时间比较短，只有五六年时间，随着抗战的胜利，很多部门单位都迁回大城市，但是很多人文的传统流传下来，比如在语言方面，上饶的铁路话就是当时修浙赣铁路带来并流传开来的，一直影响至今。

上饶文化第五次人文大融合是在高铁时代。2015年8月，经江西省人民政府批准设立上饶高铁经济试验区，列为省级发展战略。2016年8月，经省编委批准成立上饶高铁经济试验区管理委员会。随着沪昆、京福高铁的开通，上饶全面进入了高铁时代，很多著名的企业也都投资上饶。他们的到来，不仅仅是经济行为，更带来了强劲的发达地区的文化意识。这些年来，上饶的旅游事业走在全国的前列，具有人文意识的民宿在上饶已经成为风景。上饶城市发展日新月异，富有信州特征的人文建筑正在兴起。

上饶人喜欢接受新的事物，所以上饶是一个人文大融合的区域。本专辑是从上饶人文的形成与变革来进行探讨，有对信州的宗教信仰文化形成的渊源的探讨，有对信州古代的伦理故事的分析评价，有对信州地名与历史关系的寻源，有对信州宗族宗祠文化的研究，有对信州方言、民歌的形成与发展的考察，有对信州各种民俗的描述，还有对信州艺术介绍等等。从这些文章中，我们可以清晰地看到信州历史上的五次大融合所带来的人文变化，也揭示信州人文的内在的特征与发展规律。

虽然我们对信州人文做了一些研究，但任重道远，我们还将继续前行。

汲军

目　录
CONTENTS

【千年传承】

上饶灵山石人信仰的历史考察

吴长庚

灵山为上饶之镇山，山之中部有石人峰，其形似人，在历代造神运动中，由乡人祭祀而上升为灵，受封为神，又杂入民间仙道，历千百年而形成“石人信仰”，至今香火不绝。本文拟从《灵山遗爱录》的研究考察入手，探讨石人信仰的产生、发展及形成的过程，揭示民间信仰背后的真相。

《灵山遗爱录》四卷，明徐谦编辑，《续录》两卷，清蔡芷庭增辑，后人合而刊之，是一部综合收集有关上饶灵山的人文历史、诗词歌赋及相关史料的资料汇编。

灵山位于江西上饶县北，距上饶市区约40千米，蜿蜒百里，气势雄伟，景色宜人。山高1400米，横亘茗洋、湖村、清水、汪村、石人、望仙、郑坊、华坛山等乡镇。同治《上饶县志》有载曰：“灵山在城西北七十里，道家书列为三十三福地，邑之镇山也。”

山之中部有石人峰，其形似人，挺立于群山之表。清初，兴安县知县曹学隽有云：“天欲生灵神，必先成灵地。地藉灵神，其名益彰，神藉灵地，其威愈赫，历千百年而不磨其名，历千百年而益增其威也。郡治之西北……界一山，其名曰灵。中藏七十二峰，溪流五派，层峦耸秀，叠嶂环拱。内有一峰，其形似人，迥异群峰，遂名为石人峰也。”[1] 石人是灵山之灵峰，灵山为信郡之镇山。故千百年来，乡人于石人峰下建石人殿，初名胡昭公祠，又名石人庙、石人祠、石人峰祠。唐贞元六年（790），刘太真、李德胜二神入祀后，庙又以神名，称刘将军庙、李真君庙等。因而，从唐代至今，一直香烟缭绕，祭祀不绝。

灵山庙会

灵山不仅景色独特，而且具有1800年丰厚的历史文化积淀。先有东汉年间颍川人胡昭因不受魏国之聘，投簪渡江，往上饶灵山百谷峰养真岩结庐隐居，建炉炼丹。卒后仙踪时现各地，显灵佑民，乡人乃于养真岩建祠，筑望仙台祀之。望仙乡之名即缘于此。此后，凡乡有水旱寇疫，祷之辄应。因而被历代统治者追封为侯，为公，至南宋晋爵为王。又东晋升平年间，葛洪曾

① 曹学隽：《李真君实录原序五》，蔡芷庭：《灵山遗爱续录》，庆丰行祠续辑重印本，1925年，卷首。

遍游灵山，且择麒麟峰下栖迟修道，后移至笋尖山（今葛仙峰）结庐炼丹。至唐代，又先后有刘太真、李德胜来任信州刺史，因祷雨救灾而僵化为神，并显灵于后世，乡人并祀于石人殿。此后，每年农历九月初一到初十的石人殿庙会期间，石人殿和殿前古街都会被前来进香的信众挤得水泄不通。其极盛之时，每天的香客达万人之多。香客中不仅有上饶周边的，有在外打工赶回的，还有来自福建、浙江、安徽等江西周边省份的。而灵山周边的人家则倾巢而出，来赶“九月庙会”。由此历代相延，载于典册，而形成上饶周边的“灵山石人信仰”。

完整地记载“灵山石人信仰”发生发展历史的，就是《灵山遗爱录》。

一、《灵山遗爱录》的历代编修

灵山诸神信仰是在长期的古代社会发展中形成的，早在魏晋时期，乡民就已经信仰石人峰神，继而将隐士胡昭神化，并逐渐融入其中并取代石人峰神，至唐，刘太真、李德胜又相继受到崇奉。入宋，灵山石人祠已收藏有信众编纂的胡昭行状和李德胜事迹录。宋信州知州赵致敬曾阅读过这些文献，并为胡昭行状和李德胜事迹作跋。

自宋至明，随着灵山诸神的影响不断扩大，信众日益增多，其间不乏前去虔谒恭祷的地方官员和文人雅士，其中不少人留有诗文，以记其事。明初，广信知府叶子保在迎神请雨之后，他曾遍阅庙中所藏诗文，为之作跋以志其事。至永乐年间（1403—1424），广信府知府钱性又一次祈神祷雨如愿后，“仍以峰神褒封诰命，令工装整李将军灵迹诗、跋，令教授李默校次，并行状，俱责守庙之祝收执”[①]。这应当是灵山保存最早的相关史料，它证明，早在明永乐时期，石人祠中已拥有记载“李将军”（李德胜）生平事迹的行状、歌颂“李将军”神迹的诗跋，以及朝廷所颁的“褒封诰命”等文件。这时期以上篇什均以散篇形式存在，并未予以结集。但知府钱性令教授李默校勘编次的这些诗跋文件，当是后来的《灵山遗爱录》之滥觞。可以说，李默是《灵山遗爱

---

① 钱性:《再整李将军诗帙跋》，蔡芷庭编:《灵山遗爱续录》，庆丰行祠续辑重印本，1925年，卷三。

录》的首事者，而钱性则是发起人。钱性，字士复，台州人，《江西通志》有传。《上饶县志·名宦传》载明永乐十四年，郡大水，钱令发公帑以赈，全活甚众。

最早把灵山史料编辑成书的，是明嘉靖十九年（1540）上饶县人朱州同，名其书为《灵山神录》。朱州同，县志无载。而清人郑潜说："《灵山神录》始于明嘉靖十九年戊子邑人朱州同之手，其中如隐君事皆不书，殊失推本穷源之义。时吾邑有为茶陵州儒学郑双溪者，为胡神特持公论，请之当道，始克列载，今故志其由焉。"（郑潜《胡隐君传》）从书名可知，此书着重记载灵山诸神及其灵迹，唯其中如胡隐君事皆不书，"殊失推本穷源之义"[①]可知，朱氏《灵山神录》缺载胡昭之事，后经时任茶陵州儒学学职的上饶县人郑双溪特请于官府，才将胡昭事迹补入。由此可见，《灵山神录》自诞生之日起，即受到官方重视；意欲对其修改补充，则须经官府批准。

《灵山神录》最终是否付梓，情况不明。

又过了80余年。这期间，又出现了一部新书《李真君实录》（以下简称《实录》）。这部《实录》不同于《灵山神录》记载灵山诸神，它只记载李德胜一神事迹。其书成于何时？我们在《灵山遗爱录》保留的八篇序言里，可推知不会晚于明天启（1621—1627）年间。其第一序为明兴安县令张国经所作。张国经福建人，进士出身，天启间为兴安（今横峰县）县令，《县志》有传。至清顺治十一年（1654），广信知府朱治泰作序四，提到有道士募款建庙事："我清鼎运之初，道流不存，庙宇倾颓，李神赫灵于饶郡之德兴、乐平、万年间。予守信之十年，道士某某持簿募建，上以道台领袖、僚友捐赀，兼士庶共襄，不日落成，神妥人安。更修刊《实录》，乃丐予纪事。"文中说"更修刊《实录》"，应即指编辑刊刻《李真君实录》。至雍正三年（1725），郑天祉为第六序，有云："惜此山旧无专志，郡志虽备列其峰名，亦颇多讹谬。山有峰神李真君，历朝灵应，屡膺封勅，贤士大夫常多纪颂。明季，好事者刻为《实录》一书，文献略备，足称名山典故。"上述两序所载《实录》，一说"清初"，一说"明季"，令人难辨真伪。如按郑天祉说，明季《实录》已刊行，

① 郑潜:《胡隐君传》，蔡芷庭编:《灵山遗爱续录》，庆丰行祠续辑重印本，1925年，卷二。

那么清初在广信府任职十年的朱治泰，居然没有看到，不说“重修刊行”，而仅说“更修刊”，这似乎于理不通。但据第七序之言，《实录》在明末清初已经刊刻，当为可信。第七序为乾隆五十八年（1793）上饶徐三慎作，他说：“壬子（1792）冬，忽接吾乡蒋丈荩翁等书札，谓灵山《李真君实录》版已朽散，理应重刊。”这里说的“《李真君实录》板”应当指首次刊刻的书版，从明末到乾隆五十八年，已历时150年，书版“朽散”实属自然。

综合以上史料，我们大体可知，明天启年间所编的《李真君实录》，大约到明末一直未曾刊行。郑天祉所言明季之刻，或为首事之议，而最终刊行，则是在入清之后。

顺治间初刊的《李真君实录》质量较差，因而在雍正三年，郑天祉作序六，对此提出了批评。

> 自古名山皆有志，它不具论，如西江之庐山、西山、白鹿、龙虎，久著成书，俱彬彬乎可观焉。我信灵山，实郡之镇也，气象雄伟秀耸，为西北屏障。云雨蕴其中，仙灵宅其内，奇变莫测，视夫三清、怀玉、鹅湖、龟峰之擅胜如危、刘、徐、赵诸公，唐、宋前贤也，而诗章列于后；记、颂、歌、赞、赋、跋，体式宜分也，而一类错为见；至于募建一疏，何关阐扬，亦收入录；历载匾联，不无佳句，仅列四字。此犹堪称为成书，不贻讥于大雅而能行远乎？

《李真君实录》虽然为资料汇编，但也应当讲究时间先后、编排体例。郑天祉的批评是正确的。至于其内容，则搜罗已十分丰富，记、颂、歌、赞、赋等均予收入，其中相当一部分应是明天启本内容的延续。

鉴于顺治版《李真君实录》颇多讹误，雍正年间（1723—1735），以灵山郑氏为核心的一批乡士欲重修此书，请郑天祉作序。郑欣然应允，且指出顺治版《李真君实录》的诸多不足，期以新编能“广搜博采，使井然有序，灿乎可观”（序六）。但可惜的是，此次郑氏发起的重修活动，最后是无果而终。

乾隆五十六年（1791）夏，广信遇旱，知府张公祖祈于李真君（德胜），甘霖立应。张公祖遂问及《李真君实录》。上饶文士蒋秉忠“不辞足力之艰，逾越山川，因得遗编”（指《李真君实录》残本），上呈知府。乾隆五十八年

（1793）春，当地遇涝，张公祖又向李真君祈晴，淫雨立止。有感于李真君之灵应，张公祖不仅“佳制匾联，炳耀行祠”，“复命邑人重修《实录》。”此时，顺治版《李真君实录》刻版尚存，但“已朽散”根据知府的命令，当地文士积极行动，而以蒋秉忠最为尽心。蒋氏寻得明末《李真君实录》残本后，细读之下，深恐自己以八十耄耋之年，有负重修大事，遂于戚党中选择“世代业儒，为灵北故族，名人手著，其家多有存者”的内孙郑文耀主持重修事宜。文耀果然不负重托，“不辞辛勤，搜辑考订，补其残阙，序其失次”终成全书。乾隆五十八年（1793）十一月，新任广信知府钱汝丰为新修的《李真君实录》作序。

郑文耀此次编修，是在庆丰行祠内进行的。庆丰行祠，明成化间（1465—1487），知府谈纲始建，是为方便广信府治信众，尤其是地方官祈求而设置于府治北部社稷坛北的石人殿行祠。祠建成后，历任地方官春秋二季献礼于此，春祈丰稔，秋报神恩。故书成后，由庆丰行祠刊行，书版则存于灵山。据福建举人董书言：郑文耀（字斐斋）“为灵北故家子，室藏载籍颇饶。兹能精加校雠，搜罗益富，较旧帙胜数倍，可谓洗发山川之真，不虚贤守令之命矣”。（《灵山遗爱录》卷三）

时隔70年后，同治元年（1862），广丰人徐谦鉴于乾隆版《李真君实录》版毁已久，旧书不易得见，遂请于广丰知县谷廉，谋复刊《李真君实录》。全书被分为4卷，书名变更为《灵山遗爱录》，由四香草堂刊行。该书“类次积然，刻亦佟洁”。事后，书版藏于广丰五都读洲。此4卷本《灵山遗爱录》，即是乾隆本《李真君实录》的重刻本的基础上加了卷四。卷四为徐谦一人独撰。《灵山遗爱录》书名也在此时正式定名。

徐谦刊刻《灵山遗爱录》时，清朝正处在与太平军的战事之中。书成后不久，藏于广丰县五都的书版再次被毁。几年后，太平天国战事平息，但灵山李真君在战争期间的种种灵异事迹仍在流传，而此前的《李真君实录》和《灵山遗爱录》虽有刊本存世，但数量渐少，且书版已朽，无法重印。光绪三十四年（1908），经庆丰行祠筹措经费，上饶县人蔡芷庭执笔，历经三年，于宣统二年（1910）撰成《续录》2卷，其中增补了不少李真君在太平天国战争期间的灵迹。书成付梓时，庆丰行祠不仅刊刻了蔡氏所撰《续录》，同时一并将《灵山遗爱录》4卷重刊。而以《灵山遗爱录》作为前4卷,《续录》作为后2卷。而全书之名，却定为《灵山遗爱续录》。

二、《灵山遗爱录》反映的“灵山石人信仰”

对山神的信仰是中华文明最古老的意识形态，它来源于古代的帝王封禅。《史记·封禅书》载管仲之言:“古者封泰山禅梁父者七十二家，而夷吾所记者十有二焉，昔无怀氏封泰山，禅云云；虙羲封泰山，禅云云；神农封泰山，禅云云；炎帝封泰山，禅云云；黄帝封泰山，禅云云；颛顼封泰山，禅云云；帝喾封泰山，禅云云；尧封泰山，禅云云，舜封泰山，禅云云；禹封泰山，禅会稽；汤封泰山，禅云云；周成王封泰山，禅社首：皆受命然后得封禅。”可见在秦始皇之前，历代帝王都有封禅之事。为什么要封禅？班固《白虎通义》说:“王者受命，易姓而起，必升封泰山。何？教告之义也。始受命之时，改制应天，天下太平，物成封禅，以告太平也。”《五经通义》曰:“天命以为王，使理群生，告太平于天，报群神之功。”这就是说，王者受命于天，向天告太平,对佑护之功表示答谢，当然更要向天帝报告帝王的政绩如何显赫。这是封禅最主要的政治目的。封禅的具体仪式富有象征性,《礼记正义》云:“祭天则燔柴也，天谓日也；祭地，瘗者，祭月也。”原来封禅的种种目的与象征，都包含着一层更为深潜的意识：沟通天人之际，协调天、地、神、人之间的关系，使之达到精神意志与外在行为的和谐统一。

按《礼记·王制》所言，封禅祭山也是有严格的礼议规定:“天子诸侯宗庙之祭，……天子祭天地，诸侯祭社稷，大夫祭五祀。天子祭天下名山大川：五岳视三公，四渎视诸侯。诸侯祭名山大川之在其地者。”按《王制》所言，天子、诸侯、大夫的祭祀，是各有其身份的。天子大张旗鼓地祭祀天地，是因为通过对天帝授命感谢的仪式，向天下臣民百姓宣示自己具有祭祀天地的资格。而受皇帝册封的诸侯，只有资格祭名山大川之在其地者。大夫祭五祀，则指门、户、井、灶、中溜五神。以上皆为正祀，即获得官方承认的祠祀。而非见载于经典并未获官方承认的则称为淫祀。

在宋代，神灵成为正神的途径并不多，《宋史・礼志八》云：

> 自开宝、皇祐以来，凡天下名在地志，功及生民，宫观陵庙，名山大川能兴云雨者，并加崇饰，增入祀典。熙宁复诏应祠庙祈祷灵验，而未有爵号，并以名闻。……凡祠庙赐额、封号，多在熙宁、元祐、崇宁、宣和之时（《宋史》卷一〇五，中华书局点校本，第2561页）。

> 山林、川谷、丘陵能出云，为风雨，见怪物，皆曰神。有天下者祭百神。诸侯在其地则祭之，亡其地则不祭。……

> 夫圣王之制祭祀也，法施于民则祀之，以死勤事则祀之，以劳定国则祀之，能御大灾则祀之，能捍大患则祀之。……有功烈于民者；及夫日月星辰，民所瞻仰也，山林川谷丘陵，民所取财用也。非此族也，不在祀典（注:《礼记・祭法》《十三经注疏》，浙江古籍出版社，1998年版，第1588、1590页）。

由此，我们来分析灵山的神灵化，便很清楚了。

首先，是山之有灵。灵山既为信州之镇山，而其山又有灵，故历代地方官必以其灵验而祭祀，且上报朝廷。明代上饶县知县任泰有论曰：

> 灵山，信之镇也。山有峰曰石人，以形似人，故曰“石人”。三国时，胡隐君隐于此，既仙去。厥后，刘、李二神，人祷之，应若响。自是，庙廊闾里，罔不德之。唐贞元中，庙祀峰下。……历

> 元至我明，称之曰“石人灵峰之神”，称二神如昔，春秋祀之，著在令典。然石不能自神，其用藉诸神之灵，以惠利于国于民，显名天下。灵神之德足配是峰，祀之宜也。[①]

这段话指出了灵山有“石人灵峰之神”，又有仙去的胡隐君和刘李二神。石不能自神，其用藉诸神之灵，以惠利于国于民。因为“灵神之德足配是峰”，所以，人们因信仰而祭祀是非常适宜的。首先是石人峰之灵，宣和间赐“鹰护”为石人庙庙额，绍兴间又封为“灵助威济侯”，又加上刘太真、李德胜二神封为将军。山与人便合为一体，但峰神仍是主要的。徐三慎作《李真君实录原序七》便强调指出：自“宣和勅赐‘鹰护’庙额，逮后封侯，封将军，皆以石人峰神为首，而刘、李二神次之”。

其次，是帝王的历代旌封。北宋徽宗宣和二年九月下诏：石人峰神暨刘太真、李德胜三神有灵，助诛方腊，王师布阵，巨鹰扬威，诚忠劳于我国家者也。有司来上，朕用宠嘉，既祀有庙，仍宜赐额。境宇清宁，民人安奠，神有不替之忠，朕有无穷之报，可特赐“鹰护”两字，令大书于匾其祠。

至宋高宗绍兴四年四月，又下诏：为前勅封灵助侯暨二神助讨永丰之贼，大震白旗之威，数年流害一旦剿除，真为国为民神也。郡县功闻，朕宜嘉赍，用彰国典，慰答民心。神既著灵于当时，朕特褒封于今日，“灵助侯”进封“灵助威济侯”，刘太真特封“助顺将军”，李德胜特封“助灵将军”。

今按《广信府志》《上饶县志》，同样记载了石人峰神于宋宣和二年赐“鹰护”庙额，建炎封赠“灵助侯”，绍兴始进封前“灵助侯”为“灵助威济侯”及褒封刘李为将军之事。

第三，诸人神显灵验于民间。先是三国时，胡昭曾隐居于灵山百谷峰，得道仙去，而显其灵圣于民间，乡有水旱冠疫，祈祷辄应。至唐贞元六年，天大旱，宗伯刘太真同郡守李德胜往祷于灵峰下胡隐君祠，雨立应。民感其诚，（灵山百谷峰养真岩）建庙祀之。宋宣和间，王师讨方腊，神以巨鹰白旗显灵。至明清两朝，祷雨迭应。乾隆乙酉间，猛虎为孽，猎户百计取之不能

① 明上饶县知县任泰：《建石人庙记》，《灵山遗爱续录》卷二。

得。知县李文耀斋戒致祷，牒文既焚之后，烟枪槛弩所施，俱报得虎，且有连自投井亦毙者。数旬间，其害遂绝。侯德神功，俱堪不朽云。咸丰五年三月，太平军洪秀全分股陷信州，罗忠节驰援。太平军见北山白旗林立，仓皇逃走，一时火药自燃，官军乘势兜击，遂复城池。六年八月，太平军由下流来犯，时沈葆桢守广信，防兵外挫，郡城已空，忽大雨如注，旋得饶梅臣军门督兵顺流下击，虽获胜而兵力未足，不敢轻进。已而太平军营中猛闻群鹰飞鸣，遂相惊遁。十一年八月，李秀成乘大雾疾逼郡城，忽见白旗现空，贼遽披靡，化险为安，皆赖神力。时人作庙联云："惟神有佑民之力；厥功与斩蛟并传。"（林庆铨《楹联述异》）故此地一直流传有"鹰武白旗"之说。绍兴中，受宋廷封"将军"，即嘉其助灭冦也。明嘉靖二十一年，因大学士夏言之请，降勅特赐"灵山鹰武李将军"之神，列祀大高元殿。复至万历间，助王师平播，英灵为国，州府报上闻，加勅进封"西济宏道护国崇兴真君"。

古者先王制礼，凡"有功于民者则祀之"，《礼记》曰："能为民捍患御灾则祀之。"神既庙享于灵之北乡，宜庇护一方，降福禳灾，大有造于斯民。我们讨论灵山的三位神祇，可明显地发现，他们间身份不同，祐民方式不同，受到礼遇不同，各神在人民心中的地位也不尽相同。胡昭是道教人物，是个避世的隐士，在世时以丹药为人治病，成仙后犹显灵祐民。刘太真是朝廷官员，以祷雨救民而化。其中最为有名的是李德胜。李也是朝廷官员，信州刺史，但他做的事显然更多。有位福建举人董书曾经过上饶，谈到对三神的看法：

> 予于少时修渭阳之谊，曾踰越关山，亲至石人峰下，因得识所谓（胡）刘、李三神者，而李真君之神灵更显赫焉。盖真君以有唐进士出刺是州，躬廑民艰，祷雨立化，余恩遗泽，流溢千载。胜朝嘉其勋绩，屡赐勅封。祷祝祠下者，遍邻近各省郡，予心矢瓣香者久矣[①]。

他谈到灵山三神中，李真君之神灵特为显赫，他讲了三点理由，一是说

① 《灵山遗爱录》卷三《跋灵山李真君实录后》。

李真君的余恩遗泽，流溢千载；二是历朝嘉奖他的勋绩，屡赐敕封；三是祷祝于他的祠下者，遍邻近各省及周边各郡。应当说，这些理由都说的是事实。

作为老百姓，我们不能要求他们有更高的学术思想水平，去思考其中的谬误。作为民间的流传，我们也没有必要去辟谣消解。民族的信仰，是民族文化千年浸润的结果，从某种角度而言，这种神灵信仰也是一副济世良药，在生产力较为低下的农村，它对维护社会稳定，祷雨滋农，扬善除恶，也能发挥一定的作用。

灵山信仰，根源于封禅，根源于古代祭祀。先王之制：“祭祀也，法施于民。以死勤事、以劳定国、能御大灾、能捍大患者，皆得与于祭祀。”其实，民间的信仰，归根结底还来自官府。对灵山石人峰多异灵，明广信府知府吴希孟就说过：“帝心简在，特昭厥灵配享峰祀，福泽兹土。”是皇帝的恩泽，特别昭示其灵以配享石人峰之祭祀，以造福于当地。

其实，皇上的恩泽，又往往是以朝廷官员的申报而发生的，嘉靖二十一年初，明大学士夏言即有题奏：“臣伏见广信府灵山石人峰鹰武祖殿有神曰李大将军，其神显应异常，郡中水旱疾疫必祷，无不应响，有功民社，历年已久。伏乞圣慈轸念一方生灵，赖神御灾捍患，俯允臣奏，特赐甄录，俾获陟侍高元，神实幸甚。”三月，御批：“赐号‘江西灵山鹰武李将军之神’，钦此。”紧接着，又钦命中书官既无逸殿书写神位，司礼等衙门各督工填刻完毕，列祀大高元殿左之统雷殿。四月，大学士夏言谨恭备降真香一炷，遥致告于钦祀江西灵山鹰武李将军之神曰：“……民有疾苦，与凡祷祈，惠邀于神，应无愆期。感神之灵，祚国佑民，万祀无疆。谨告。”且“爰托郡守，奉安于庙”，是说委托各地方官员，落实皇上

夏言像

的旨意，安排好地方神庙。可见，借神灵以安百姓，是历代统治阶级采用的高明的手段。

夏言本信州贵溪人，后移居上饶。改革礼制，是夏言一生最主要的贡献，也是他深得明世宗宠爱的主要原因。嘉靖七年，世宗正锐意于修饰礼文的工作，认为天地合在一起祭祀不合礼制，想分别建立两个郊祀台，加上日月，共四个祭坛。大学士张璁不敢决定，世宗以占卜问于太祖也不吉利，正想作罢，恰好夏言上书，详论始末，提出分祭天地之议。朝臣不同意，世宗则完全接受了他的意见。夏言从此受世宗宠信。修造京城祭祀的工程就让夏言负责监督。后来，世宗擢拔夏言为礼部尚书，他名正言顺地展开了多项礼制改造和建设。《五礼通考》说："帝自排廷议，定大礼，遂以制作礼乐自任，而夏言始用事。乃议皇后亲蚕，议勾龙弃配社稷，议分祭天地，议罢太宗配祀，议朝日夕月、别建东西二郊，议祀高禖，议文庙设主更从祀诸儒，议祧德祖正太祖南向，议祈谷，议大禘，议帝社帝稷。"（《五礼通考》卷二十）所有这些奏议，都经夏言论证提出，世宗都没有独断，必下首辅张璁等议而后决。纪昀有论夏言曰："（言）特学问淹博，于故事夙所留意。又值世宗锐意改制之时，故于一朝典礼，多所酌定。如南北郊分祀、更定文庙祀典及大禘礼仪、立先蚕坛之类，悉言所赞成。迨帝擢掌礼部，益力举其职。前后奏牍，亦多有可采。"（《钦定四库全书总目》卷五十五）

三、灵山三神的历史积淀与综合

上饶灵山的人文历史，可以追溯到1800年前的东汉时代。上文所说的灵山三神胡昭、刘太真、李德胜，其实都是历史人物，在历史发展的过程中，他们身后受到朝廷封赐，被尊为神，塑像于石人庙，享受千年香火。

造神是人类历史上一种奇特的行为，在君权神授思想影响下，最高统治者不择手段地把自己美化成神，把自己塑造成天子、超人。同时，造神运动也指一种大规模驱动民众力量，把某个人高举至神的地步。赐他封号，为他建庙，要求世人向他们顶礼膜拜。从三国至唐，胡昭、刘太真、李德胜就在历史的积淀中，由人变成仙，变成神，并由个体的显灵显圣，而走向灵山神的综合。

胡昭（162—251）[①]是东汉末三国魏河南颍川人，字孔明，少游太学，学兼内外。后归乡里，袁绍曾先后欲征辟入朝，不应，移居上党。并州牧高干上表请任他为乐平令，不就，复迁徙居常山。门徒且数百人，迁居任县。曹操为司空丞相，也多次征辟他入朝，胡昭曾往应命。既至，自陈一介野生，无军国之用，归诚求去。曹操也不勉强。昭乃转居陆浑山中，躬耕乐道，以经籍自娱。乡里敬而爱之。《高士传》另有记载，说胡昭与司马懿有旧交。同郡有周生等欲谋害司马懿，胡昭闻之，陟险而阻其事。虽有阴德于懿，口终不言于人，其信用品行著于乡邻。建安十六年，百姓闻马超叛，避兵入山者达千余家，饥饿而互相抢劫，多得胡昭化解。因而凡有寇难消息，大家都愿听胡昭之言。故其所居部落中三百里无相侵暴者。建安二十三年，陆浑长张固接到上级文书，欲调当地丁夫远赴汉中服役，百姓都害怕路途遥远，心怀扰攘。有民孙狼等因兴兵杀县主簿，作为叛乱。县邑残破，张固率将十余吏卒，依胡昭而驻，招集遗民，安复社稷。

而孙狼等自相约誓，言胡居士贤者也，不得犯其部落，一川仰赖胡昭，咸无灾祸。《高士传》又记载：正始年间，诸多大臣递相推荐胡昭，说他“天真高洁，老而弥笃。元虚静素，有夷皓之节，宜蒙征命，以励风俗。”至熹平二年，公车特征，而胡昭已卒，年八十九。乃拜其子纂为郎中。胡昭精于史，其书法与钟繇、邯郸淳、卫觊、韦诞并有名。其尺牍文书之迹，动见规模，称当世之楷模。[②]

《三国志·魏志·本传》未载其南渡之事，明人郑潜始补入《胡隐君传》，谓胡昭屡荐未入，乃叹曰：“一身浮沤，人世光景甚促，薄荣世宦何益也？”遂东渡江，于灵山之卜谷山（今按郡邑志灵山七十二峰并无卜谷山有百谷峰想由音讹）结草为庐，采药行歌，寿八十九卒。胡昭卒后，仙踪显灵各地，护佑百姓。大济《胡氏家谱本传》载其子东阳侯胡文义“闻父飞升，即弃官

① 关于胡昭生卒年月，《三国志·魏志》卷十一《本传》及《通志》卷一百七十七俱言其享年八十九，而不载其生年。唯方志出版社2002年版《灵山志》引大济《胡氏家谱》所载元皇甫溢《胡昭公实录》，以昭生于汉桓帝延熹五年（壬寅）九月九日。因无他证，姑用其说。

② 史部，正史类，三国志·魏志，卷十一。

刘太真画像（来自网络）

觅父之迹，建望亲台于南麓之下。村人谓公登仙矣，其台匾额曰望仙台”[①]此后，乡有水旱冦疫，祈祷辄应。吴太平元年（256），胡文义奏吴主亮，诏赠胡昭信安侯。谥“高节公”。晋泰始初，其孙左卫将军又上表乞封赠，太康元年（280）诏下，重建征君祠，春秋配享，加赠胡昭“灵惠信安侯”。至咸淳间晋爵为王。后至明洪武三年，奉诏裁削山川封神王号，故仍称隐君。

刘太真（725—792），字仲适，宣州（今安徽宣城）人，唐德宗贞元五年任信州刺史[②]。《旧唐书》列传、《新唐书》文艺传均有传。祖籍彭城。永嘉末年，随晋王室士族南迁至金陵，居宣城郡溧水县。他出生于世代簪缨之家，父亲刘若筠虽未入仕途，因其子为显宦，朝廷赠封谏议大夫。其兄刘太冲，比刘太真早一年考中进士，当时兄弟俩接连中举，曾使京城轰动。

胡昭奏琴图（来自网络）

刘太真出身望族名门，少年笃志于学，从小受到严格的儒家正统教育，他青年时师事萧颖士，15岁就开始自觉勤奋读书，20岁时道德修养、文章才华已为时人称颂，裴度在《刘府君神道碑铭》中这样称道：“公

① 见邱敬登：《灵山志》第五章，方志出版社2002年版。
② 关于刘太真的生平，笔者曾撰写《唐代至今庙祀的信州刺史刘太真》，详见《信州文史》第一辑，中国文史出版社2018年版。

十有五而志于学，弱冠以行义修洁，词藻瑰异，名声藉甚于诸公间。”（《全唐文》卷五三八）可惜天不假以时，在他考中进士，登上仕途不久，“安史之乱”爆发，接着两京失守，玄宗避蜀。直到广德二年（764），大乱平息后，得江淮宣慰使、御史大夫李季卿荐举，出任左卫兵曹。永泰二年（766）河内副元帅、太尉李光弼慕名邀请刘太真入幕。约在大历六年（771），浙东观察使、宣州刺史兼御史中丞陈少游请他到宣城任职。此后，长期屈身藩镇幕僚，难以实施抱负。

大历十四年（779）代宗薨，太子李适即位，为德宗。德宗很有文学才能，像刘太真这样名闻天下的饱学之士颇受青睐。因而即位初，就征拜刘太真为起居郎，后又改尚书司勋员外郎，不久又任他为吏部员外郎，参与对官员的考核。刘太真凭他的学识与才能，很快流誉朝野，裴度称刘太真在吏部任职，“综核品流，练达程式 ，藏奸立见，析滞如流，名著南宫，望归西掖。”德宗皇帝非常赏识刘太真的才干，又升任他为驾部郎中、知制诰。国家典章、朝廷诏诰，多出于刘太真之手。建中四年（783）夏，刘太真升任中书舍人。

不久，朱滔反，田悦、王武俊、李希烈称王，天下大乱，两河用兵。泾原节度使饶令言东征过京城，士兵哗变，拥朱泚为帅，倒戈谋叛，唐德宗只好带着太子、诸王、公主、嫔妃100多人仓皇出逃。当晚逃到咸阳。在西逃的皇帝身边，只有为数不多的扈从官员，而刘太真弃家不顾，一直守在德宗皇帝身边，陪德宗度过了最艰难的日子，所以德宗皇帝日后对刘太真格外信任。兴元元年（784）六月，李晟收复京师。凡扈从官员及收复京城的将士，朝廷均赐名“奉天定难功臣”。刘太真也在褒奖之列。是年，转任工部侍郎。贞元三年（787）又改任礼部侍郎，执掌天下贡举，主管进士考试，为朝廷选拔人才。他两掌贡举，自可循章执法，公平公正，为国家选拔人才，而又生性怯懦，逆来顺受，以致“宰执姻族、方镇子弟先收擢之”，示人以柄，有失公允；撰写陈少游行状，措辞失当，横遭物议。这些错误，迫使他不得不离京外任。

贞元五年（789）三月，刘太真被贬任信州刺史，这应当是他人生历程的一次重大转折，他在信州做了三年刺史，为政易简，苛刑不用，百姓得以休养生息，社会风气大为好转。三年之后，刘太真病逝于江西余干县（今上饶余干县)。唐宰相裴度撰写的《刘府君神道碑铭》中说:刘太真“以贞元八年三月八日薨于余干县之旅馆,春秋六十八。至贞元十八年十月十九日,方以理命葬于宣城郡溧水县方墟之古原”。

李德胜,字元明,河南沈邱人,史传无载,生卒年不详。其所有事迹,均见于地方志中,而《灵山遗爱录》收录他的资料最多。综合这些资料,可知,真君姓李,讳德胜,字元明,河南沈邱人。由唐进士擢员外郎,为信州刺史。公生有夙慧,性格亮直,遇事亢爽,忠节之气凛然。信州之民广被其德,拥戴他犹如父母。其先,灵山石人峰下有胡隐君祠,郡中旱涝,祷之皆应如响。贞元六年(790)天大旱,公同刘宗伯往其祠祈甘澍之雨,先是刘僵化于祠。乡人乃塑太真像与胡昭公同祀。李见旧祠剥落不葺,遂捐俸鸠材,修其堂宇。竣工之日,李德胜往祀,亦僵化于焚香中。民感其德,并塑像祠中。

综上所述可知,灵山三神中,胡昭与刘太真均见载于正史,只有李德胜正史无载,而详见于地方史志。三人的成神,都和唐德宗贞元六年有关。这年天大旱,刘祷雨于胡征君祠,雨立至,而刘僵化成神。李修胡祠,随亦僵化成神。这个时期,发挥灵验作用的是胡昭,刘、李只是完成了求雨及自身的化神而已。

但在此后,更多发挥作用的是李德胜,《灵山遗爱录》成编前的《李真君实录》收录的都是李德胜事迹,充分说明了李真君在其间的主导作用。《广信府志》及明代广信知府吴希孟均记载了李德胜显灵数事:

> 宋宣和间,浙江方腊农民军犯境,郡守王愈不敌,请于祠。后师行,有巨鹰如护,“贼褫魄受缚”。有司上其事,遂宣勅入祀典。
>
> 绍兴初,永丰民乱,征讨无计,守令乞灵再征,果有白旗照天而贼擒矣。郡守徐俯奏封“助灵将军”。
>
> 明正德八年(1513)姚源寇乱,李将军神再显,复以鹰以旗效灵,贼遂平[①]。

① 郑尔说:《李真君实录原序二》,见《灵山遗爱录》。

以上数事，均收入《李真君实录》或《李将军神状》，可见其灵应当属于李真君。但我们发现，灵山三神既同祀于石人庙，其显灵效应也就由分主次而走向综合。《灵山遗爱录》中，保存了两道诏书，可见其大概：

胡隐君祠中的李德胜塑像

（一）宋徽宗宣和诏书

敕信州上饶县：为石人峰神暨刘太真、李德胜三神有灵，助诛方腊，王师布阵，巨鹰扬威，诚忠劳于我国家者也。有司来上，朕用宠嘉，既祀有庙，仍宜赐额。境宇清宁，民人安奠，神有不替之忠，朕有无穷之报，可特赐“鹰护”两字，令大书于匾其祠。奉敕如右，牒到奉行。

宣和二年九月，侍中朱勔、中书令蔡攸。中书舍人曹辅、都事杨时、尚书令蔡京、尚书左仆射李邦彦、参知政事唐恪、检正兼权左司白时中、尚书右仆射王安中、参知政事梁师成、佥书枢密院事郑居中、吏部尚书冯熙载、吏部尚书张邦昌。

（二）宋高宗绍兴诏书

敕信州上饶县：为前敕封灵助侯暨二神助讨永丰之贼，大震白旗之威，数年流害一旦剿除，真为国为民神也。郡县功闻，朕宜嘉贲，用彰国典，慰答民心。神既著灵于当时，朕特褒封于今日，“灵助侯”进封“灵助威济侯”，刘太真特封“助顺将军”，李德胜特封“助灵将军”。奉勅如右，牒到奉行。

绍兴四年四月，侍中胡安国、中书令吕颐浩、参知政事赵鼎、给事中程瑀、中书舍人綦宗礼、都事孔端明、检正兼权左司沈与求、尚书令孟庾、尚书左仆射朱胜非、吏部尚书张浚、参知政事席益、佥权枢密院事徐俯、吏部左侍郎权邦彦。

这两则诏书向我们表明了如下几条消息：

（1）称石人峰神、刘太真、李德胜为三神。未提胡昭。

（2）诏书讲“助诛方腊，王师布阵，巨鹰扬威，诚忠劳于我国家者也”之言，是统对“三神有灵”而言的。

（3）特赐“鹰护”是给灵山石人峰下的石人庙的匾额。

（4）绍兴诏书讲“为国为民”的功绩，仍然是统言。但同时又有分封：石人峰神由“灵助侯”进封“灵助威济侯”；刘太真特封助顺将军，李德胜特封助灵将军。

（5）原文之后有按语云：“谨读二勅，石人峰神乃与天地相终始，宜特立峰神牌位，登高之节祭之。次则胡、刘二神为一祠，或称祠，称庙，真君进居正殿中位，额奉‘鹰武殿’三字。如此，则各仲所尊揆之诸神庶几允惬。”敬存其议，以俟后之正祀典者。

按语所言说得很清楚，在灵山诸神中，石人峰神地位最高，其次是人神，李真君居正殿之中，额奉“鹰武殿”，而胡刘二神为一祠。这种区分，是有明一代发生的变化，清乾隆时徐三慎就指出：“宣和勅赐‘鹰护’庙额，逮后封侯，封将军，皆以石人峰神为首，而刘、李二神次之。至明，夏相国乃始以‘鹰护’为‘鹰武’，独称神之灵应，上请御笔，赐号‘江西灵山鹰武李将军’。及后万历间，复助王师平播，加封‘真君’。乡人自此皆只知有李将军、李真君，而几不复知有石人峰神与刘太真矣。此亦后人不可不审其由来者也。”[①]

① 徐三慎：《李真君实录原序七》。

文中夏相国即指宰相夏言，他把鹰护的庙额改为“鹰武”且易为李将军封号，由此带来乡人“只知有李将军、李真君，而几不复知有石人峰神与刘太真矣”的偏颇状况。

其实，人们对神的信仰往往是以人间为参照的，统称“石人灵峰之神”或许更能综合人们的祈福意愿。“世或谓石人即王可乎？”郑潜说：“夫名山川不以封侯邦者，以其能出云雨，泽生民，有功国家，非境内所得而专，故灵显既著，朝廷得而封敕之，正不必实有其人也。”[①]“不必实有其人”可谓一语道破天机。人们进入石人庙，统求的是灵山石人峰神，不必在三神中有所选择。石人峰神和灵山三神已经走向综合，融为一体。

四、关于刘太真其人

关于刘太真，有两个问题需要搞清楚。其一，史料皆称刘为宗伯，谓其“奉檄遍行祈祷”，才来到信州，是否如此？其二，刘太真是否“僵化”于石人庙？刘太真在石人庙的地位又如何？

刘太真其实是信州刺史。今存最早的《广信府志》，有清康熙二十二年版，乾隆四十八年版。康熙志卷七《职官》“刺史”栏目载有李得胜小传。卷二十《拾遗》，却有“刘太真”小传，谓：“刘太真，唐时礼部侍郎，天下旱，公以宗伯官奉檄遍行祈祷，至信，谐刺史李德胜往祷于灵峰下胡隐君祠，雨立应。因奉敕建祠，祠成，刘先僵化。随报，李刺史诣祠拈香，亦立化。乡人遂塑两遗像祀之。至宋绍兴间，助王师灭贼，郡守上于朝，降敕加封助顺将军”。[②]在小传之后，紧接有编者的按语：“旧志以刘为刺史，而遗李不载。今按李传补入。又按，韦处厚《鹅湖碑》载，贞元初，刘为礼侍出典是郡。审尔，则李传亦未为信史。姑并存之，以俟考证。”

这条按语揭示了一条重要信息，旧志是以刘太真为信州刺史，而遗漏了李德胜，因而康熙志的编者据李传做了调整。显然，我们今天所见康熙《广信府志》中所载刘、李事迹，都是经过调整以后的观点：以刘太真为“宗伯”，他是以礼部侍郎的身份“奉檄遍行祈祷”，来到信州，才发生“僵化”之事的。

---

① 郑潜:《石人峰祀位说》,《灵山遗爱录》卷三。

② 孙世昌等纂修:《广信府志》卷二十，清康熙二十二年刊本。台北成文出版社影印本。

所以，我们在府志“职官”栏目中，不见刘太真，只有李德胜。乾隆以下的府志都照此办理。

文中所言“旧志”，当指明代最早编修的信州地方志。汪俊《嘉靖广信府志序》言：“吾信江右名郡，成化初，明兴百年，始克有志。”万历年间张履正亦言：“信乘作于成化初。”康熙间广信知府孙世昌亦言：“信志肇成于成化，迄嘉靖而再辑。”（均见康熙《广信府志序》）可知信州的地方志，最早有明成化和嘉靖所修两种。成化志今已不存，嘉靖续修《广信府志》今存浙江宁波天一阁，为海内孤本。在两种旧志中，也许记载了刘太真刺史之任，而遗漏李得胜未载。所以，康熙志的编者根据《李真君传》予以补入。但同在贞元六年，哪能一地有两个刺史？所以补入李，就去掉刘，且给刘安排礼部侍郎奉檄遍行祈祷的身份。细读《广信府志》之行文，《职官志》的列入，是正规承认李的刺史之任，而《拾遗》之说，只是对刘也是信州刺史的一种补充说明。

但刘、李这桩公案，却是千年之间理不清的旧案。《李真君传》正史不载。从《灵山遗爱录》所收看，较详细的是明广信府知府吴希孟所撰《灵山石人峰李真君神状》，而较早的宋信州刺史朱师道《真君像》《真君赞》都很简单。记载的内容都为灵应显圣之事。仅凭《李真君传》而改变旧志，撤刘补李，应是不慎重的。刘太真为信州刺史，可以找到很多史料可证。一是《新唐书·文艺传》有刘太真传，贞元四年后，明确有“坐贬信州刺史，卒”之记载。二是《旧唐书》卷一三七《本传》有载：“贞元五年(789)，贬信州刺史，到州，寻卒。”三是唐韦处厚作《兴福寺内道场供奉大德大义禅师碑铭》（鹅湖碑），其中提到“贞元初，礼部侍郎刘太真出典是郡”。[①] 按，这里的“典”是动词，表主持、主管之意，如《书·尧典》有云：“命汝典乐。”《三国志·吴仪传》：“专典机密。”“出典是郡”是指刘太真由京官外放，到地方信州担任刺史之职，并不是以礼部侍郎的身份，奉檄遍行祈祷，才来到信州。这些记载既出于正史，又出自同时代官员之手，可谓证据确凿。即使是地方志，《上饶县志·祠庙》也有一段按语，既补充了证明，又做出了解

① 其碑铭载《全唐文》卷七一五。

释，还写到评价：

> 按《唐书·文苑传》刘太真……谪刺信州，卒。《通志》顾况送公诗序，亦称信州刺史，以谗罢官，流寓病殁。其为信州刺史，明矣。前志称“宗伯”者，特以曾官礼部耳。然自唐迄今，刺信州者多，独公与李鹰武庙食千古，叠昭灵异褒封，必有其不朽者在。惜公宦绩仅见郑仲夔《冷赏》，称公典郡时，曾请大义禅师建通津桥。一事不能据以立传，幸嗣举者博访而订证之。[①]

县志的编撰者补充了顾况送刘太真诗序，所说三事：也称信州刺史、以谗罢官、流寓病殁，都可印证刘的生平真实。按语说：“自唐迄今，刺信州者多，独公与李鹰武庙食千古，叠昭灵异褒封，必有其不朽者在。”这个“公”应指刘太真。郑仲夔《冷赏》所言，今查实，即韦处厚作《兴福寺内道场供奉大德大义禅师碑铭》中所载，贞元初，礼部侍郎刘太真出典是郡，适铅山永平通津修梁，为水所败，以大义禅师众望所归，乃虔请下山，桥成于不日。又据《太平寰宇記》载：“上饶灵山石人，先无庙，自贞元六年礼部侍郎刘太真典郡，其年亢旱，祷雨足，因出俸钱立庙。”可知，最先在灵山石人乡建庙的，就是刘太真捐俸钱所建。尽管我们已经无从知晓刘太真在信州的政绩还有多少，“其不朽者”又究竟表现在哪些方面？但群众自发的塑像祭祀，千年之下依然香火鼎盛，最起码表明，他为上饶民众的生存生活是做出过杰出贡献的。

刘太真是否“僵化”于石人庙，这在《广信府志》《上饶县志》及《灵山遗爱录》中都有一致的记载。其实这是前人的杜撰。

唐代宰相裴度《刘府君神道碑铭》载：刘太真“以贞元八年三月八日薨于余干县之旅馆，春秋六十八。　　……以言归兆域，未叶蓍龟，权窆于丹阳之别墅。至贞元十八年十月十九日，方以理命葬于宣城郡溧水县方墟之古原。”是说刘太真于唐德宗贞元八年（792）逝世于余干县的旅馆内，享年68岁。原拟归葬家乡，因占卜时间不谐，暂停柩于丹阳之别屋，直到十年后，

① 王恩溥等修：《上饶县志》卷六《祠庙》，清同治十一年刻本。台北成文出版社影印本。

才择吉日归葬。

刘太真没有儿女，由过继的儿子刘讽主丧，将灵柩从余干县运到丹阳。刘讽不久又病故，其子刘祐才四五岁，刘太真的遗孀李氏晚景凄凉，无力归葬刘太真。十年后，贞元十八年（802），刘太真众多的门生：谏议大夫杜羔、中书舍人裴度、殿中侍御史李修、光禄少卿卢长卿、右司郎中韦乾度、工部郎中李君何、浙东观察团练使李逊、黔中观察经略使李道古、泽州刺史卢顼、嘉州刺史王良士、复州刺史郑群、沔州刺史严公弼、慈州刺史刘元鼎、侍御史田伯、殿中侍御史卢璠、马逢、监察御史冯鲁、杨巨源、栎阳县令麻仲容、蓝田县令崔立之、盩厔县尉曲澹等人，共同商量谋划，将停丧丹阳别墅的灵柩迁葬到溧水柘塘刘墓村（村因刘太真墓得名，今村名不存），并为恩师树碑立传，碑文由裴度（文宗朝任宰相，封晋国公）撰写。裴度的这篇碑文写得非常好，共同表达了门生对恩师的怀念与哀思，也使刘太真获得了极大的哀荣。

历史的真实被尘封于典籍，1000多年了，居然无人道及。但刘太真的神名，却流播于百姓悠悠众口，得一方祭祀，享一地香火，一直到现在。

（作者简介：吴长庚，上饶师院原副院长、教授。从事地方史研究）

朱熹与夏言：中国祠堂史上的两座里程碑

汲　军

中国古代聚族而居，形成基层的宗族社会，宗族社会一直是社会政治的最坚实的基础。祠堂是宗族社会的载体，是宗族文化的集中体现。何谓祠堂？《新编古今汉语大辞典》：“1. 古代祭祀鬼神或贤能有功者的庙堂；2. 家族中祭祀祖先的庙堂。”本文研究的是第二种意义，中国的宗祠文化源远流长，清代学者赵翼在《祠堂》一文中说：“今世士大夫家庙曰祠堂，按三代无祠堂之名。……然王逸序《天问》云：‘屈原见楚先王之庙及公卿祠堂，画天地山川神灵琦诡之状，因书壁面而呵问之。’则战国末已有祠堂矣。《汉书·张世安》及《霍光传》：‘将作穿复土，起冢为祠堂。’其时祠堂多在墓地，故司马温公谓：‘汉世公卿贵人多建祠堂于墓地，在都邑则鲜。’如成都外诸葛祠堂，盖一二而已。”（赵翼《陔余丛考》河北人民出版社2007版）周朝将祭祀作为国家的头等大事，在《春秋左传集解·成公十三年》就有“国之大事，在祀与戎”，将祭祀与攻城略池，保家卫国的战争相提并论，可谓重视。在《礼记》中还记载了周朝的规定：“君子将营宫室，宗庙为先，厩库为次，居室为后。”也可见宗庙的建设是立国的头等大事。其中还规定了：“天子七庙，诸侯五庙，大夫三庙，士一庙。”普通百姓不能设家庙。祭祀的仪式也相当隆重，这在《诗经·小雅·楚茨》中就有生动具体的描述。

随着历史的发展，中国的祠堂经历了多次重大的变革，在中国祠堂历史上，有两位里程碑式的人物，他们都与信州有密切的关系，一位是南宋著名的理学家朱熹，另一位是明嘉靖年间的礼部尚书夏言。

一、朱熹：中国祠堂礼教仪式的制定者

朱熹(1130—1200)，字元晦，又字仲晦，号晦庵，晚称晦翁，祖籍江南东路徽州府婺源县（今江西省婺源），出生于南剑州尤溪（今属福建省尤溪县），一生至少14次经过信州，并且在信州收徒授课。朱熹是中国著名的理学家、思想家、哲学家、教育家，谥文，世称朱文公。朱熹不仅是一个理论家，并且是一个积极的实践家。为了巩固社会统治的秩序，他对礼学尤其重视，而他的礼学的观点与实行规范主要体现在《朱子家礼》中。

（一）朱熹与《朱子家礼·祠堂》

唐以后，经过了五代十国兵荒马乱，是一个礼崩乐坏的时期，士族祭祀祖先的庙宇也大都毁坏，而祭祀活动也不能正常举行。到了北宋，天下安定，于是庙宇祭祖开始恢复。到了宋徽宗时期，朝廷发布诏令："文武执政官，武臣节度使以上祭五世，文武升朝官祭三世，余祭二。"因不另设家庙，所以家庙一般在自己的宅邸之内："应有私第者，立庙于门内之左，如狭隘，听于私第之侧。力所不及，仍许随宜。"(《宋史》卷109《礼十二》)。可见比较随意，当然这是不合儒家规范的权宜之计，于是宋代的理学家们纷纷对祭祀提出规范与建议。其中最有影响的当数朱熹的《朱子家礼》。

南宋《朱文公家礼》一书，又称《朱子家礼》，此书究竟是否朱子亲撰，现在尚有争议。但是，当代的著名学者如钱穆、陈来、束景南等先生，经过研究考证，认定此书当为朱子所撰。《朱子家礼》对宋代以来的中国祠堂的建立确实起到了里程碑式的重要的作用。《朱子家礼》共分五卷，分别为《通礼》《冠礼》《昏（婚）礼》《丧礼》和《祭礼》。《通礼》十分重要，朱子自注曰："此篇所著，皆所谓有家日用之常礼，不可一日而不修者。"是每天必修之礼。而《通礼》中第一部分就是《祠堂》。

"今以报本反始之心，尊祖敬宗之意，实有家名分之首，所以开业传世之本也。故特著此，冠于篇端，使览者知所以先立乎其大者，而凡后篇所以周

旋升降出入向背之曲折，亦有所据以考焉。”此中阐述了祠堂在礼制中的意义是为了“报本反始”“尊祖敬宗”，而这两者就是家之所以成为家的根本，是后面诸礼的依据可见祠堂是立于最为重要的位置。

（二）《朱子家礼·祠堂》的主要内容

由于历来的儒家经典中并没有祠堂的具体的设计，朱熹《家礼·祠堂》章中主要是设立了当时的祠堂规制与祭祀制度，使其有章可循。朱熹说：“古之庙制不见于经，且今士庶人之贱，亦有所不得为者，故特以祠堂名之，而其制度亦多用俗礼云。”朱熹的祠堂制度的设立也是根据当时民间百姓所流行的“俗礼”祭祀来进行规范的，立足于民间。这与朱熹的泛民教化的理论也相适应。

对祠堂的重视还可以从以下几个方面看出来：

1. 首先立祠堂。朱熹提出：“君子将营宫室，先立祠堂于正寝之东。”这就是继承了《周礼》中的“君子将营宫室，宗庙为先，厩库为次，居室为后”传统，并且确定了方位，在正寝的东面。祠堂比自己所居住的房屋更重要，应该先立祠堂然后才可以营建居室。

《朱子家礼》中还明文规定：“或火盗贼，则先救祠堂迁神主、遗书次及祭器，然后及家财。”祠堂与祖宗的牌位、遗物及礼器的重要性远远大于家产。

2.《朱子家礼》中关于祠堂的规制非常具体也非常严格。

朱熹提出：“祠堂之制，三间，外为中门。中门外为两阶，皆三级。东曰阼阶，西曰西阶。阶下随地广狭以屋覆之，令可容家众叙立。又为遗书、衣物、祭器库及神厨于其东。缭以周垣，别为外门，常加扃闭。若家贫地狭则止为一间，不立厨库。而东西壁下置立两柜，西藏遗书、衣物，东藏祭器亦可。正寝谓前堂也，地狭则于厅事之东亦可。凡祠堂所在之宅，宗子世守之，不得分析。凡屋之制，不问何向背。但以前为南，后为北，左为东，右为西。”

可以看出祠堂的格局有几方面的要求：一是方位：坐北朝南。二是布局：三间的格局，如果贫困者可以为一间。三间的格局包括台阶及建筑的名称也确定。三是祠堂的面积：必须要能够容纳得下家族成员。四是必备的设置：

必须要有装遗书、衣物、祭器库房及神厨，贫困者可以不设专门的库房而用柜子。五是宗子即嫡长子要负责祠堂的管理。祠堂的财产不能拆分。

如果说祠堂是家礼的重心所在，神主就是祠堂的重心所在。神主即祖宗牌位，它的位置安放特别重要，有具体的规定:《家礼》中规定祠堂之内，以近北一架设四座神龛，供奉神主牌位。祠堂是为了祭祀而建，那祭祀神主排位的秩序也非常重要。“每龛内置一桌，大宗及继高祖之小宗，则高祖居西，曾祖次之，祖次之，父次之；继曾祖之小宗，则不敢祭高祖，而虚其西龛一；继祖之小宗，则不敢祭曾祖，而虚其西龛二；继祢之小宗，则不敢祭祖，而虚其西龛三。若大宗世数未满，则亦虚其西龛如小宗之制。”高祖、曾祖、祖、父一共四代，是作为祭祀的对象的。而庶子的神主五世之后要迁出祠堂。各族也可以清楚地知道自己所供奉的神主，不会错乱。也就是说，祠堂只祭高、曾、祖、祢四代神主，并按照大宗和小宗的依次划分，作为祭祀的主要依据。若易世，原高祖亲尽而迁其主，埋于墓田。祠堂所在祖屋，由宗子世守，非长子不得祭其父。特别强调了宗长子的地位。

对于神龛中神主的牌位的安放也有规定:“皆藏于椟中，置于卓上，南向，龛外各垂小帘，帘外设香卓于堂中，置香炉，香合于其上。两阶之间又设香卓，亦如之。”这样的布局规定十分具体，也十分讲究规范，有具体操作要求。

在《文公家礼》中对非嫡长子、或与嫡长子同居的族人的祭祀也立下了规矩:“非嫡长子则不敢祭其父。若与嫡长同居，则死而后其子孙为立祠堂于私室，且随所继世数为龛，俟其出而异居乃备其制，若生而异居，则预于其地立斋以居，如祠堂之制，死则因以为祠堂。”普通百姓都是“五世则迁”，即奉祀自己以上的四代祖先，共五代人。这样的安排，为后来的分支的家祠也立下了规则。

3. 关于祭田与祭具：祭田与祭器是为了切实保证实行祭祖的经济来源与物资准备。

祭田:“初立祠堂，则计见田。每龛取其二十之一以为祭田，亲尽则以为墓田。后凡正位、祔者皆放此。宗子主之，以给祭用。上世初未置田，则合墓，下子孙之田计数而割之，皆立约闻官。不得典卖。”祠堂开初建立时，可以按每个神龛来募集祭田，如果没有子孙，则祭田为族中的墓田。祭田有宗子管理。而祭田不得典卖，并在官府的见证下立约。

祭具：《家礼》中记载："床、席、倚、卓、盥盆、火炉、酒食之器，随其合用之数，皆具贮于库中，而封锁之不得它用。无库则贮于柜中，不可贮者，列于外门之内。"祭器是专用的，平日不准移作他用，而且保管也要慎之又慎。

4. 关于祭祀仪式。

祠堂之设立，为家礼的实行提供了一个庄严肃穆的专门场所。《朱子家礼》为了适应当时的需要，为了切实可行，将传统的祭祀形式做了简约化、完备化与规范化。与其他宗教的祭礼有所不同，《家礼》中祠堂的祭礼具有鲜明的生活化特征。

如"谒"，"主人晨谒于大门之内。"主人是宗子也是主此堂之祭者，即宗子每日清晨要主持晨谒。谒即拜见也，晨谒就是每天晨起后拜见先祖。宗子穿着深衣向神主焚香叩拜。

如"告"，即告知祖先。《家礼》中的《告礼》分为两类，即出入必告和有事则告。出入必告：《朱子家礼》中规定："主人主妇近出，则入大门瞻礼，而行归亦如之。经宿而归，则焚香再拜。远出经旬以上，则再拜焚香，告云：'某将适某所，敢告'，又再拜而行，归亦如之，但告云：'某今日归自某所，敢见'。经月而归，则开中门，立于阶下，再拜，升自阼阶，焚香告毕，再拜，降复位，再拜。余人亦然，但不开中门。凡主妇谓主人之妻，凡升降，惟主人由阼阶，主妇及馀人虽尊长亦由西阶。凡拜，男子再拜，则妇人四拜，谓之侠拜。其男女相答拜亦然。"宗子和其他家庭成员近出或者远出，包括在外过夜或比较长时间外出的，出与归都要按照规程与规定的告知先祖，焚香拜谒。有事则告：具体事例也规定十分详细，如升迁、贬官、追赠和嫡长子出生满月，都要以礼告知先祖。告知的形式规定十分详细，甚至连祝版上的文词都有统一的形式。至于冠、婚、丧、祭四礼中的告礼也另行做了规定。

又如祭礼"参"："正至朔望则参"，是指正至朔望日参拜祖神，须以茶酒祭奠，祭礼比谒告更为正式隆重。祭礼十分具有仪式感，规定也十分详尽，如神龛与供桌上的摆设：新果、茶盏、酒杯，神主椟前要放置束茅聚沙等等，摆放的位置也都有规定；在阼阶上置酒，注盏盘、盥盆、帨巾等的位置也有规定；主人与执事者的位置有规定，而且对家人的身份不同也做了安排：如“主人北面于阼阶下，主妇北面于西阶下。主人有母，则特为于主妇之前。主人有诸父诸兄，则特位于主人之右少前，重行西上。有诸母姑嫂姊，则特位于主妇之左少前，重行东上。诸弟在主人之右少退，子孙外执事者在主人之后。重行西上。主人弟之妻及诸妹在主妇之左少退，子孙妇女内执事者在主妇之后，重行东上。”

在祭祀的过程中，程序也有规定：“立定，主人盥帨，升，启椟，奉诸考神主置于椟前。主妇盥帨，升，奉诸妣神主置于考东。次出祔主亦如之。命长子长妇或长女盥帨，升，分出诸祔主之卑者亦如之。皆毕，主妇以下先降，复位。主人诣香卓前，降神，焚香再拜。执事者盥帨，开瓶实酒于注，一人奉注，诣主人之右，一人执盏盘诣主人之左。主人跪，执事者皆跪。主人受注，斟酒，反注，取盏盘奉之，左执盘，右执盏，酹于茅上。俛伏，兴，少退，再拜，降，复位，与在位者皆再拜参神。主人升，执注斟酒，先正位，次祔位，次命长子斟诸祔位之卑者。主妇升，执茶筅，执事者执汤瓶，随之点茶如前，命长妇或长女亦如之。子妇执事者先降。复位。主人主妇分立于香卓之前东西，再拜，降，复位。与在位者皆再拜，辞神而退。”整个祭祀过程庄重肃穆，有条不紊。对祭祀者的服饰也有规定：“凡言盛服者，有官则幞头公服带靴笏。进士则幞头襕衫带。处士则幞头皂衫带。无官者通用帽子衫带。又不能具，则或深衣或凉衫。有官者亦通服帽子以下，但不为盛服。妇人则假髻大衣长裙。女有室者冠子背子，众妾，假髻背子。”其中官员、进士、处士、无官者，包括各种身份的女子的衣饰也做了规定，可谓详尽。

还如“献”，规定清明、寒食、中元、重阳等节日，须向神主献以时鲜食物。对冬至祭祀始祖，尽可能地考虑到各种情况，礼数尽备。

祠堂礼仪是遵照儒家“事死如事生”的原则制定，儒家重孝道，故此重视祭祖礼，祭礼即是孝亲礼的延续，以谒礼为例，每天的晨谒，如同先祖依然在世而行礼如仪，然对于阴阳相隔的父祖辈，更多了几分肃穆庄严。告礼亦然，所告之事，涵盖了出入家室等日常行为到升贬、追赠、生子这样的人生事件。这些事情，孝子在父祖生前都会依礼禀报请示，父祖去世则须向祖灵行祭告礼，一如生前一般。朱子本人严格遵循着家礼的要求，他每次晨起后先到祠堂告祖，再去祭拜先圣孔子，然后才开始一天的工作。

祠堂不仅是日常与节日礼仪的场所，与冠、婚、祭、丧人生四大礼仪的关系同样密切，它们都以祠堂为原点来布局与展开，冠、婚、祭礼的主要场所是祠堂，冠婚礼都须预先告祖，礼仪终成环节也是入庙告祖，告庙自然是冠婚礼中最重要的环节，是礼仪活动的高峰。丧礼是人生的最后一项大礼，其终点是神主入祠，这又意味着一个新的开始，象征着刚去世的家人已经在另一个世界与其他先祖团聚，并同他们一起保佑着在世子孙家人，生命因此而得以安顿。

祠堂祭祀礼仪节众多，周详且反复，其目的在于让子孙在日常化和经常性的谒告、参献、祭拜礼仪中，培养"慎重追远，明德归厚"之精神。

（三）《朱子家礼》的历史意义

《朱子家礼》在中国祠堂史上的意义非同一般，它是里程碑式的意义，它的意义在于：

第一，它是一部"庶民之礼"。崔豹《古今注》中说："宗庙：宗者，宗祀也，庙者，貌也。所以仿佛先人之灵貌也。天子七庙，诸侯五庙，大夫三庙，士二庙，庶人无庙，四时之享也。"在中国古代有"礼不下庶民"的规定，"庶人不敢言庙，则立影堂"，一般百姓只能将父母的画像挂在家中，用以祭祀。到了《家礼》中却做了规定，百姓可以有家庙，可以祭祀自己的四代先祖。

第二，它是一部理论与实践相结合，并以实践为重的著作，它有很强的操作性。它规定了大宗（长子）小宗（庶子）的不同的祭祀规格与次序。而且将祭祀过程的礼仪也做了详尽的规定。《朱文公家礼》不仅成了当时官方与民间祠堂祭祀的范本，而且对后世影响更加深远，这种的祭祀方式一直延续到清朝末年。

第三，《朱文公家礼》中推行了宗法制。宗法制是以血缘关系为基础，尊崇祖先，维系亲情，在宗族内部区分尊卑长幼，并规定继承秩序以及宗族成员不同地位。它是中国封建社会中最核心的一种制度，它的特点是以血缘关系为纽带，它的核心是嫡长子继承制。嫡长子继承制是一种以父系血缘关系亲疏为标准的有关统治权力、财富、封地继承等，形成了“传嫡不传庶，传长不传贤”显明的等级制度。朱熹严格地区分了嫡长子与别子在祠堂中的地位，这为了确保祠堂神主祭祀的合理统绪。朱熹重视宗法制是因为这是“家国同构”的体现，在国家国君是一国之主，家族中父亲为一家之主，也如一国之君，国与家的治理是同构的。朱熹强调的国家与社会、家庭的秩序是一致的，如“君为臣纲，父为子纲，夫为妻纲”的“三纲五常”。因此他竭力推崇的“欲治其国，必先齐其家”的做法。宗法制在朱熹《朱子家礼》的推行下，在家族治理中起到了关键的作用，也为当时与后世的国家治理的起了极有力的辅助作用。

如今民间祠堂与宗祠的布局也是沿用朱熹的规制要求。翻开族谱、方志，都有祭祀礼仪的规定，这些规定都遵循了《文公家礼》中规定。而且，现在有些乡村在恢复传统的宗族文化时，也继承了这些礼制仪式。

二、夏言与《献末议请明诏以推恩臣民用全典礼疏》

夏言（1482—1548），字公瑾，贵溪（今鹰潭贵溪）人，晚年定居于上饶，在古城留下不少胜迹。夏言不仅是明代著名的政治家、文学家，也是著名的礼学家。纪昀对他的评价是：“（夏言）特学问淹博，于故事夙所留意。又值世宗锐意改制之时，故于一朝典礼，多所酌定。如南北郊分祀、更定文庙祀典及大禘礼仪、立先蚕坛之类，悉言所赞成。迨帝擢掌礼部，益力举其职。前后奏牍，亦多有可采。”夏言在世宗朝，修订与改革了很多的礼法。他迎合皇帝锐意改革文礼意愿，不顾旧朝臣的反对，上奏章请求皇帝到南郊亲自耕地，皇后到北郊亲自养蚕，为天下人做表率，开始了南北郊分别祭祀天地的做法。在夏言所酌定的礼制中有宗祠之礼，这在中国祠堂史上留下了影响深远的一笔。今天我们所见的宗祠，就是起始于夏言。

正德十二年（1517），35岁的夏言荣登进士第。正德十六年（1521）明世宗继位后，夏言由于敢于疏陈武宗朝的弊政而深受世宗的赏识。后来因议礼而受重用，升至礼部尚书兼武英殿大学士入参机务，累加少师、特进光禄大夫、上柱国，其后被擢为首辅。他对宗祠的贡献正是他在礼部任上。

（一）夏言《献末议请明诏以推恩臣民用全典礼疏》的历史背景

历史给了夏言一个极好的礼制改革的机会，这就是明世宗的“大议礼之争”的发生。因为明武宗正德皇帝没有子嗣，他的堂弟兴献王之子朱厚熜得以继承皇位，即为明世宗嘉靖皇帝。作为非“大宗（嫡长子）”的后裔继承大统应该是归入大宗，即认正德皇帝的父亲孝宗皇帝为自己的父亲，而自己的生父则为叔父。但是世宗却要追封自己已经去世的父亲为皇帝。这样从正德十六年（1521）一直到嘉靖三年（1524）间，世宗皇帝与旧臣间展开了一场长达三年半的关于皇统问题上的论争。论争的关键在世宗入继后如何处理其与孝宗、武宗以及生父兴献王的关系。世宗不顾旧朝臣们的强烈反对，执意追尊生父为兴献帝，后又加封为献皇帝，生母为兴国皇太后，又改称孝宗敬皇帝为“皇伯考”。孝宗皇帝不是作为父亲来祭祀，而是作为伯父来祭祀，可以说，这是世宗对中国古代的礼制的重大挑战与改革，也是成功地对中国历代以“大宗（嫡长子）为继承”的传统在礼制上的一次改变。而在本次事件中，作为礼部官员的夏言一直是站在嘉靖皇帝一边的。到了嘉靖十五年（1536），世宗皇帝政治上已经十分成熟，政权也十分稳固的，就开始兴建九庙，将自己的父亲献皇帝也入祧进入世庙。嘉靖十七年（1538）九月，兴献帝还被追尊为“睿宗知天守道洪德渊仁宽穆纯圣恭简敬文献皇帝”，并将兴献帝的牌位升祔太庙，排序在堂兄明武宗之上，并改兴献王墓为显陵。

就在九庙建成的时候，作为礼部尚书的夏言也对大臣与百姓的祖庙应该享受的礼仪待遇提出了自己的要求，他上了一份奏议，这就是在中国祠堂史上著名的《献末议请明诏以推恩臣民用全典礼疏》。

众所周知，中国历来就鼓励聚族而居，三世同堂、四世同堂的大族会受到政府的旌表，光耀门楣。而元朝是短暂的，游牧民族对祖宗的祭祀并不像汉族人这么有统一的规矩。在战乱时期，民众流离失所，因此宗族祭祀遭到比较大的破坏，尤其在元朝统治的重点地域的北方。然而在南方的一些山区，元军比较难深入，就成为家族避难的好去处。为了不忘根本，家族的祭祀就很好地保留下来了。譬如徽州地区，由于山形地势，乾隆年间的《绩溪县志序》中就记载：“深山大谷之人，皆聚族而居，奉先有千年之墓，会祭有万丁之祠，宗拓有百世之谱。”也因为动荡迁徙，大家对第一代定居者，也就是始迁祖特别重视，因此在元代末年祭祀始迁祖的风气就十分突出。

而明朝立国以来，朱元璋为了巩固自己的政权煞费苦心，他面临一大矛盾，就是如何抑制与利用豪强大族的关系。于是他有了两种对策：一是除了一系列抑制功臣的权力外，他也接受历史的教训，抑制地方豪强与大族势力，他采取的方法往往就是强制外迁。如江西鄱阳的瓦屑坝就是一个典型的移民集散地。在这里江南的富民大族被强制拆散迁往湖北、安徽等地，并且不许往来，也不许传续自己的宗族。方孝孺说过：“太祖高皇帝以神物雄断治海内，疾兼并之俗，在位三十年间，大家富民都以逾制失道亡其宗”（《逊志斋集 》卷二二《故中顺大夫福建布政使左参议郑君墓表》）。江南的强大的宗族势力也因此而瓦解。也有人认为，朱元璋“凡大族皆诛且徙”是因为防止他们“吞食细民”。总之明朝初年朱元璋对宗族势力的打击是很大的，因此祭祀祖宗的礼俗也会因之而衰退。但是另一方面，中国的聚族而居的传统也注定了宗族是统治的基础，无论采用任何制度，最终还是要村落的宗族作为治理的最基本的单位。所以在朱元璋得到政权的洪武元年（1138），他也制定了“教化为先”的治国大政方针，颁布了“圣谕六言”：“孝顺父母，尊敬长上，和睦乡里，教训子孙，各安生理，毋作非为。”而这一些都必须依靠宗族的教育才能有效地实行。尤其是孝顺父母，尊敬长上，就是以家族为单位来实行的。可以说在朱元璋在明朝开国以来的“圣谕六言”也奠定了宗族文化的基础。

既然是尊敬长上，那么宗族的辈分就十分重要，于是明代的修谱风气也十分盛行，在以后的安稳时期，祭祀自然也开始复兴。虽然大部分的家族是遵循《朱子家礼》的规定，也有很多的其他不规范的方式出现，《朱子家礼》中的一些规定也与当时的现实不相适应，《朱子家礼》中规定宗法原则也往往遭到破坏，如民间祭祀始祖的现象就频频发生，于是如何规范士庶百姓的宗族祭祀，又如何适应社会的发展而对祭祀礼制进行变革就显得尤为重要。作为礼制改革家的夏言对于这样的社会现状自然担当起义不容辞的责任。

（二）《献末议请明诏以推恩臣民用全典礼疏》的主要内容

在文中夏言首先点明了奏议的背景，他说："臣仰惟九庙告成，祀典明备，皇上尊祖敬宗之心，奉先孝恩之实，可谓曲尽，而上下二千年百王所不克行之典，我皇上一旦举而行之。"此奏章是写于明嘉靖十五年（1536），从文中可以看出夏言对嘉靖皇帝"大议礼"事件中的坚持是持赞同的立场，并且评价相当高，认为建九庙是"尊祖敬宗、奉先孝恩"之举，是实现了"二千年百王所不克行之典"，对修成九庙、明备祀典评价很高。

夏言还说："臣忝礼官，恭逢圣人在天子之位，又属当庙成，谨上三议，伏乞播之诏书，施行天下万世，不甚幸哉。"他的"三议"内容为："请定功臣配享议""乞诏天下臣民冬至日得祀始祖议""请诏天下臣工立家庙议"。其中与宗祠最相关的当数"乞诏天下臣民冬至日得祀始祖议"这一条。同时他希望他的奏议能够得到批准，并且能够在天下推行。

在他的"乞诏天下臣民冬至日得祀始祖议"的陈述中，他主要是想推翻朱熹的"臣民不得祭祀始祖与先祖"的规定。他说：

"臣按宋儒程颐尝修六礼，大略家必有庙，庶人立影堂，庙必有主，月朔必荐新，时祭用仲月，冬至祭始祖，立春祭先祖。至朱熹纂集《家礼》，则认为始祖之祭近于逼上，乃删去之，自是士庶之家无复有祭始祖者。"

其实朱熹在《家礼》中做出"臣民不得祭祀始祖与先祖"的规定也是经过反复思考的。开始时朱熹在《家礼》中也主张在冬至日可以祭祀始祖，立春日可以祭祀先祖（先祖是始祖之下到高祖的祖先），但是在他晚年却否定了这样的祭祀，在他庆元年间的《答叶仁父》书信中，他写道："始祖、先祖之祭，伊川方有此说。固足以尽孝子慈孙之心。然疑其礼近于禘祫，非臣民所得用，遂不敢行"（《朱子文集》卷六三）。在《朱子语类》中也记载了一段他回答弟子的提问："尧卿问始祖之祭，曰：'古无此，伊川以义起。某当初也祭，后来觉得僭，遂不敢祭。'"（《朱子语类》卷九〇）朱熹这两段话就明白地表示为什么家庙不能祭祀始祖、先祖的理由，是因为这种的祭祀已经有如帝王举行的禘祫大礼，有僭越之嫌。禘祫是古代帝王祭祀始祖的一种隆重仪礼，如果臣民也祭祀始祖、先祖，那就僭越了。可以看出朱熹早年自己也祭祀过始祖、先祖，后来因此也就不敢再举行了。

夏言把程颐的主张与朱熹的主张对立起来，他认为程颐的主张更有道理：

“臣愚以为颐深于礼，学者司马光、吕公著皆称其有制礼作乐之具，则夫小记大传之说，不王不禘之仪，彼岂有不知哉？而必尔为者意盖有所在也。”

夏言认为程颐是深通与礼的学者，他不可能不知道帝王的禘祫之礼，他所提倡的祭祀始祖、先祖必然有他的道理。他的道理何在呢？是因为“夫之三代以下，礼教凋衰，风俗蠹弊，士大夫之家、衣冠之族尚忘祖遗亲，忽于报本，况匹庶乎？程颐为是缘情而为制，权宜以设学，此所谓事逆而意顺者也。”

程颐提倡祭祀始祖、先祖的理由，是他认为三代以下“礼教凋衰，风俗蠹弊”的现象的，虽然事情看起来是有悖逆，但道理是顺应时代，改变时弊的。程颐这样做的好处就是：“故曰人家能存得此等事，虽幼者可使渐知礼仪，此其设礼之本意也。”而朱熹因为有僭越之嫌而停止了祭祀的做法，是亦不及察之过也。夏言还驳斥了朱熹的所谓的僭越的理由，他说：

“且所谓禘者，盖五年一举，其礼最大。其所谓冬至祭始祖云者，乃一年一举，酌不过三，物不过鱼黍羊豕，随力所及，特时享常礼焉尔。其礼初不与禘同，以为僭而废之，亦过矣。”

士庶之家冬至祭祀始祖的仪式与皇家祭祀始祖的仪式大不相同，皇家五年一祭，十分盛大隆重，为天下大礼。而百姓虽然每年冬至祭祀，但供品却是十分简单，祭祀的礼仪也很寻常，所以根本不能与皇家的禘祫相提并论。夏言认为朱熹因僭越而废除祭祀是过分了。

夏言还说：“夫万户本乎天，人本乎族，豺獭莫不知报本，人唯万物之灵也，顾不知所自出，此有意于人纪者，不得不原情而权制也。水木本源之意，恻然而不能自已。”

夏言以为雨水季节，河水解冻，獭开始捕获鱼类；霜降季节，豺开始捕杀野兽以备冬。古人因以附会其为捕猎前的祭祀，所以认为豺獭有报本之举，人类为万物之灵就更应该注重祭祀。所以夏言恳请道：“伏望皇上扩推因心之孝，诏令天下臣民，许加程子所议，冬至祭厥初生民之始祖，立春祭始祖以下高祖以上之先祖，皆设两位于其席，但不许立庙以逾分，庶皇上广锡类之孝，子臣无禘祫之嫌，愚夫愚妇得以尽其报本追远之诚，溯源徂委，亦有以起其敦宗睦祖之宜，其于化民成俗未必于小补云。臣愚不胜惓惓。”

夏言对祭祀的仪式与规格做了规定，这样既不会有僭越之嫌，也满足了百姓报本追远的心愿，还能起到和睦宗亲的教化作用。明世宗赞同了夏言的奏议，于是，民间祭祀始祖的风气名正言顺大张旗鼓地开展起来。

（三）《献末议请明诏以推恩臣民用全典礼疏》的意义

夏言《献末议请明诏以推恩臣民用全典礼疏》的意义重大，主要体现在以下几个方面：

第一，改革了原有的宗法制。嘉靖朝之后延续到清朝，官民百姓皆可奉祀始祖了。于是，就出现了“大宗族”的现象，这是对宗法制的一个极大的突破，宗族秩序有了很大的改变，原来朱熹等理学家苦苦坚持的嫡长子为大宗的继承秩序，实际上已经淡化或甚至不存在。明清大宗被曲解成了人丁兴旺的“大宗族”，小宗被曲解成了人丁稀少的“小宗族”，而且两者之间并无高低贵贱之分。包括以后族长的产生，并不强调必须宗子担任，更多的是推举制度，推举宗亲中德高望重者来承担。朱熹所定的士庶只能祭祀四代祖先的规矩也被破坏了，宗族祭祀始祖与始迁祖的制度开始确定并且切实地实行了。

第二，强化了族权。中国古代的政治体制的一大特点，就是国家与宗族共同治理。以皇权为主的国家政权和以族长为主的族权相结合。宗族制定了自己的一套族规族训，甚至制定了宗族法规，成为国家政治的最有力的辅助力量。

第三，兴起修建祠堂的热潮。正如宣统年间的《岭南冼氏宗谱》所记载：“明大议礼成，世宗思以尊亲之义，采夏言议，令天下大姓皆得联宗建庙，祀其始祖，于是宗祠遍天下。”（《中国祠堂通论》王鹤鸣、王澄著上海古籍出版社2013年版139页）如果没有夏言的《献末议请明诏以推恩臣民用全典礼疏》，没有世宗的恩准，那么就不可能有这些建筑，因为这是僭越，就可能有杀身之祸。此后，“家庙”这种形式逐渐消失，士庶家族因为祭祀始祖、始迁祖，经历了若干年繁衍生息的子子孙孙就在始祖、始迁祖之下聚集起来，形成了人口繁多的大家族，原来“以屋覆之，令可容家众叙立”的规模小的家祠肯定不能容纳的众多后辈，只能建筑宗祠来进行祭祀。于是人口众多的而又有财力的大族就建立了规制宏大的宗祠，如婺源就有百柱宗祠、俞氏宗祠、广丰区的龙溪祝氏宗祠、广信区安坑的龚氏宗祠都是规制宏大，是上饶市的国家级重点文物保护单位，它们也都是明清时期所建。民间也会按照自己当地的建筑特点，因地制宜地重新规划祠堂的形式，于是在今天我们在各地可以看到不同的建筑风格的祠堂。兴建宗祠的热潮持续了明清两朝四五百年之久，给中国大地留下了最精美的民间建筑典范。

第四，兴起民间的修订族谱的热潮。宗祠的形成必须依靠族谱，于是在明代之后，民间修谱现象也蔚然成风。族谱也由宋元时期的200余种发展到明代竟达到数千种。这也为我们今天研究中国地方史积累了丰富而宝贵的资料。一直到今天，家族的修谱也是乡村传统文化的一个重要内容。

第五，丰富了宗祠文化。嘉靖时期祭祀制度的开放，也导致今天所看到的明清祠堂，因为宗法礼治的重新定义而被极大丰富，形成了许多前世所未有的新功能和新形式。

夏言是中国祠堂史上的一座丰碑，他所建立与推动的祠堂文化，影响了中国历史，直至今天，在乡村里最宏伟的古建筑就是宗祠，宗祠是中国乡村灵魂。这话不夸张，今天的族规族训、修订族谱、合族祭祖、乡民的认祖归宗等活动，是乡村里最隆重的礼仪。而今天在社会主义新农村的建设中，宗祠又有了新的内涵，它成为乡民的老年活动中心，成为中国传统文化的活动中心，儿童的开笔礼、少年的成人礼，家族的节日喜庆，古装戏、现代戏、村史教育等都在宗祠里进行。

翻开一部中国祠堂史，两位乡贤：朱熹与夏言赫然在册，他们所做的贡献，改变与决定了中国祠堂史的发展方向，为中国千年祠堂的历史上树立了里程碑。

（作者简介：汲军，上饶师院教授。从事地方史研究）

信州区宗祠：第三次全国文物普查不可移动文物

周恒斌

后王王氏宗祠

王氏宗祠位于江西省上饶市信州区沙溪镇东风村后王自然村，是一栋清末时期的建筑。宗祠坐北朝南，面阔13.4米，进深21米，面积281.4平方米。正门青石木框，匾额题刻“王氏宗祠”，周围雕刻葡萄、蝙蝠、人物故事。中轴线上两进一天井，抬梁和穿斗混合结构，额枋、雀替雕刻花鸟，牛腿雕刻龙纹，穿枋等木构件等也有雕刻。柱子有六根八边形青石柱，其他为圆形木柱，天井较大，左右厢廊，是一栋木雕石雕比较精美的清末宗祠。宗祠正门前是一条水泥路，前面为空地，西侧是协龙山殿，以封火墙相隔，周围是民居。

宗祠主体构架保存，正门青石的人物雕刻部分损毁，木雕刻比较精美，天井全部糊上水泥，左侧厢廊中间用两根四方水泥柱撑住瓦檐，梁枋部分霉烂，虫蛀严重。前进右侧房间成为小卖部，后进右侧三合板相隔，成为活动室。

沙溪后王王氏宗祠

赵氏宗祠

赵氏宗祠位于江西省上饶市信州区秦峰乡秦峰

村赵家自然村，是一栋清末时期的宗祠，建筑坐东南朝西北，面阔16.5米，进深17.3米，占地面积285.45平方米。正门砖石叠涩挑檐门罩，门额匾上题刻“赵氏宗祠”，周围有刻花、人物、瑞兽等吉祥图案。屋顶为硬山顶，五岳朝天封火墙，抬梁和穿斗式混合木结构，左右两个小天井，厅堂供奉赵氏祖宗牌位，是一栋具有赣东北风格的建筑。宗祠经过维修，柱子、匾额上的字都漆了红漆，后墙左侧倒塌一部分，屏门隔扇破损，内墙红砖修补。

秦峰赵家赵氏宗祠

谷坞郑氏宗祠

谷坞村郑氏宗祠位于江西省上饶市信州区秦峰乡新塘村谷圩自然村，是一栋清末的宗祠，建筑坐东南朝西北，面阔12.35米，进深33.3米，占地面积411平方米。屋顶为硬山顶，阶梯形马头墙，正门门罩匾额已圮，门头上还剩部分青石雕刻，中轴线对称两进一天井，前厅为穿斗式木结构，后厅为抬梁式木结构，是一栋具有赣东北风格的祠堂。现已坍塌。

双塘刘氏宗祠

刘氏宗祠位于江西省上饶市信州区秦峰乡下湖村双塘自然村，是一栋民国三十五年建造的宗祠，建筑坐西朝东，面阔26.9米，进深35米，占地面积941.5平方米，正门匾额题刻“刘氏宗祠”，周围雕刻蝙蝠、人物故事等图案。抬梁和穿斗混合结构，前厅天花有莲花、鹤等藻井装饰，牛腿雕刻莲花、龙纹。后厅柱子为青石柱，五开间，明间正中边摆放祖宗牌位。天井很大，左右厢房，是一栋面积较大，雕刻较精美的民国时期的宗祠。

宗祠2003年经过维修，柱子红漆，天花、牛腿、门额等涂了彩漆，天井全部水泥地。前厅梁架、雕刻基本维持原状，后厅改变较大，左右厢房都为现代建筑。

秦峰双塘刘氏宗祠

狮山郑氏宗祠

狮山村郑氏宗祠位于江西省上饶市信州区朝阳乡狮山村范村，是一栋清代的建筑，宗祠坐北朝南，面阔18.1米，进深25.5米，占地面积461.55平方米。硬山顶，青石门框，匾额题刻“郑氏宗祠”，周围雕刻吉祥图案，中轴线对称两进一天井，前后厅三开间，左右厢廊，抬梁和穿斗混合结构，后厅柱子粗大，中间为四根青石柱。牛腿雕刻鱼形龙，梁架、穿枋雕刻蝙蝠、花草等，竹编造壁粉白墙上有多幅水墨、彩墨画。天井下凹，鹅卵石铺砌，是一栋具有赣东北特色的宗祠。宗祠主体构架保存，左右厢房的柱子倾斜，梁柱霉烂，虫蛀严重，外墙和地面水泥粉刷，内墙部分红砖修补，后厅两个牛腿被偷。宗祠东面有一条河流，周围是山林。

朝阳狮山郑氏宗祠

丰墩张氏宗祠

张氏宗祠位于江西省上饶市信州区灵溪镇张家村丰墩自然村，是一栋清代的建筑。宗祠坐北朝南，面阔16.2米，进深20.3米，占地面积328.86平方米。八字门，匾额题刻“张氏宗祠”，2000年宗祠维修时将字刷成金色，周围雕刻的花纹和莲花章石灰粉刷。宗祠为三进五开间格局，抬梁和穿斗混合结构，前厅四根木柱较细，刷上红漆，中厅牛腿、雀替雕刻鱼化龙纹，右侧一根牛腿腐蚀严重，从中厅到后厅对称十根粗大的青石柱，每根柱子都阴刻楹联，两进天井都为虎眼天井，是一栋具有赣东北特色的清代宗祠。

灵溪丰墩张氏宗祠

英塘方氏宗祠

方氏宗祠位于江西省上饶市信州区沙溪镇英塘村英塘头自然村，是一栋民国时期的建筑，宗祠坐北朝南，面阔12.2米，进深20.34米，占地面积248.15平方米，硬山顶，左右封火墙，正门匾额题刻“方氏宗祠”，周围一圈吉祥图案。前后厅三开间，抬梁和穿斗混合结构，两侧是虎眼天井，过厅顶棚有藻井装饰，12根青石柱，每根阴刻楹联。穿枋雕刻人物故事、图案花纹，是一栋具有赣东北特色的宗祠。2000年，宗祠维修，外墙和地面都粉刷了水泥，门匾文字涂成金色，周围石灰涂料粉饰。宗祠整体构架保存较好，2007年瓦椽重新维修，柱子刷了红漆，阴文镀了金漆，地面糊上水泥，正门外墙贴了瓷板，大门铁皮包裹。

沙溪英塘方氏宗祠

（作者简介：周恒斌：信州区博物馆馆长）

上饶历史上的孝义人物及孝道传统

——兼论孝道传统的历史转化

吴长庚

孝道是中华民族源远流长的人伦之道，是千百年来华夏民族积淀形成的社会要求和道德基础。行孝就指关爱父母长辈、尊老敬老的一种文化传统，是中国古代社会的基本道德规范。也包含子女对父母应尽的义务，如尊敬关爱、赡养老人，生育后代，为父母长辈养老送终等等。

孝起源甚早，甲骨文中已有“孝”字，金文中“孝”字使用已较普遍。《说文》:“孝，善事父母者，从老省，从子，子从老也。”在西周时代，孝便已经列为“三德”之一，见《尚书・洪范》注:“至德，敏德，孝德也。”周代规定，“以三德教国子：一曰至德，以为道本；二曰敏德，以为行本；三曰孝德，以知逆恶。教三行：一曰孝行，以亲父母；二曰友行，以尊贤良；三曰顺行，以事师长”(《 周礼注疏》卷十四 地官司徒第二）可见，在最古老的教育文献中，已经把孝德、孝行列为主要教育内容，并奠定它在社会道德教化中的核心地位。

春秋是礼教盛行的时代，《左传》便从礼的角度对社会各阶层提出了“六顺”的要求，即君义、臣行、父慈、子孝、兄爱、弟敬。孔子创建以仁为核心的儒家伦理道德体系，创办私学，而把孝放在教学的首位。他说：“君子务本，本立而道生，孝悌也者，其为仁之本与！”孟子发挥孔子思想，而提出仁、义、礼、智、孝、悌、忠、信。又明确“五不孝”的具体内容，他说:“世俗所谓不孝有五：惰其四肢，不顾父母之养，一不孝也；博弈好欲酒，不顾父母之养，二不孝也；好货财，私妻子，不顾父母之养，三不孝也；从耳目之欲，以父母戮，四不孝也；好勇斗狠，以危父母，五不孝也。”这些论述，为传统中国的孝文化奠定了理论基础。汉代以孝治国，孝进入上层建筑，形成孝道传统。

上饶的孝道传统可追溯到唐，历宋元明清，列入纪传体正史书中《孝友传》《节孝传》的人物就达500余人。今考清康熙二十二年孙世昌等纂修《广信府志》卷十八，其《人物志·孝友》即收唐7人，宋12人，明13人;《烈女》收宋4人，元5人，明45人，清16人。合计102人。另考清乾隆四十八年连柱修《广信府志》，其卷二十《孝友》收唐2人，宋19人，元1人，明55人，清121人；卷二三《列女》收贤惠、节孝、贞烈妇女507人。这些人物，都在孝行、孝道、节烈等方面，确有建树，乡党称誉，声闻于州县，或有司上传，得到朝廷的旌表。

这些以孝义留名青史的人物，大多数并没有轰轰烈烈的业绩，也没有委婉曲折的情节，有的只是些日常生活平淡的记载。但他们就是在平常的生活中做出一般人不能做到的事情，得到邻里乡亲的称赞，以至于获得州县甚至朝廷的褒奖。

考察上饶历史，其孝义人物大体可分为四类：

一、侍双亲以孝，视宗族如亲

孝的直接对象是自己的父母双亲，祖父祖母，依血缘关系之亲疏，而旁及族人。所以，对孝子的论定，首先是父母。《旧唐书·孝友》传序有云：“善父母为孝，善兄弟为友。夫善于父母，必能隐身锡类，仁惠逮于子嗣矣。善于兄弟，必能因心广济，德信被于宗族矣。”因而收入正史中的孝友人物，往往都按照这个标准选拔。

如乾隆版《广信府志》载：明广丰周宏德，性笃孝，少年侍父太常公于京城。父逝，扶榇归里，庐墓三年。宰相夏言闻其名，造其庐愿与结交，谢不见。后夏言再次入相，宏德遣人携只鸡并荔枝数颗馈之。众咸诧异。及夏言被祸，始知其以“知几”讽也。后值岁大疫，染者俱无生理，有从弟宏范病着，家人惧有染，悉引去。宏德独身调护之，竟得痊愈。后宏范举于乡，终身执子道焉。这段记载讲了周孝子的三件事：一是侍父以孝，结庐于墓守孝三年。二是不交结权贵。三是救堂弟于危难之时。

又载有吕贤者，早年失怙，事母俞氏，以孝闻。俞氏曾三遘疫病，命几乎不保。而贤废寝忘食，护持调理，使母俞得寿终正寝。一日邻舍失火，势逼母柩，贤呼天抢地，燎及须眉，而不稍却，俄而风反，得移柩门外，屋旋毁。又性好施，常捐资赡养鳏寡，为族中贫者娶妇，且扶持生产。州府称其“笃实为善，不事雕琢”。夏言为作《鹅湖草堂为吕孝子赋》：

> 鹅峰何孤高，草堂在其址。中有幽栖人，乃是吕孝子。亲柩殡中堂，孽火旁舍起。抱柩仰天号，反风烈焰止。柩出火复燃，煨烬尽衡宇。异哉真孝感，事出乡人语。平生敦行义，轻财仁族里。里豪惮秉直，邻帛夺复予。妖佛倡淫巫，正言阐神理。吁嗟！承家有哲嗣，俊才起贤科，词苑得佳士。居然道义资，岂独公辅器。昔余官馆阁，门墙笃深谊。作诗颂令德，以昭千百祀。

这首诗保存了吕孝子孝德的细节，可补正史记载之略。

值得指出的是，《孝友》传中记载了不少普通农民，他们在极为艰难的条件下，奉养双亲，做出了常人难以做出的善事。

如上饶人郑再兴，一生未学未娶未表字，只一姐，幼失怙，靠寡母养大，贫甚。父遗洲地两片，极力锄犁，勉为度日。母积劳成疾，中年多病。再兴幼即理家，晨起办餐侍食毕，然后出治地。或为人佣，正午必归备母餐。母年四十而瘫，四肢不举，且必为节发裹足，抱持饮食，穿衣如厕，盥洗搔沐，如是者十五年。其间又有堂弟孤贫，病鼓胀，无藉，势立毙。再兴竭力兼济，出佣工所得助之，三年而后卒。乾隆三十九年夏，于娣家帮田，触热浴水，竟溺死。终年四十一岁。（乾隆版《广信府志》卷二十）

又有弋阳人李宏春，父殁时，家贫甚，鬻身以葬。后主人悯其勤苦，放其归。至年六十始娶妻生子。平生安分守己，务本力田，薄有赢余，时以赈济族人之贫乏者。年至九十而卒。（同上）

二、在乱世乱兵中，救亲以尽孝

在漫长的古代社会中，战乱兵燹总免不了给人们带来深重的灾难。铅山有申世宁。南宋绍兴六年（1137）叛将潘逵兴兵作乱，偷袭铅山，抢夺财物，闯进开药店的申家。时申父年逾七十，未及出户，遇贼。贼意其家有藏金，搜而不得，欲杀之。时申子世宁年未冠，见父有难，毅然伏在父亲身上，以身代戮。贼兵连砍三刀，世宁毫无惧色。贼感其孝，解衣为其裹伤，收刀而去。

后词人辛弃疾居县南，闻其事，感而赋《赠申孝子世宁》诗：

六月烈日日正中，时有叛将号群凶。平人血染大溪浪，比屋焰照鹅湖峰。

白刃纷纷蔽行路，六合茫茫何处去？妻见夫亡不敢啼，母弃儿奔那忍顾。

药市申翁鬓有霜，卧病经时不下床。平生未省见兵革，出门正尔逢虎狼。

虎狼满市如流水，追索金缯心未已。可怜累世积阴功，今日将为兵死鬼。

世宁孝行何高高，慷慨性命轻鸿毛。尔时自欲赴黄壤，欣然延颈迎霜刀。

至孝感兮天地动，白日无光百川涌。三刀不死古今稀，一命自有神灵拥。

群贤激赏争作歌，要使汝名长不磨。何时上书达天听，诏加旌表尚嵯峨。

辛弃疾认为，申世宁的代父受死，是一种极高的孝行，堪称为感天动地的“至孝”。所以，他与群贤一样，都争作歌诗，要使这孝子之名传颂千古，并希望这件事能上达天听，得到皇上的表彰。太傅赵士礽亦作五古，表达了同样的情感：

铅山乃灵山，号为七宝库。有时地爱宝，人杰时一付。
礼闱较文章，发为性仁赋。盛美固不绝，且作忠孝路。
时凶资贼多，炽焰不容捕。长驱斩关来，提挥远相诉。
申生本医家，首冲众贼怒。有子趋而前，悲泣湿衣裾。
愿代父之死，三刀色不怖。贼曰汝子孝，解衣衬血污。
以此两全生，父子欢如故。何不上明君，青旌当金铸。

宋淳熙年间，铅山知县陈映在申家巷口，立“报本坊”，颂扬申世宁孝德嘉行。朱熹闻讯后，十分赞赏，乃亲书“报本坊”题额，至今传为佳话。

又有载贵溪毕寅卿（按，明代贵溪为信州属县），正德年间，姚源剧贼（农民军）为官军所困，后溃围而出，一夕猝至其村。毕母卧病在床，寅卿急拉佣者共肩一舆，从间道走弋阳。贼蹑其后，垂死搏斗始得幸免。后省试，见一人枷锁论死者，乃族子也。询之，逃难中与家人失散，身陷贼中。贼首王浩八妻怜其幼慧，视为己子。官军破巢，误为真酋首子也。时捷书已驰奏，寅卿泣诉诸大僚，督兵者属所司勘查得实，乃释之。这段记载实记二事，一是慷慨救母，二是救助族人。

明正德年间是阶级矛盾异常尖锐的时代，农民起义此起彼落，以及江西宁王宸濠的叛乱，都给人们带来深重的灾难。在官军与王浩八义军的战争中，死节于战乱的节孝妇女多有记载。如弋阳李元顺妻虞氏，战乱中挈家逃逸，而贼势迫，虞度难免，拔簪遗夫曰：“吾分死矣，决不受辱。子为全母计耳。”旋被执，且哭且骂，贼怒杀之。又载德兴万登妻谢氏于贼破寨时投崖而死。又玉山生员李鸿侧室有孕，遇流贼袁三，侧室抱桥柱厉声曰：“我儒家妇，头可断，身不可辱，其速杀我。”骂不绝口。贼怒刳其五内而去。（均见康熙版《广信府志》卷之十八）

这期间载有一位突出的女性，那就是明代上饶的理学家娄谅的孙女娄素珍。她是明太祖朱元璋十六子朱权之孙宁王宸濠妻。明正德四年（1519）宁王朱宸濠欲谋反，娄妃曾泣谏不听，作《题樵人图》诗以讽之。诗曰：“妇语夫兮夫转听，采樵须知担头轻。昨宵雨过苍苔滑，莫向苍苔险处行！”后宸濠叛，兴兵东下，被巡抚南赣都御史王守仁平定，宸濠被擒，于槛车中泣曰：

“昔纣用妇言而亡天下，我不用妇言而亡家国，悔恨何及！”宸濠既败，娄妃亦赴水死，临死前，作《西江绝笔》云：“画虎屠龙叹旧图，血书才了凤眼枯。迄今十丈鄱湖水，流尽当年泪点无。”王守仁收其尸葬之。王守仁是娄谅的学生，且以为娄妃是个“深明大义”的贤妃，故以礼葬之。

娄妃出身理学名门，故为人贤达，能诗作文，又工书法。既能书擘窠大字，亦工小楷。清朱栾纂《江城旧事・娄妃写〈黄庭经〉》有载：“娄氏精书翰，有人得其手写《黄庭经》，失其下函。熊于岸（文登）学博，以隶书续成之，施于佑清寺（今南昌佑民寺），因作诗以记其事。”诗中说：“博士才华旧绝伦，峄山碑版拓摹真，但愁卷尾双钩笔，难仿簪花格样新。”可见其论。

娄妃之死，固然是宁王谋反带来的悲剧。她用自己的死，表达了清白，表达了与宸濠的决绝。宸濠固然不齿，而娄妃却获得舆论的一致好评，堪称节烈的典型。明代上饶人、湖广参政郑毅写诗颂娄妃说：“道义传心有定论，贤妃原是一斋孙。”清临川人李绂《过宸濠故居吊娄妃》诗曰：“女智莫如妇，召常闻斯言。不听妇言败，宸濠毋乃颠。……吾闻娄一斋，理学承薪传。贤淑见诸孙，大节光逆藩。阳明昔志道，娄公启先鞭。于妃宜敬恭，世讲明渊源。椟櫘葬以礼，彼昏徙拳拳。”清代诗人张凤翥路过娄妃梳妆台，也曾赋七律一首，其中说：“青丝莫挽奸雄气，红粉终留激烈身。替想幽魂谁比洁。菱花镜里大江滨。”其中对娄妃推崇最力的，当属清乾隆时著名诗人、戏剧家蒋士铨。乾隆十六年（1751），蒋士铨应聘修《南昌县志》，访得娄妃墓在南昌城德胜门外隆兴观侧，已荒芜不堪，便请求江西布政使彭家屏为之修葺。蒋士铨为编《一片石》杂剧。乾隆二十年（1755），又自绘娄妃墓图，并作《娄妃墓图》诗四首，以记当年修娄妃墓事。乾隆四十年（1775）冬，蒋士铨又通过友人阮见亭引见其舅权江西布政使吴山凤，迁修娄妃墓。立碑建坊。为赞美吴山凤的义举，蒋士铨又创作了《第二碑》传奇曲本。

三、“割股疗亲”，真情以尽孝

在“割股疗亲”一词中，股指大腿。是说孝子割舍自己腿上的肉来治疗父母的疾病。它最早来源于《史记》“割股奉君”的故事：晋文公重耳流亡时，因钱银被部下盗走，无钱购食，饿不能行，介子推就割股肉给重耳充饥。唐时陈藏器著《本草拾遗》，谓人肉可治羸疾。自是民间以父母疾，多刲股肉而进。唐宋之后成为讲孝道的例子，如《宋史》云："上以孝取人，则勇者割股，怯者庐墓。"成为二十四孝中之一的"割肉疗亲"典故。

但此事历来就有不同的看法，如唐代的韩愈就有论曰："父母疾，亨药饵，以是为孝，未闻毁支体者也。"（《新唐书》孝友传序）宋代的宋祁也赞同韩愈之说，坦然认为这种做法是有伤大义的，"苟不伤义，则圣贤先众而为之。是不幸因而且死，则毁伤灭绝之罪有归矣，安可旌其门以表异之。"明确表示，这种行为是不应提倡、不应旌表的。但他还是屈从时议，在《新唐书》中收录了此类行孝人物，说："虽然，委巷之陋，非有学术礼义之资，能忘身以及其亲，出于诚心，亦足称者。故列十七八焉。"

今查《广信府志》，所载割股疗亲事迹亦颇多。如有载：

熙宁民，姓尹，失其名，铅山人。尝剖肝以愈其亲之疾，州县次第以闻，为立昭孝坊以彰大之。（康熙《广信府志》卷之十八）

王小石居铅山紫溪乡，绍兴十三年母疾，剖肝以愈之。知州叶三省奏乞旌表门闾，改易乡号。仍宣付史馆，诏悉从之，以紫溪乡改旌孝乡。（同上）

刘永孙，玉山人，母病笃，家贫无药资，割股以奉母，秘不令母知。有人视其刀瘢班班然，为之泣下。万历间邑令娄申两院会旌之。（乾隆版《广信府志》卷二十）

汪嵩，弋阳人，母疾，割股肉糜之。食之愈。三载疾复作，刲肝烹以进，疾遂大愈。

诸如此类的记载，还有黄璲、朱应甲，贵溪人琚增穆、曹铎、琚应寿等，兴安（今横峰）李惟吉，上饶王德潘，皆以割股疗亲事，受县令褒奖。

但《广信府志》的编修者显然也有自己的观点，知府连柱在《孝友传》中加进了两条按语，表明了自己的态度：

> 按，割体肉疗亲病，论者以为愚孝。任亨泰奏议以非常经，绌旌典是已。然而，其志诚可悲，宁受屈于礼，奋身不顾。君子伤其志，盖不忍以一律论也。爰类次其事，以慰孝子之隐。

> 按，明太祖命礼部定议，自今卧冰割股，不在旌表之例。而有宋大儒真西山崇尚风教，有黄章割股救母、吴祥取肝救父，皆行支赏。虽或为名高，亦足以风世云耳。兹仍前志，不没其实。

他明确指出，割体疗亲是“愚孝”，任亨泰已在他的奏议中提出，此非常经，应当停止旌表。明太祖朱元璋断然下诏，不把它列入旌表之例，是明智之举，是正确的。但是，这种行孝的精神，“宁受屈于礼，奋不顾身”，其精神确是令人感叹的。所以宋儒真德秀表彰了这种精神。考虑到毕竟是修史，不能以个人情感为主，所以，连柱主持《广信府志》，还是依照前志体例，不没其实，以慰孝子之隐。

在医学科学发展的今天，我们应当毫不犹豫地说，割股疗亲是愚孝，应当禁止，更不值得提倡表彰。

四、尽孝立节的女性群像

清连柱认为，广信历来“风俗醇厚，女子有士君子之风。如叠山之李夫人、（费）文宪之母余夫人，光昭史册，堪为女师，故备采诸书录之”（《列女传序》）。今查康熙版《广信府志》人物志中有《烈女传》收女性传68人，其中宋代3人，元代5人，明代44人，清代16人。而连柱主持编纂的乾隆版《广信府志》则专立《列女传》，为女性立传507人。且分贤惠、节孝、贞烈三类。贤惠类43人，节孝类最多，349人，贞烈类115人。

历史上的女性，尽孝总是与守节联系在一起的。这从史志《节孝》传收录最多可以得到证明。在漫长的传统社会中，男人成家立业，或读书科考，或务农经商，是家庭经济的主要支撑。女人则习女红，操持家务，在家庭生活中发挥作用。因而，一旦丈夫亡故，经济来源失去，寡妻便要承担最严酷的考验：一要侍奉双亲，二须教养子女，三是持节守身。《列女传》中记载了很多这样的女性。

吕氏，上饶周维城妻，明进士吕夔曾孙女。维城以力学致病，卒。吕氏年方二十三，举遗孤，坚心守节。家贫纺织，备历艰辛者三十余年。

程氏，上饶庠生周泰宁妻。年二八夫亡，时丁寇肆虐，舅虑无依，逼令再醮。程泣曰："保孤护子，正在此时。以流离易志，禽视我也。"舅乃止。由是携姑与子，狼狈道途，备尝苦辛，乃获全。年八十，府县议欲建坊旌表之，程氏曰："遭时不造，只求下报九泉，忍为立名地乎？"事遂寝。

吴氏，玉山程胜祖妻，婚后六年而寡，子德茂尚在襁褓。族有谋夺其志者，吴誓死抚孤，艰苦备尝。四孙海、濬、泽、清，皆官各地，有曾孙55人。年八十五，巡按李循义表其门。

傅氏，铅山叶景辉妻，赋性贞洁，通书史，年十三于归，奉养舅姑，克尽妇道。越九年，景辉卒，家贫，以纺绩给舅姑养生葬死，一一尽礼。康熙四十三年旌表建坊。施德涵作长诗輓之。

周氏，广丰潘之相妻，年二七夫亡，鬻衣治殓。有怜其贫者劝之改适，剪发誓无他。养姑鞠子，艰苦五十余年。

上述女性虽情节不同，但几乎都无例外地承担着三项责任。虽然传记所载简略，而四五十年，期间艰辛，自然可以想见。

母以子贵，妻以夫荣，这是传统中国社会的基本状况。在《府志》中，我们发现有不少官员的母亲妻子，也都有孝贤之德入载传中。这些女性情况不一，有的本出名门，有的才德兼具，有的教子成才，有的同夫殉难，其中也不乏可歌可泣者。如谢枋得妻李氏、理学家吕怀母祝安人、费尧年妻杨氏、夏言母匡氏、蒋士铨母钟氏、战将周元妻萧氏、妾丁氏等等。

李氏，弋阳谢枋得妻，美而慧，通女训诸书，事舅姑、奉祭祀、待宾客，皆有礼。元兵东下，枋得起兵捍饶信。兵败，走入闽中。元兵购捕之，祸及家人。李氏携二子匿贵溪山荆棘中，采草木而食。至元十四年冬，元兵循迹至，令曰："苟不获李氏，屠其墟。"李氏闻之曰："岂可以我故累人，吾之事塞矣。"遂就俘。徙建康，有人指李言曰："明当没入（按，指没官为奴）矣。"李闻之，抚二子，凄然而泣。左右曰："虽没入，将不失为官人妻，何泣也！"李曰："吾岂可嫁二夫耶？"顾二子曰："若幸生还，善书言姑，吾不得终养矣。"是夕，解裙带自经狱中。

匡氏，贵溪夏鼎妻，明丞相夏言母。夏鼎官临清守，卒于官。匡氏黾勉课子，督励甚勤。正德十二年，子言登进士，十五年擢给事中。迎养时，夏言方奉诏裁武弁冗员，检核皇庄及诸勳戚所兼并，持法严峭。有人担心此事恐以直贾祸，母匡不为动，诫夏言曰："汝所为给事，不负国家，有裨新政，祸福奚足计？"尤以恤贫周急为念，自奉俭薄，食粗衣敝。

钟令嘉，清蒋士铨母，读书识礼，能诗能文。十八岁嫁与士铨父蒋坚为妻，次年生士铨。父以任侠好客游燕晋间，士铨经书皆由母口授，四岁，母折竹篾为波磔点划，合而成字，抱铨坐膝上教之，日训十字。六龄，始令执笔学书。工纂绣组织，母教铨时，组绣纺绩之具，毕置左右；膝置书，令铨坐膝下读之。母手任操作，口授句读，咿唔之声，与轧轧相间。儿怠，则少加夏楚，旋复持儿而泣曰："儿及此不学，我何以见汝父！"至夜分寒甚，母坐于床，拥被覆双足，解衣以胸温儿背，共铨朗诵之；读倦，睡母怀，俄而母摇铨曰："可以醒矣！"铨张目视母面，泪方纵横落，铨亦泣。少间，复令读；鸡鸣，而卧焉。（蒋士铨《鸣机夜课图记》）十五岁完九经，始出就外傅。后士铨官京师，及为蕺山、安定书院山长，母皆与俱。江浙诸大吏内子闻母贤，争相邀致。

周元妻萧氏、妾丁氏都是为丈夫牺牲而殉难的烈女。周元字孟祥，上饶人，读书谈大义，事父母至孝。年十六能挽五石弓，非善马则不克副其腰腹。三十弃文从戎，四十余登仕版。二弟相依，不离左右。累功授云南腾越副总兵，破敌杀贼，屡建奇勋。康熙十三年，吴三桂籍三藩叛乱，忌周元骁勇，阴使人以伪总兵赂之。元怒斩来使。吴贼恨之，退保永昌。周元反说伪将军田进学、伪总兵李钟秀脱离逆藩，并同谋恢复了顺宁、云龙等州府。贼愈恨元，必欲生致之。乃集大军攻元，元奋死突围归，贼竟围其城。城中薪火不继十余日，元知事不济，乃整衣北向拜曰："吾以死报朝廷矣。"妻萧氏、妾丁氏（均上饶人）牵衣泣曰："公死吾等不足惜，如稚子何？"元詈曰："吾尚顾稚子耶！"遂携刀直出，弟孟英随之。喊声如雷，杀敌无数。孟英先亡于阵，贼执元左右，劝之降。元笑曰："周元铁男子，为天朝大臣，今日死而已，何得以降之一字侮我耶！"贼怒，乱刀交下。元死之日，妻萧氏、妾丁氏皆自缢，义仆陈三负其子逃出得免。

周元是剿灭"三藩之乱"牺牲的战将，而平定三藩，是清政府真正完成统一、确立稳定的皇朝统治的标志。吴三桂本为明朝锦州总兵，一直与满清勾结，先是引清兵入关，受清封平西王。后又叛清称帝，其目的在于搞分裂割据，他的行为在中国历史上一直被视为“汉奸”的写照，其失败是必然的。这场战乱历时八年，给人们带来了深重的灾难。因而，我们认为，平定“三藩之乱”的战争是符合历史发展要求、符合人民群众利益的，周元为国捐生是值得肯定的。

按《府志》载，周元蒙皇恩，赏赉有差，以所蒙恩赐还乡里，令幼弟孟起于上饶府城西关外太安坊建厅屋三栋，园圃四区，箭道一所，自颜其名曰“怡怡堂”。其子后被同官衷兆麟收养，视同己出。因兵患携居他所，竟莫知所归。幼弟亦相继沦亡。其事竟不为后世所知。今查周元事又见《大清一统志》卷二四二,《江西通志》卷八六，所载俱甚简，唯《广信府志·列女》传所附为详。

五、对孝文化的历史分析

孝是中华民族历史悠久的道德传统。《孝经》把孝当作天经地义的最高准则。北宋张载作《西铭》，在《孝经》基础上，融忠孝为一体，从哲学本体论的高度，把伦理学、政治学、心性论、本体论组成一个完整的孝的体系。对增强民族凝聚力，形成共同的民族价值观，发挥了积极作用。考察这个历史过程是有意义的。可分四个历史阶段：

先秦孝道的起源与发展

殷商、西周是传统文化的开端和创造时期，也是孝观念的初步形成和确立时期。殷人把祖先视为喜怒无常、令人惧怕的鬼神，他们对祖先的祭祀更多的是一种宗教意义上的祈求，并没有更多的伦理内涵。到了西周，从《诗经》中“率见昭考，以孝以享”之语看，孝的原始意义也只是人们在生产劳动中，为乞求平安而进行的一种尊祖敬宗的祭祀活动而已。随后，人们开始对祖先进行更虔诚而隆重的祭祀，并包含着浓厚的敬仰、追念等血缘亲情，转变为一种伦理行为。这一时期孝观念除了祭祀祖先，还增添了奉养父母的新意。使孝观念向着“子德”的方向演进，并逐渐取代祖先祭祀，成为后世孝道的主要内容。

春秋战国时期，孔子在其思想理论中丰富和发展了孝文化的内涵，提出了“孝弟也者，其为仁之本与”的观点，“仁”为众德之总，而“孝弟”则更为众德之源、之总的“本”，其地位在整个传统道德体系中升到了核心，确立了“孝”对全民道德要求的普遍性高度，“孝”从此成为协调亲子关系的伦理规范，并成为古代社会宗法道德的基础。

孟子提出了“老吾老以及人之老，幼吾幼以及人之幼”的观点，以为“天下之本在国，国之本在家，家之本在身”，如果“人人亲其亲、长其长，而其天下太平”，便有希望了。所以“事亲，事之本也”，事亲以孝是人生立身、齐家、治国、平天下最大的事情。

孔孟对孝的论述，已经涉及后世孝道的方方面面，从而确立了传统孝道的基本面貌。

汉魏唐皆“以孝治天下”

汉代是中国帝制社会政治、经济、文化全面定型的时期，也是孝道发展历程中极为重要的一个阶段，它建立了以孝为核心的社会统治秩序，孝成为治国安民的主要精神基础。随着儒家独尊地位的确立，孝道对于维护君主权威、稳定社会秩序的价值更加凸显，“以孝治天下”的孝治思想逐渐走向理论化、系统化。

在《孝经》《礼记》及“三纲”学说中，集中体现出孝治理论的风貌。孝道由家庭伦理扩展到社会伦理、政治伦理，孝与忠相辅相成，成为社会思想道德体系的核心，“以孝治天下”成为贯彻两千年帝制社会的治国纲领。

魏晋至隋唐五代七百余年，孝道观念虽然时而淡薄时而强化，但各朝统治者都坚持汉代孝道的基本精神，如“举孝廉”作为察举的主要内容之一，为后世普遍承袭沿用。而其间最值得强调的是孝道向法律领域的全面渗透，凭借法律力量推行孝道，进而实现对整个社会的控制。《唐书》有云：

> 善父母为孝，善兄弟为友。夫善于父母，必能隐身锡类，仁惠逮于子嗣矣。善于兄弟，必能因心广济，德信被于宗族矣。推而言之，可以移于君，施于有政。（《旧唐书》卷一百八十八）

圣人治天下有道，曰要在孝悌而已。父，父也。子，子也。兄，兄也。弟，弟也。推而之国，国而之天下。建一善而百，行从其失，则以法绳之。故曰孝者天下大本，法其末也。(《新唐书》卷一百九十五）可见，直至隋唐，推行孝道，都是从治理国家的根本大政出发的。

宋元明清是孝道走向极端化、愚昧化的阶段

宋元明清时期，程朱理学成为社会正统思想，理学家认为孝道是与生俱来的、是天理之所属，子孝父母是天经地义、不可违抗的。与此同时，孝道的专一性、绝对性、约束性进一步增强，对父母无条件顺从成为孝道的基本要求，“父母有不慈儿子不可不孝”成为世人的普遍信念，孝道进一步沦为强化君主独裁、父权专制的工具，在实践上走向极端愚昧化。

族权的膨胀和愚孝的泛滥，使孝道畸形发展。“族必有祠”“家法伺候”实现了孝向权力的转化。以致“割股疗亲”，就是愚孝发展到极致的产物，这一时期孝道被异化到面目全非的地步。

近代孝道的变革与社会适应

近代社会，尤其到了晚清民初，随着中国社会现代化的步伐加快，西方文化的逐渐侵入，民主、自由的思想开始深入人心，人民的自觉性和主体意识不断增强，一大批文化先驱站在时代的高度，从自然人性的角度来揭露封建孝文化的专制性、绝对性，使孝文化融入时代的内容。到“五四”新文化运动时期，受到严厉批判的传统孝文化开始洗去尘封多年的封建专制性，转而向新型孝文化发展。在此引导下人们的时代意识、社会意识逐渐增强，许多人冲破家庭的牢笼和羁绊，站在时代前列，以天下和社会为己任，为民族尽其大孝。比如，在抗日战争时期，国共两党都曾以儒家忠孝道德，作为动员、团结民众抗击日本帝国主义侵略的精神力量和思想武器。

1939年3月12日，国防最高委员会颁布的《国民精神总动员纲领及实施办法》中指出:“唯忠与孝，是中华民族立国之本，五千年来先民所遗留于后

代子孙之宝，当今国家危机之时，全国同胞务必竭忠尽孝，对国家尽其至忠，对民族行其大孝。”同年，中国共产党的《为开展国民精神总动员告全党同志书》指出：“一个真正的孝子贤孙，必然是对国家民族尽忠尽责的人，这里唯一的标准，是忠于大多数与孝于大多数，而不是反忠于少数和孝于少数。违背了大多数人的利益就不是真正的忠孝，而是忠孝的叛逆。”在这里，孝成为民族团结、兴旺的精神基础，成为中华民族凝聚力的核心。

孙中山先生曾经说过：“现在世界中最文明的国家，讲到孝字，还没有像中国讲到这么完全。所以孝字更是不能不要的，……要能够把忠孝二字讲到极点，国家便自然可以强盛。”

总结三千年历史发展的过程，孝的观念从事亲之道到立身之行，到追远之情，从行之于家到被于宗族，到施于有政、用之于国，再到推于天下，历史的不断发展中我们可以看到，传统孝文化在促进国家和谐、人际关系和谐等方面发挥着不可替代的作用。所以，历代史家在总结教化经验时，都不忘为“孝义”立传，“汲汲以厚人伦、敦行义为正风俗之首务，旌劝之典责于闾阎，下逮委巷布衣之甿，匹夫匹妇，儿童穉弱之微贱，行修于闺闼之中，而名显于朝廷之上。观其至性所激，感天地动神明，水不能濡，火不能焰，猛兽不能害，山川不能阻。名留天壤，行卓古今，足以扶树道教，敦厉末俗，纲常由之不泯，气化赖以维持。是以君子尚之，王政先焉。”（《明史 · 列传 · 孝义序》）从国家正史到各省通志，再到府志、县志，体例均同，《广信府志》自不例外。

由于有了府志、县志的记载，我们对本地历史上流传的孝敬父母，尊君爱国的动人事迹，仍能了如指掌，并能挖掘提炼、推行教化，成为弘扬地方历史文化、培育中华传统美德的材料。当然，从传统社会一路走来的孝文化，毫无疑问也带有其糟粕。所以，正如对待所有传统文化一样，对传统的孝文化，我们也应该辨其真伪，学会扬弃。

忠贞、孝顺、贤惠，女性血与泪铸就的丰碑

——从《广信府志·列女传》看历史中上饶女性形象

马　宾

西周初年，周公旦制礼作乐；成书于秦汉之际、托名孔子答问的《礼记》（又称《小戴礼记》，是西汉戴圣对秦汉以前各种礼仪著作加以辑录，编纂而成，共49篇），体现了“礼”的精髓，明确了“礼”的核心价值观与行为准则，成为后世儒家道德礼教的法则。儒家传统道德礼教，从来没有忽略对女性的教养与约束，与儒家正统“忠孝节义”思想一致地塑造着传统的女性观，打造出中国女性独有而壮烈的人生。从刘向编撰《列女传》以降，一代代传统女性的形象便保留在史册中，彪炳千秋。

上饶古时地属吴越，建安初年设为上饶县，唐乾元年（758）设信州，上饶为州治所在，明洪武三年（1370），改称广信府，上饶隶之，为府治。南宋后，文化中心南迁，作为南方入杭州的陆上必经之地，上饶成为文风鼎盛之地，以儒家礼教思想为核心的女性观因此更为深入社会各阶层，指引着、制约着上饶的女性。我们从《广信府志·列女传》（同治版）寻绎青史留名的上饶传统女性，看她们承继着怎样的传统，看她们可歌可泣的悲壮人生。

《广信府志·列女传》分节孝、贞烈、贤惠三门，按宋、元、明、国朝（清）的朝代顺序，以上饶、玉山、广丰、铅山、弋阳、贵溪、兴安（横峰）的顺序分列诸女事迹。本文所论，仅及同治版《广信府志·列女传》中的对上饶女性的记载。三门中，以节孝门为主，所列女性数量最多，宋、明、清三朝706人；贞烈门共记三朝248人；贤惠目列三朝27人。虽然分列三门，对女性品行的要求是一致的，女性观是统一的，其中所述女性事迹大同小异，

不过选材各有侧重，集中表现为“忠贞”“孝顺”“贤惠”三个方面。

一、忠与贞

一个社会的核心价值观当是不分男女而统一的。当男权话语打造男性品格中的“忠”时，相应的，对女性的“忠”的要求也必定是同样重视。儒家的传统非常重视宗族与传承，将男女婚姻家庭视为传承的根基。《礼记·昏义》:“昏礼者，将合二姓之好，上以事宗庙，而下以继后世也。故君子重之。……敬慎重正而后亲之，礼之大体，而所以成男女之别，而立夫妇之义也。男女有别，而后夫妇有义；夫妇有义，而后父子有亲；父子有亲，而后君臣有正。”这段话规定了婚姻的意义与家庭中夫妇的地位及分工，将女性在社会中的地位与作用被限定在男性与家族的从属与附庸上，故女子出嫁为“归”。因此男性的“忠”的对象是君、是父，女性“忠”的对象是父更是“夫”。

《列女传》褒扬的女性，首要的品德便是“忠”，对于女性“忠”的表述便是“贞”，就是要求女子从心到身都只能属于其夫或未来之夫，维护夫族荣誉，担当夫族责任。恪守于“贞”的礼义，便是“节”；当丈夫去世，能克历艰辛忠于亡夫不二嫁，便是“守节”。因此,《列女传》有“节孝”、有“贞烈”。“节孝”中重点表彰女子夫死不嫁的“节妇”，而“贞烈”表彰的是捍卫自己的贞洁凛然赴死的“烈女”。

（一）守节孀居

按旧制，女子三十岁前夫亡守节至五十岁、或者虽年未满五十而守节超过十年的才可申请朝廷旌表，同治年间改十年为六年，节妇人数大增。

《广信府志》卷九之八所记上饶周锦贵妻宣氏十一岁归周，十三岁守寡，二十一岁过世。这当是最年轻的一位守节者。守节几十年高寿至八九十者比比皆是，如黄士栻妻何氏二十七岁孀居，与寡媳共同养大四个孙子，一生行善，修路筑堤济贫赡族，寿高九十有二。

1. 少艾丧夫，这些不幸的女子正青春年少，却不得不承受着痛失至亲的巨大伤悲，担负起赡养高堂、抚恤幼子、继承宗嗣的重担。仅举几例：

清代汪爌妻郑氏二十岁夫病亡，抚尸号恸，绝饘粥者三日，亲族劝之曰：

“夫子死，舅姑老在堂，且有遗孕，介妇（丈夫弟弟的妻子）未归，侍奉当谁倚？汝死，汝能活腹中儿乎？”因强就食。亲族就是以奉养高堂，尤其是遗腹子，劝慰年轻的郑氏活下去。（卷九之八·二十五）

还有清代周作楫妻徐氏，年二十二夫亡，触柱绝粒欲以身殉，其姑以叔稚子幼劝其节哀；文童吴三元妻陆氏夫亡时欲以身殉，念舅姑年迈、三子年幼而忍苦耐贫、克尽职责。（《广信府志》卷九之八）

2. 夫死无子守节者，挑选夫家子侄抚养以为嗣。如：

清代罗焯妻徐氏二十六岁守寡，艰难抚养儿子成年，儿子婚配不久又去世，徐氏痛不欲生，亲族劝以宗祧为念，徐氏常说：“吾苦守遗业为大宗故。待择贤继之，则罗氏之鬼或不馁而。”

清代周维城妻吕氏的事迹则有传奇色彩。她二十三岁守寡，历尽艰辛三十余年，养大遗腹子并为之娶妻，忽然有一日对儿子说：“我苟活至今只为你，现在你已经成年了，我将追随你的父亲于九原。”又去告别娘家人，从娘家回来那天无疾而终。（卷九之八·二十三）

3. 古代历朝并不禁止孀妇再嫁，以礼教最为严苛的清朝律例可为明证。按《大清律例·户律·婚姻》（101.01）：“嫁娶皆由祖父母、父母主婚；祖父母、父母俱无者从余亲主婚；其夫亡、携女适人者其女从母主婚。”但同时，《大清例律·户律·婚姻》（105.01）也规定：如孀妇自愿守节，则夫家、母家俱不得强迫其再嫁，否则杖责并流放，如导致守节孀妇自尽的，刑罚加倍。

因为守节是女性忠贞品德的表现，节妇们对于劝阻、妨碍她们守节的往往表现出对抗的情绪，与劝阻的邻居断绝往来，甚至与劝导再嫁的娘家人断绝往来，如陈其典妻黄氏青年孀居，母亲怜其家贫劝其改嫁，她从此绝迹母家。

更为激烈的甚至断指、毁容，以自残以示守贞意志坚定品德高洁。如郑涵若妻杨氏夫故时就“剪发、毁容、刺中指，沥血以誓”；周廷巩妻徐氏二十四夫亡，回娘家时母亲怜悯她年幼守寡劝其再嫁，她愤而归家，拿着刀到丈夫坟前痛哭，自断一指以明志。

而当阻挠守节的行为因财产纠纷来源于夫家、并且难以抗拒时，孀妇们则需采用更为激烈的方式以抗争。如清代郑启妻刘氏二十四岁夫亡，留下两个幼小的儿子，夫家兄弟因家贫恐其拖累，打算将她再嫁，刘氏在庭院中架

起茅草自焚抗争。这显示了刘氏的决心和聪慧，她用这种方式获得舆论的支持得以守节。（卷九之八·三十四）

按《礼记·内则》《女诫》等对“妇行”要求，“妇言”“妇容”须端严庄谨。这些失去了丈夫而孀居的女性，日常生活行为上更为谨言慎行：她们洗净铅华、粗衣荆钗，沉默寡言、再无笑容，深居简出、足不逾关。如周光祚妻王氏，守节四十余年，纺织不辍，足不出关。游天许孀妻陈氏，孀居四十余年足不逾关，至死时族中人甚至有不曾见过她面的。

（二）贞烈殉夫

千古艰难唯一死。虽说孀居的时日百般苦辛难以言表，可到底是活着。为守贞洁而不惜付出生命、以身殉夫，成为女性忠贞的最高表现。

《广信府志·列女传》贞烈门下，表彰的是为守住贞洁而慷慨赴死的女性。这里有两类，一类是殉夫而死，一类是战乱中为免受辱而从容赴死。

1. 殉夫而死的女性并不多，《广信府志·列女传》所记已嫁者13人，如徐门方氏，与丈夫约定身殉，家人不同意，连哭四十昼夜，终于得以身殉；汪门徐氏，守节二十余年，将女儿养大嫁人，为夫择嗣而后自尽。未嫁者5人，如徐门刘氏，未嫁，在家守节，抑郁而终。死前的愿望是请父母将她送到夫家拜别舅姑。

还有2人被丈夫卖与他人而以死抗争。如周氏，童养媳，丈夫浪荡不事产业，欲卖她换钱，守节自尽。

2. 战乱死节的女性，主要集中在明清之交和太平天国期间。有年轻女性为避免受辱而或赴水或自缢的、有面对贼寇不甘受辱骂贼惨遭屠戮的、有宁愿烈火焚身而不屈的，那些年长的女性则不仅是守护自身贞操，更是从君国大义上斥责叛贼、不肯为贼寇提供财务和饭食而被残杀的。她们死状凄惨，令人发指。她们以凛然、悲壮的形象载入史册。

二、孝与顺

百善孝为先，孝是人伦之首，是稳固社会的基石。《内则》有详尽的如何对待长辈的非常细致的规定。归纳起来态度上尊敬顺从、生活上生养死葬、血脉上抚育儿孙绵延宗嗣。孝的直接对象是自己的父母双亲，祖父祖母，依血缘关系之亲疏，而旁及族人。对于女性来说，因为女性以婚姻依附于夫家，所以孝的对象则首先是夫家舅姑、太舅姑等，其次才能是自己的父母。节孝门中仅只有两三例是孝自己父母的。如余猷嘉妻何氏事父至孝，因父无子，劝父亲纳妾生子，父亲病笃，割股和药；刘世培妻徐氏，不但孝事舅姑，而且能将贫病无依的寡母接来悉心照顾。

孝离不开顺，孝顺并称，顺也是妇德的重要内涵。《礼记·昏义》：“成妇礼，明妇顺，又申之以着代，所以重责妇顺焉也。妇顺者，顺于舅姑，和于室人；而后当于夫，以成丝麻布帛之事，以审守委积盖藏。是故妇顺备而后内和理；内和理而后家可长久也；故圣王重之。”“故曰：天子听男教，后听女顺；……教顺成俗，外内和顺，国家理治，此之谓盛德。”这段话明确要求女性要顺从公婆丈夫，并且将妇顺上升到和睦家庭、稳定社会的高度，是女性最重要的品德——盛德。

《广信府志·列女传》中上饶的女性也是按照《内则》《女诫》等规范尽心尽力孝顺长辈。

1. 甘指奉亲

无论生活如何艰难，孝妇们自己忍饥蔬食，全力供奉双亲。

张正书孀妻詹氏，家贫，勤于女红纺织，“得甘旨必进于姑，而以藜羹自奉”；于明桂妻张氏，二十八岁夫亡故，留下寡母和三个孩子，张氏“朝缝夕织以供甘旨，而自拥败絮、啜糜饘数十年”，将最好的食物供给寡母，自己数十年衣着破旧，以粥菜果腹。

俗话说“久病床前无孝子”，《广信府志·列女传》中所记孝妇们在长辈缠绵病榻时，做到衣不解带、日夜侍奉、悉心照料，日夜祷告，甚至割肉疗亲，数年甚至数十年如一日。

余锡诏妻方氏在家孝奉继母，出嫁后丈夫病重，她亲奉汤药侍奉，三年后夫没，又敬事舅姑，姑没，孝事继姑，尤能得继姑欢心，以孝闻于乡里。

2. 态度恭顺

子夏问孝于孔子，子曰：“色难。有事，弟子服其劳；有酒食，先生馔，曾是以为孝乎？”（《论语·为政》）子夏问孔子怎样才算尽孝，孔子说和颜悦色最难。仅仅服侍和食物不算完全尽孝了。可见孝顺父母态度柔顺和悦难以做到。更难得的这些孝妇们能得到性格严苛的舅姑的欢喜。如周光祚妻王氏，二十三岁守寡，婆母性至严而能得其欢心，范震礼的祖母和母亲性情严苛，范妻郑氏十岁适范，稍不如意就被鞭笞，郑氏“略无怨色、礼敬有加”。

3. 丧葬尽礼

传统文化最重丧仪。守节孀居的女性，为舅姑生养死葬，是她们人生必须要做到的尽孝的重要内容。

4. 抚幼继嗣

不孝有三无后为大，对于孀妇们来说，她们活下来的目的除了养亲似乎就是继嗣。孩子幼小，只能依靠母亲才能活下来。她们日夜纺织勤为女红，除了生活上的抚养，还要尽可能延师课读，教子成才，光宗耀祖。如果没有亲生子，那么必从亲族中择贤为嗣，绵延香火。如徐希进妻桂氏二十二岁守寡，无子，孝养舅姑，以侄梦𪹚为继，梦𪹚娶妻后不久亦亡故，再为梦𪹚继嗣立后。

三、贤与惠

对女性的要求，还有贤惠。贤是指女性明晓大义恪行不悖，惠则是要求女性知书达理聪明能干，有处事理家之才。《广信府志·列女传》就记载了上饶的这些贤惠奇女子。

1. 明晓礼仪

如明代高璩妻周氏夫故守节，治家严肃。当时上饶流行粤地风俗“请水”，人死后家中主事者要带领家中男女穿着缞麻跳入江中取清水浴尸。周氏并未这样做，乡人议论认为她不能守节，周氏当时并不辩解，直到临终才对儿孙说：“今而后可以免人笑矣。顾请水为殊，非正礼也。吾心盟古井魄濯冰壶。汝辈慎毋作此也。”她的后代始终坚持她的临终训诫，坚持正礼不从流俗。（卷九之八·四~五）

清代方祚华妻卜氏，因家财丰厚招致舅姑被盗贼所杀而痛恨作乱的贼寇，康熙年间有兵乱，她儿子淑思帅乡勇随官兵灭贼。她让儿子坚辞朝廷嘉奖。（卷九之八·三十三）

武略骑尉李文彪妻在丈夫剿贼阵亡后，教育儿子：“尔父死于王事，分也！……尔曹益当奋志功名酬国恩，毋坠忠烈家声！”

周奉宁妻程氏年十八守寡，坚辞舅姑他适的劝导，奉长抚孤，八十岁儿孙为她向当时的知府知县请求旌表，她拒绝说："遭时不造，只求下报九泉，忍为立名地乎！"

同治年间叶天德妻郑氏，家贫，在松关岭卖茶度日。曾拾到崇安过客遗落的装有三百金巨款的包裹，命儿子追出数里赶上客人奉还。（卷九之十二·六十九）

2. 纳妾抚继

《孟子·离娄·上》说："不孝有三，无后为大。"对于因婚姻依附男权的女性来说，她们人生中的另一项重要使命便是为夫家延续血脉，如果自己没有或不能生育男孩，那么对于她们来说，唯有为夫纳妾或者过继子侄以继嗣了。对于一位妻子来说，克服妒意，主动为纳夫纳妾，便是美德了。

李元材妻王氏无子，在丈夫四十岁时亲自为丈夫纳妾金氏，金氏生下两个儿子，王氏操持全家的家务。

郑宪纪妻张氏只生一女，弟媳生下一男癫狂不能哺乳，张氏将女儿送人为童养媳，亲自喂养侄子成年，并送其读书，侄子贡成均。

方树义继妻杨氏，善待继子，抚如己出。

3. 惠泽乡里

女子的贤德，还要表现修桥铺路、周济乡里、怜老惜贫在轻财重义，对族人、乡里的周济、广施仁义中。

王润之妻胡氏，辛苦将羸弱的儿子抚养成人，命子于高山建凉亭，修姜山岭石路三百余丈。

余燮妻周氏十八岁守寡，遗腹生子，孝敬舅姑，抚养幼子，一生躬井臼、勤纺织，敝衣粝食，却赠衣修路，为善不惜。

惠是称赏女子的聪慧才智。

我们很多人都知道有"女子无才便是德"之句，其实这句还有上句"丈夫有德便是才"，出自明代陈继儒，这句的本意还是肯定女子通文识字，能明大义，为贤德。只是反对女子因识文断字而过多地将情感寄托于男女情事之上以致突破男女礼教大防。《广信府志·列女传》中就表彰了那些慧黠多智的上饶女性。她们有的善于操持家计、娴于女红针黹，撑起家中的一片天，如宋代叶某妻陈氏二十五岁孀居，兵乱起时能以智慧保全家人性命，饥荒时能赈济乡人，时人盛赞“非徒守闺门贞行而已”，诗人戴表元作诗《浴蚕沙溪水》纪念她；再如清代刘有年孀妻郭氏“总家政、奉尊章、擘画有无，无不治办”。

有的女性通晓诗书、课子读书，如宋代朱熹弟子、理学家、著名诗人陈克斋妻周氏通书史，勤俭持家，孝养双亲，督课孙子授以经书，使得陈克斋能安心追随朱熹游学，成就学业。再如清代游天许孀妻陈氏，幼通翰墨，家贫无力为子延师，便亲授句读。

最典型最值得称赏的是清代何承祖妻罗氏，她天资聪颖，课督儿子读书时，往往儿子还没有背熟，她已能成诵，所以她的四个儿子背书时没有一个敢于懈怠。因邻里儿童习于嬉戏，她学孟母迁居，学陶侃之母为子延师并尽心礼敬。她通晓四书五经，晚年因生活阅历丰富也能对唐诗宋词理解感悟深刻，也常信口吟哦，因为不能写字，由儿孙或后辈代她书写记录。不仅如此，她品行高洁，拒绝儿孙亲友们为她举办七十、八十大寿，让儿孙亲友们在赴省必由之路旁建春晖亭、延晖亭，以荫蔽后人。她“一生所历，外患内忧，心力交瘁，扶危定倾，教养无失，洵巾帼中所未易数观者”。（卷九十二·七十）

在两千多年的儒家传统文化的浸润之下，通过《礼记》《孝经》女四书（《女诫》《内训》《女论语》《女范捷录》的合称）等典籍的规范、家庭的教育、官府的提倡、乡约族规的制约等途径而形成的女性观：忠贞、孝顺、贤惠，就这样宛若天经地义般，或自愿或不得不自愿地成为中国女性的内在精神追求与行为准则，她们没有了个体的存在，以某某妻某氏的社会身份，尤其在丈夫去世这天塌地陷般的困境甚至绝境中，以柔弱的身躯，承担起相夫教子、养老抚孤的重任，她们或从容或悲壮或凄怆，演绎着可歌可泣的人生，而能名列史册的不过是挂一漏万的其中的佼佼者。

上饶的古代女性，也如同千千万万的古代女性一样，以她们的血和泪，铸造着忠贞、孝顺、贤惠的丰碑。

（作者简介：马宾：上饶师范学院文传学院副教授。从事古代文学研究）

【地名浏览】

上饶历史文化渊源之我见

——地名“上饶”考证

吴长庚

上饶居江西之东北，是沟通江浙的门户和要道。江西之地理环境南窄北宽，地势南高北低，周边群山连绵，赣、抚、信、饶、修五条河流向中心流淌，北入鄱湖，形成一个以鄱阳湖平原为底部的巨大盆地。信江河东起怀玉，宛转六百余里，流经玉山、广丰、上饶、铅山、横峰、弋阳，经余干，西入鄱阳。广袤的鄱阳湖平原，地势低平，港汊纵横，平芜草滩千里，池沼沃野丰饶，千百年来，这里就是“富甲江南”的鱼米之乡，《鄱阳志论》载：“饶之为郡，以彭蠡、鄱阳之渔，浮梁之陶，余干之沃，故曰饶也。”这是地称饶州的最好说明。然溯信江而上，有三清、怀玉之山，诸峰林立，奇绝秀美，苏东坡说：“揽胜遍五岳，绝景在三清。”故历代论为“信美之州”，这是地称信州的最好说明。

把饶州和信州合为一地，就是今天的上饶。

上饶之名，历代变迁不一。先有鄱阳、饶州，继有信州、广信。今天我们讲大上饶，其行政区划是指2000年上饶撤地设市后，包括下辖的信州区、广丰区、广信区、玉山县、铅山县、横峰县、弋阳县、鄱阳县、余干县、万年县、婺源县、德兴市十二县市，并包含三清山风景名胜区、上饶市工业园区在内的14个县级机构。述及历史疆域均以此参照。

由于体例所限，地方志只记载历史结果，并不做考证分析。因而对于上饶历史发展过程中的一些记载不清或说法不同的问题，就有必要做些考证，以尽可能地还原历史、接近历史，达到正本清源的目的。

一、上饶地方志的历代编修

地方志是研究地方史的基本依据。上饶既包含了饶信二州，那么，我们考察上饶的历史渊源，也应当从饶州、信州两个历史源头说起。

按史志所载，东汉建安十五年，已升鄱阳为郡。隋改名为饶州，唐乾元初置信州。此后历一千多年，饶州、信州作为州府建置一直相沿至清。历史上两州所修地方志也早晚不同，早在南齐时代（479—502），就有刘澄之著《鄱阳志》，唐代有《鄱阳记》《鄱阳县记》，宋嘉定八年 (1215) 编《鄱阳志》，元代分编了《古鄱阳志》和《鄱阳新志》，后者记载了南宋德祐元年前后六十年间史事。明正德六年（1511）编修了《饶州府志》，万历年间续编《饶州府志》，清代康熙、同治均先后续修，有刻本存世。民国三十一年始有铅印本《鄱阳县志》。

相形之下，上饶的地方志编修较晚，历五代、两宋而元明，均无人编修地方志。直到明宪宗成化间（1465—1487）才编修了第一部志书。

1.《万历饶州府志》四十五卷，四库全书本，提要有云：明陈大绶撰。大绶，浮梁人。万历乙未进士，官至福建布政使参议。饶州自正德辛未刘录撰志以后，百有余年，大绶始撰此志。分十三门，又分子目八十。书成于万历乙卯，其中如寺观之建自唐宋者，应叙于《古迹》，乃归于《秩祀门》。二氏非秩祀也。《舆地志》既分《山》《水》为二门，而《古迹门》内又载石城山。殊无条理。《沿革门》载汉建安十五年孙权置鄱阳郡，治旧县，不知初治在鄱阳，后徙治吴芮故城。亦考之未详也。

2. 清康熙版《饶州府志》，王泽洪主编。清康熙二十二年（1683）刻本。总12册。

《饶州府志》，清康熙十一年（1672）黄家遴修。

《饶州府志》[清] 锡德修 清同治十一年 (1872) 刻本。

3. 明代的成化《广信府志》与历年续修 今据汪俊《嘉靖广信府志序》言：“吾信江右名郡，成化初，明兴百年，始克有志。”万历年间张履正亦言：“信乘作于成化初。”康熙间广信知府孙世昌亦言：“信志肇成于成化，迄嘉靖而再辑。”今天我们已经无从考知明代成化初年所编纂的《府志》如何，甚至连编纂者的序言也不得而知。只是从清康熙版《广信府志》所保存的旧序知道，明代是最早编修了《广信府志》的，时间在成化初。而且，时过五六十年，迄嘉靖（世宗1522—1566）时，又在成化志的基础上有过续修，当时退休在广信的礼部尚书汪俊为续修写了序。还有郑以伟的序。只可惜成化首编的这部旧志今已不存。

汪俊之序，是明嘉靖间续修《广信府志》成编后所写。其文交代了续修之因及主修之人：“郡侯张君景周览旧志而增慨曰：事有出于旧志之前而未能纪者当补书，其出于后而未及纪者当续书，是不可后。众咸曰诺。适编修费君子和、江君懋穀、县尹杨君仁甫辈方家食，乃以委之。爰恣披阅，爰广搜访，参互考订，凡几年而就结，于是，吾信称名郡于天下，不诬矣。”可知本次续修是由知府张景周主持，委托费寀、江懋穀等人主编而成的。《序》文继而谈到他的看法：“信土瘠民贫，风俗朴野。入宋文学间出，南渡以来，遂为要区。人知敦本积学，儒风日盛。以俊耳目所逮，民间力穑尚俭，养生送死，宾姻婚嫁，仅取成礼，而不敢侈。非特屈于力也。士大夫尤畏清议，人人自重。居官以致富为耻，今则或异于此矣。”对民风的揭示，很有价值。

嘉靖续修《广信府志》今存浙江宁波天一阁，为海内孤本。

明万历三十九年（1611），广信知府张履正主持了府志的第三次编修，作《信乘续葺旧序》言：“信乘作于成化初，修于嘉靖丙戌，距今余若干载矣，而未有续者。”他陈述了本次续修的三条理由：一是“铜塘之禁封，以祖陵发脉，故徒以界连闽浙，而佞竖遂借浙之云雾嫁祸焉……则疆域宜正也。”二是采矿采青之使摩牙下邑，几田庐丘墓之不保，“则土贡宜辨也”。三是旧志称俗淳而朴，今渐非其旧，宜兴文教，循良之遗烈、乡邦懿行，“使披籍而民鉴存焉”。

清康熙十二年（1673），知府高梦说主持了第四次编修。有序言：“《广信府志》之旷而弗修者已数十年。此数十年中有增置兴安，熙朝改革，叛将弄兵三大故，其间事变最多，皆未及增辑，吏兹土者依依然。……会奉檄征志，刻期限竣，予不获以不文辞……延二三文学，分曹编纂。”

可惜以上二志，今俱不存。

4. 清康熙版《广信府志》 现今存世的《广信府志》有明一种清三种：一是清康熙二十二年刊本，广信知府孙世昌等纂修；二是乾隆四十八年连柱刊本，三是同治八年蒋继洙刊本。

清康熙二十二年（1683）刊本《广信府志》应是现存府志中最重要、也是最早的版本，因为其中不仅收录了知府孙世昌序、通判范文在序，还保存了明嘉靖续志的汪俊序、郑以伟序，还有明万历辛亥（1611）广信知府张履正《信乘续葑旧序》。在这些珍贵的历史文献中，大体为我们提供了明代府志的相关信息，可资借鉴使用，已见前述。

这次修志，距上次续修只过去10年，但这10年，是战乱频仍，典籍被破坏最严重的时代。康熙十二年，三藩之乱起，战火从黔湘延及大江南北，江西也迭遭兵燹。十三年，守将柯升叛，居民逃匿，大肆焚略，简编梨枣，尽付灰烬，志几淹没而不可考矣。因而由知府孙世昌主持了这次编修，孙有《序》言："自柯逆叛乱以来，兵寇交讧，五六年间，蹂躏无虚日。故册旧典，荡焉靡遗。掌故茫无可寻，征引杳其莫辨……余钦承简命，作牧是邦，兵燹甫靖……不敢以荒残辞。下牒属邑，共捐俸以襄厥事。……及卷帖既成，视旧志加详，而胪列章程，亦复字比而句擳矣。"

康熙志共二十卷，含地舆志1卷，食货志2卷，职官志4卷，学校志2卷，选举志3卷，人物志3卷，方外志1卷，杂志1卷。

5. 乾隆版《广信府志》 乾隆四十八年（1783）广信知府连柱主持修纂。此志的编纂，实历四年，两任知府，早在乾隆四十五年（1780），大宪檄修郡县志，时广信知府康基渊在任，制定章程，手订初稿未全，次年又经署府蔡某修改，始踵辑成编，报省鉴定。省檄发核刊，而连柱已到任。于是，连柱继续核校，"逐一厘正，举稍有未安者务使义例归一。盖至是始得观厥成矣。"

这次编修的乾隆志较康熙志为略详，全书二十六卷，含天文、地理各1卷，建置3卷，赋役、学校、武备、秩官、名宦各1卷，选举3卷，封爵、天师世家各1卷，人物8卷，按先正、宦绩等八类分。方外1卷，艺文1卷，杂记1卷。首次增加了艺文志和天师世家，人物志较前大为丰富，对名胜古迹的记载也较前更详细。

6. 同治版《广信府志》清同治八年知府蒋继洙主持修纂。

历史沿革："饶州＋信州"是上饶的基本形态

"饶州＋信州＋徽州婺源"是今日上饶的结构形态，基本反映了上饶由隋唐至今的演变状态，但并非简单的两地合而为一，而有其交叉包容的内容。由今之视古，上饶历史可追溯到秦。上饶最早设立的行政机构是郡县的县。

康熙《广信府志·疆域》略云：

广信，扬境也。秦列天下为郡县，是为余汗、大末地，分隶九江、会稽。汉置豫章郡，余汗隶焉，大末仍隶会稽郡。三国时，孙权据吴，尽有两郡地，乃析会稽为东阳郡，新安隶之，又升鄱阳县为郡，析余汗置葛阳隶之，为葛阳、新安二县地，统隶扬州。唐初复葛阳置上饶，干元初以江淮转运使元载请置信州，领县五：玉山、弋阳、上饶、永丰、贵溪，信于是有画壤矣。元改信州路，直隶浙江行中书省。明洪武二年改广信府，复铅州为县，嘉靖三十九年置兴安为县，为县七。隶江西布政司，分隶湖东道。清顺治广信隶属如明。

如上所言，上饶古属扬州，秦统一后分天下为三十六郡，上饶之境，在余汗、大末县，即今之余干、玉山县。三国时孙吴据有江东，设鄱阳为郡，隶属扬州，是最早的州郡设置。至隋代改鄱阳为饶州，领六县，唐代设立信州，领五县，两个州府的设置基本定型。

根据以上记载，我们可将上饶的历史发展大体分为三个阶段，一是唐以前的郡县阶段，二是饶州、信州阶段，三是广信府、饶州府阶段。

1. 郡县阶段　秦始皇二十六年（前221）至唐乾元元年（758），979年

按《禹贡》分天下为九州，我们这一带属九州之扬州，这是个大区域概念。秦始皇统一中国，分天下为36郡县，鄱阳已立为番邑（后之鄱阳县），上饶疆域在余汗（今余干）、大末（今玉山）两县，分别归属九江郡和会稽郡。至汉朝设立豫章郡，把余汗划归豫章郡，大末仍归会稽郡。东汉时分大末置新安（衢地）。汉末天下三分，孙权据有江东，豫章及会稽等郡尽归孙吴，行政区划有较大变化：从会稽郡分出东阳郡，新安隶属东阳。又升鄱阳为郡，从余汗县分出葛阳县（今弋阳上饶一带），均属鄱阳郡辖。从东晋直到初唐，上饶境隶鄱阳、东阳两郡格局未变，但名称有变，晋武帝太康元年，改新安为信安，惠帝元康元年又分余汗置晋兴（今贵溪县）。这样，葛阳、晋兴隶鄱阳郡，信安隶东阳郡。其间，梁曾改鄱阳郡为吴州，改东阳为金华郡，至隋又改吴州为饶州，金华为婺州。大业三年又将饶州改回鄱阳郡，分葛兴入葛阳置弋阳县，撤晋兴入余干县。这一阶段，当注意的有三点：一是两地行政中心，一从余汗（今余干）逐渐过渡到鄱阳，后为饶州州理之地；一从大末（今玉山）逐渐过渡到上饶地。二是东吴置上饶县，以后成为信州的州理所在。三是隋改吴为饶州，两百年间拥有上饶的主要区域。

从上面的记载可知，上饶历史上始终有两个渊源，先秦有两县：余汗、大末，分属两郡：九江郡、会稽郡。三国时孙权据吴，尽有两郡地，是说上饶在三国时，鄱阳、东阳两郡都在孙吴境内。南朝是鄱阳、东阳郡。隋代是饶州、婺州。到唐代设立信州，上饶境内有了两个州一级行政机构。

2. 州县阶段　隋开皇九年（589），至明洪武二年（1369）止，历780年，是为饶州、信州时代

这一时代，州县范围逐渐缩小，机构设置逐渐增细。隋开皇九年（589），因“山有林麓之利，泽有蒲鱼之饶”，乃改鄱阳郡置饶州，治所仍在鄱阳县。下辖余干(今余干县)、乐平、浮梁、德兴、安仁（按：即今余江县）万年六县。

安史之乱发生四年后，唐干元初“以江淮转运使元载请置信州，领县五：玉山、弋阳、上饶、永丰、贵溪，信于是有画壤矣”。今查《四库全书》本《旧唐书》卷四十所载：信州“干元元年，割衢州之常山，饶州之弋阳，建州之三乡，抚州之一乡置信州。又置上饶、永丰二县。领县四，户四万。”可以证实，信州作为州一级行政建制，是唐代干元元年（758）江淮转运使元载之请而设立的。元载，凤翔岐山人，天宝初，玄宗崇道教，载以明庄、老之文入高科。安史乱作，肃宗即位，载避地江左，江东采访使李希言表为洪州刺史，载智性敏悟，善奏对，肃宗嘉之，充江淮都领漕挽之任。寻加御史中丞、户部侍郎度支使并诸道转运使。信州设立之议即在此时。元载后官至极品，权倾天下，代宗时被罪流括州，遭灭门之祸，其著作文章悉遭遗弃，因而所请之文已无从查找了。

《府志》所载信州之设初辖五县，而《旧唐书》谓领四县。其因盖为贵溪置县在永泰二年（766），距信州之设晚了八年。可以推测，元载报请朝廷设立信州，当时只辖四县，后永泰二年，割弋阳之西乡及余干之东北乡，置贵溪县，隶信州。《府志》说“信于是有画壤矣”，是说信州开始有了较稳定的辖县和划定的疆界了。但实际上，还当历南唐保太十一年，从抚州、福建建州割出一部分，与从上饶、弋阳割出的五乡设立铅山县，再到明初割上饶、弋阳两县之地设立兴安（今横峰）县，信州才有了较稳定的一州七县的建置。

3. 府县阶段　至正二十一年（1361），至清末历550年，是为饶州府、广信府时代

元末明初，朱元璋拥有江南。至正二十一年（1361）改饶州为鄱阳府。明洪武二年（1369），复改为饶州府，治所均为鄱阳县。清沿用明制，直到清末。

按《广信府志》载:“明洪武二年，师取信州，拔之，改为广信府。”自唐以来，上饶之地均在饶、衢二州，隶江南道。开元中分江南东道、西道，则饶州隶江南西道，衢州隶江南东道。宋朝改江东路，信州隶江东路。《宋史》卷88《地理志》载: 宋初置江南东、西路，“东路”辖州有七: 宣、徽、江、池、饶、信、太平等州，南宋绍兴间，仍以建康府、池、饶、徽、宣、抚、信、太平诸州隶江南东路。元朝升信州为路，立录事司，辖五县，隶浙江行中书省。直到明洪武二年（1369）设立广信府，初辖六县，嘉靖三十九年增置兴安县（今横峰县），共辖七县，改隶江西布政使司，直到清末。

应当说明的是，隋唐时代的饶州，是包含了上饶绝大部分区域在内的，只有信安（玉山）先后隶东阳（衢或婺）。而自唐干元元年设立信州后，信州与饶州便成为辖境相当的州郡，信州辖上饶、玉山、弋阳、永丰、贵溪、铅山六县，饶州辖鄱阳、余干、浮梁、乐平、德兴、安仁、万年七县。明代信州改广信府，饶州同样改饶州府，其间县制略有增加，而区域大略依旧。

三、上饶建县当始于东吴

上饶建县的历史，一见于《广信府志》，一见于《上饶县志》。康熙《广信府志·疆域》谓：唐初复葛阳置上饶，“本汉余汗县之葛兴、葛阳等壤也。吴建安中始置葛阳县，隋大业初省为弋阳，唐武德四年复置上饶县。”清乾隆《上饶县志·沿革》有谓：“上饶本汉豫章郡鄱阳县地，孙吴置上饶县，以其在饶州之上也。”两志所载大体是一致的，但前者所载为州府建置，而后者所载则为县级建置。而不同的是，《府志》记载了隋开皇三年改吴州为饶州，大业三年又改饶州为鄱阳郡。唐武德四年（621），又改鄱阳为饶州，复分葛阳置上饶县。武德四年之前并没有上饶建县的记载。而《上饶县志》则以孙吴置上饶县，时间相差400多年。

从州府一级行政机构看，上饶的早期建置是鄱阳郡，《府志》引《晋志》载：汉献帝建安十五年，孙权升鄱阳为郡。历东吴、东晋、宋、齐、梁、陈，至隋开皇三年（583），始改鄱阳（吴州）为饶州，这是最早出现“饶”字的时代。此后，饶州之名，虽间有回改，终得一直沿用到唐天宝间。

从县一级建置看，上饶的建县，究竟应以何时为准？我们认为，《上饶县志》的记载是对的，上饶县不可能晚至唐武德四年才建县。我们可以找到很多证据，证明早在东吴孙权时期，上饶便已经建县。如《三国志·吴志》卷二《孙权传》有载：“十年权使贺齐讨上饶，分为建平县。”这里的“十年”指汉献帝建安十年，即205年。这年，东吴孙权令大将贺齐征讨上饶，分其地设立建平县（建平县为上饶毗邻的福建建阳县）。这是历史上见诸正史最早的文字记载。今考各正史，对上饶的记载还远不止此一例，《三国志·吴志》卷十五《贺齐传》也有类似的记载：“十年，转讨上饶，分以为建平县。”文中虽未明言县，但既能分出其中部分设县，那至少本身应当是县。因为那时人口稀少，县域范围都较大，即使分出部分区域设建平县，所剩部分恐怕还比今之上饶县大。《广信府志·郡邑表》引《晋志》有载：“孙权升鄱阳为郡。”其下有“葛阳”县，引《通考》谓：“析余汗置，今为上饶县地。”可见，这个时候孙权确实是建置了上饶县的，只是定名为葛阳，而不是上饶。葛阳与上饶是同地分合的关系，吴置葛阳县，隋又析葛兴入葛阳置弋阳县，唐武德四年又复葛阳置上饶县。且制表者把时间定在汉献帝建安十五年，比《三国志·吴志》晚了五年。

今查《三国志·吴志》，“葛阳”仅一见，卷十《蒋钦传》载蒋钦从孙策平定三郡,"又从定豫章，调授葛阳尉，历三县长"。这里的"葛阳尉"应指葛阳县尉。而"上饶"有二见，已见上引。东吴以后，历东晋至南朝宋，以讫于唐前，明确记载"上饶县"的史料渐渐多了起来，凡12见。"葛阳"的使用也有9见，多为封爵"葛阳县男"。但"上饶"之用有各类，如:

《宋书》卷四九《虞丘进传》:"英纠为上饶令，千余人守故城。"

卷八十四《邓琬传》有载:"新建令库延宝、上饶令黄难等违逆识顺，同被诛灭，言念既往，宜在追荣。"

同卷又有载:"军主张灵符东南征讨有功，封上饶县男，食邑三百户。"

又《孔觊传》有云:"张淹屯军上饶县。"

《南齐书·州郡上》明确地记载了鄱阳郡下辖六县：鄱阳、余干、葛阳、乐安、广晋、上饶。

从上引资料可见，在南朝宋齐梁陈时代，已经有了上饶县令的记载、上饶作为县级男爵封赏的记载、驻军的记载、郡县机构的记载。这些，均足以证明上饶建县，绝不会迟至唐代，而是早在东汉末年的东吴，已经正式设立了县。如《元和郡县志》便有记载:"上饶县，本吴所置。隋平陈，省，乾元元年重立。"所以，作为县级机构，东吴设县应当是可信的，唐代只是重新设县，并非首设。

上饶设县的时间,《府志》记载为唐武德四年（621），应该是复置的时间;《县志》也只说"孙吴置上饶县"，却未明确时间。我认为是修志者审慎的态度。无论是县志或府志，编修的时间都远在历史事实千年之后，战乱破坏了史料的传承，编修者在找不到确凿的史料依据时，做这样的表述是无可非议的。

我们认为，把上饶建县的时间确定在建安十年（205）左右，是大体可信的。因为在历史上，中原逐鹿，多在黄河流域，建都多在北方，对南方的管理相对薄弱。春秋战国时期南方虽有吴、越、楚三个诸侯国的争霸，但时间都并不长。东汉末年，汉献帝已经失去掌控天下的能力，军阀割据的局面已经形成。东吴便是秦汉之后长江流域最早的政权组织。《府志》所言"孙权据吴，尽有两郡地",反映的就是东吴崛起江东时的盛况。建安十年，孙权派贺齐征讨上饶，是从东汉王朝手中夺取地盘。夺下来之后就设置自己的行政机构进行管理。所以，上饶始建县，应当是东吴政权统辖下的县。

明确了上饶建县的时间，那么，上饶至今的历史时限也就清楚了。我们讲上饶有1800多年的历史，其依据就是《三国志·吴志》卷二的记载。从汉建安十年，即205年到当今的2015年，正是1810年，所以，我们概说上饶具有1800年历史，这个说法是稳妥可信的。但有一点，今之上饶既然包含了鄱阳，那么，讲上饶的历史便应当从鄱阳立县算起，也就是从秦立番县算起，有2200年历史，1800年之说，应当改变过来。

四、上饶之名来自饶州

上饶作为地名之称，实早于信州、广信。而且，它并不来源于信州或广信，而来源于鄱阳之名饶州。宋乐史《太平寰宇记》卷一百七载“饶州”有云：

> 秦并天下，为鄱阳县，地属九江郡。汉为鄱阳县，属豫章郡。郡即吴芮为番君时所筑。……后汉建安十五年，吴张昭、孙韶、吕范、顾雍等议以鄱阳土广人殷，请分置鄱阳、庐陵二郡。歷晋宋齐不改。梁天监中置吴州，陈初又废之，复为郡。隋平陈，罢郡为饶州。从江州总管千金公权璋所请也。按徐湛《鄱阳记》云：北有尧山，尝以尧为号。又以饶衍，遂加食为饶。今《郡国志》又云以山川蕴物珍奇，故名饶。

这段记载，历述鄱阳立县设郡的过程。隋平南朝陈，始改鄱阳郡为饶州。为什么称饶州，乐史提供了两种解释。一是徐湛《鄱阳记》谓鄱阳县北有尧山，曾以尧为号。而地处长江中下游，土地饶衍，所以在尧边加食，以饶为名。又引《郡国志》所云“山川蕴物珍奇”，故名饶。考《太平寰宇记》另有载：“尧山在县西，路三十里。《鄱阳记》云：尧山，尧九年大水，人居避水，因以名。”又《舆地广记》卷二十四载：“隋平陈，郡废，改州为饶州，以其物产丰饶。”宋祝穆《方舆胜览》也有相同的记载。由此可知，隋改鄱阳郡为饶州，其名得之境内有尧山，且其地物产丰饶，故名饶州。

知道了饶州的来源，上饶的名称就好理解了。宋祝穆《方舆胜览》卷十八解释说："郡名上饶。《寰宇记》所谓上饶者，以其旁下饶州之故也。"考清康熙《广信府志》有云："邑名上饶，《一统志》云：以在饶之上，故名。"干隆版《上饶县志》亦有谓："孙吴置上饶县，以其在饶州之上也。"可知，上饶之名来源始终联系着饶州，谓其地居饶州之上。从地理方位言，上饶在赣之东，而饶州在西。历史上上饶江（今信江）发源于东部玉山，经玉山、上饶、铅山、弋阳、贵溪、余干，流入鄱阳，所以饶州府治及其属县都在下游，上饶在上游。

顺带说，方志地理诸书都载饶州物产丰饶，而谓上饶土瘠民貧，白居易有诗云："地僻山深古上饶，土风贫瘠道程遥。"元代黄复圭诗云："信州乡民蕨作粮，三月怀饥聚头哭。"清康熙广信知府范文在《府志序》言："信州东南一都会也……虽地瘠民贫，而风俗敦朴。"乾隆《广信府志》载郑以章《信风五章》有序云："信风也，信何以风？以上于饶，名饶而实瘠也。"可知古代的上饶是地瘠民贫的地方，今人"上乘富饶"之说，恐与史载相去甚远。

五、"信州""广信"之命名考

《府志》因为编修较晚，对"信州"没有专门的解释，只注为"唐名"。但称"郡名广信，邑名上饶"，其间小字有注，保存了元载的话："其地信可美。"又有王雷云："其俗美于广。约而名之曰广信。"又载或者之言："或曰：信，故信也。拓以信安地，广信也。或又曰：溪产信，讹矣。"

细味之，元载之言应当是解释"信州"命名的。而王雷的话是解释"广信"的。但这两句话均有可议论处。若说"其地信可美"，中心词是"美"，为何不称美州，而用副词"信"？若说"其俗美于广"，那"广"是什么地方？历史上，"广"作为地名也很早，《玉台新咏·焦仲卿妻》已有"交广市鲑珍"之句"交广"即指交州、广州。历史上的广州地处南海，为偏远荒漠、官员贬谪之地。说信州风俗美于广州，似也不是赞美之词。广也可为广陵即扬州？信州本古代扬州之域，说其俗美于广陵也难通。今人或误广为广丰，当时设永丰县，尚无广丰之名。广作形容词也难通。可见，王雷的话，也令人难明其意。而或者之言解释“广信”倒是有道理的：信，就是信州。在信州原有疆域基础上，再增加信安（浙江衢州）之地，疆域更广了，所以称广信。按其所释，广信的意思就是比信州更广阔的州或增大了的信州。

其实，信州之名是个熟词，早在南北朝时代，已有多处称信州。

《魏书》卷十一：授以持节安南将军、信州刺史、义昌王。

《梁书》卷三：六月乙丑，分益州置信州；分交州置爱州，分广州置成州。

《陈书》卷十三：世谱复乘大舰临其仓门，贼将宋子仙据城降，以功除使持节信武将军、信州刺史，封鱼复县侯，邑五百户。

《北史》卷八：三月辛未盗入信州，杀刺史和士休。

《周书》卷四十九：悉斩诸向首领，生擒万余口。信州旧治白帝，腾更于刘备故宫城南八阵之北，临江岸筑城，移置信州。

《隋书》卷四十八：陈主遣其信州刺史顾觉镇安蜀城，荆州刺史陈纪镇公安，皆惧而退走。

以上所引六条，每条都说到信州，但都不是唐代设立的信州，不是江西的信州，也都是州一级行政机构，也不止一个地方。

不仅如此，即使在唐代，元载报请的信州设立前后，使用“信州”之名的地方依然存在。

《旧唐书》卷三十八：武德四年平王世充，于汝阴县西北十里置信州，领汝阴、清丘、永安、高唐、永乐等六县。六年改为颍州。

《旧唐书》卷三十九：信州，万岁通天元年置，处契丹失活部落，隶营州都督。二年迁于青州安置，神龙初还隶幽州。

《旧唐书》卷三十九：夔州下　隋巴东郡，武德元年改为信州，领鱼复、巫山、云安、南浦、梁山、太昌、武宁七县。

《新唐书》卷四十一：信州上　乾元元年析饶州之弋阳，衢州之常山、玉山及建抚之地置。土贡葛粉，有玉山监钱官，有铜坑一，铅坑一，县四。

上引四条，只有最后一条是讲上饶的信州，而第一条所载在安徽，第二条所记在河北，第三条所记在四川。作为地名，有这么多相同的称谓，是罕见的。这种情况的出现，只有一个解释，使用频率的高是人们愿望的反映，信者诚也，信州即诚信之州之谓也。

但元载报请设信州，并说“其地信可美”，反映的不仅是人们普遍的愿望，而应当有其特殊的含义。宋释觉范作《信州天宁寺记》有序云：“江南山水冠天下，而上饶又冠江南。自昔多为得道者所庐，鹅湖、圭峰、怀玉好称形胜，而灵山尤秀绝。”极赞此地山水形胜之美。明成化间，广信知府谈纲曾于上饶城南建信美亭，作《信美亭记》，开篇即言：“此地江山信美，郡所以名也。”印证了元载的话。

关于广信，前文我们肯定或者之言。广之为词，有大、远、扩大、补充、增多、宽阔等义。把“广信”理解为扩大了的信州，如果从所领县之数量而言，是有道理的，但“广信”一词，也并不是明洪武二年设府时才出现的，而有着更早的历史。

《后汉书》卷三十三：苍梧郡　武帝置，洛阳南六千四百一十里，广信（汉官曰：刺史治，去雒阳九千里）。

《旧唐书》卷四十一：苍梧　汉苍梧郡，治广信县，即今治。隋立苍梧县，于此置郡。

《新唐书》卷四十三上：封州临封郡下　本广信郡，天宝元年更名。

《四库全书》经部，书类，《禹贡长笺》卷一载：“河北西路　府四……州八……军四：安肃、永宁、广信、顺安。

从上述资料可知，广信之名从汉代即有多处，其区划有郡、军、县，相沿至唐代。即以信州地之“广信”而言，也远不是到明代才称广信，宋元之间，已经使用较普遍了。如：元戴表元《剡源文集》卷一《稼轩书院兴造记》言：“广信为江闽二浙往来之交，异时中原贤士大夫南徙，多侨居焉。当其时，广信衣冠文献之聚，既文闻四方……辛巳岁，匾其额为广信书院。”稼轩书院是在南宋著名词人辛弃疾故居创办的书院，用以纪念辛祖并教养家族子弟。文中多处使用了“广信”，而未称“信州”。又元袁桷《清容居士集》卷二八《将仕佐郎信州路儒学教授陈君墓志铭》亦有言：“大德丁未，余供奉翰林，与广信陈志仲游……余师剡源戴先生教授信州，亦还言：广信多郡博士。”检其集中，用“广信”来称信州，竟多达22处。观其文中，信州与广信往往混用，这表明宋元之间，用“广信”来称信州已经较为普遍。朱元璋攻取信州后，改朝换代，对原有行政区划之名大多做了更改，使用一个已被大家熟知并认同的名字，当然是最好的选择。

六、饶信文化的历史积淀

由于地域的分合撤并，上饶没有独一而鲜明的地方文化，上饶文化具有多元构成和不确定性。在社会主义文化发展的热潮中，市委市政府领导多年来致力于地方文化特点的概况和归纳，学者们发表过许多见解，却往往难以形成一致意见。我们认为，上饶多元文化构成可以从以下六个方面综合分析：

（1）称饶信文化，应比上饶文化更适合。

（2）上饶为吴楚故地。

（3）上饶文化发展的阶段：永嘉东迁与宋室南渡。

（4）饶信文化的主体构成：稻作、冶铜。

（5）饶信文化的多元构成：书院、理学、科举、人才。

（6）饶信文化的民俗特色：饮茶，傩舞。

因篇幅所限，本文不做具体论述。

信州区地名文化遗产资源论证

——以地名“上饶”为例

汲　军　马　宾

当前正面临地名文化遗产保护的大好时机，自从2003年10月在联合国教科文组织第32届大会上通过了《保护非物质文化遗产公约》，2007年8 月，联合国教科文组织驻纽约代表海伦玛丽·高斯澜在联合国第 9 届地名标准化会议上发言时提出了“地名属于非物质文化遗产”的论断，并通过了最终决议，这就标志着地名文化遗产作为“非物质文化遗产”的一个组成部分的重要意义已经引起了广泛的重视。国家民政部在2012年7月4日的发布的关于印发《全国地名文化遗产保护工作实施方案》的通知，制定了全国地名文化遗产普查登记、申报调研、鉴定确认、记录公示、宣传弘扬、跟踪监管、保护传承等一系列保护机制，这都将使这项工作在全国实质性地快速推进。我省民政厅《关于开展 2020 年民政政策理论研究工作的通知》中，江西省研究的重点项目中也列入《地名文化遗产保护研究》课题，而各地在编著地名志同时，也开始编著各县市的《地名文化遗产名录》，这就使得这项工作已经有条不紊地开展起来。

我们依据中华人民共和国民政部（2012年6月21日发布，2012年7月11日实施的《地名文化遗产鉴定》）的文件中关于“地名文化遗产鉴定基本原则”中的各项要求进行论证，地名文化遗产应符合下列特征：a) 历史悠久，具有重要的传承价值；b) 地名语词文化内涵丰富，或具有重要的研究价值，处于濒危状态；c) 地名实体文化内涵丰富，具有突出的普遍价值；d) 知名度高，长期稳定，或需要长期保持稳定。我们认为地名“上饶”符合以上原则。

一、上饶地名出现的时间考证

据本期吴长庚先生的《上饶历史文化渊源若干问题的思考》中的考证，上饶建县在文献记载上的时间应当是汉献帝建安十年（205），距今已有1800多年。明确了上饶建县的时间，那么上饶作为地名出现的时间应该早于建县时的时间，至少有1800多年的历史，从汉建安十年，即205年到当今的2020年，正是1815年，所以，我们说上饶地名至少具有1800年以上历史。

二、上饶地名的来历

据本期吴长庚先生的《上饶历史文化渊源若干问题的思考》中的考证，上饶的地名与饶州密切相关。是因其地理位置在饶州之上而得名。而饶州地名因饶州境内有“尧山”，又因物产丰饶，而加食旁，故得“饶”，而并非上饶自古上乘富饶。

三、上饶在中国历史上的影响

《广信府志》载:“自永嘉东迁，衣冠避地，风气渐开。历唐而宋，文学之士间出。而南渡以后，遂为要区。人知敦本积学，日趋于盛。入明二百余年，艺文学术，蔚为东南望郡。”早在唐代，就有很多著名诗人诗中提到上饶，如在唐德中贞元年间，被称为茶圣的陆羽就寓居在上饶，而著名的诗人孟郊就有诗《题陆鸿渐上饶新开山舍》诗中云:“惊彼武陵状，移归此岩边。开亭拟贮云，凿石先得泉。啸竹引清吹，吟花成新篇。乃知高洁情，摆落区中缘。”赞颂了陆羽的高洁情怀。而唐代三大著名诗人之一的白居易有诗《送人贬信州判官》，诗中也云:“地僻山深古上饶，土风贫薄道程遥。不唯迁客须恓屑，见说居人也寂寥。溪畔毒沙藏水弩，城头枯树下山魈。若于此郡为卑吏，刺史厅前又折腰。”写出了上饶的偏僻的地理位置与落后的民俗以及神秘的山水。

到了宋代，尤其是南宋，上饶迎来了历史上第一次繁盛时期。洪迈《稼轩记》里开篇就说，辛弃疾之所以择居上饶，是因为“国家行在武林，广信最密迩畿辅。东舟西车，蜂午错出，势处便近，士大夫乐寄焉。”（辛更儒《辛弃疾资料汇编》中华书局 2005 第一版 第2页）南宋朝廷偏安杭州，上饶距离都城只有八百里，并且道路通达，势处便近，进，可以即刻入朝，退，可以归隐安居，所以士大夫都喜欢居住于此。宋王雷在《信州修城记》（见同治《广信府志》卷二）中也云：“信之为郡，江以东望镇也。其地上于饶，其俗美于广，牙闽控粤，襟淮面浙，隐然焉冲要之会。”戴表元也认为“广信为江闽二浙往来之交，异时中原贤士大夫南徙都侨居焉。”北方士族纷纷南迁，信州成为当时他们寄寓的绝佳选择之地。钱建状先生在《南宋初期的文化重组与文学新变》一书中指出：吕本中、韩元吉、曾几、辛弃疾等著名文人定居于此（指信州）的就有6家，而定居于两湖的士人总共也不过8家。由于这些这些中原士人大族的到来，给上饶带来了文化的变革，也带来了浓郁的文化氛围。豪放派的领军人物辛弃疾在带湖居住十多年，写下了400多首与上饶相关的诗词。辛弃疾广泛的交游，也让上饶的文学得到空前的发展。而著名的理学家朱熹十余次经过往上饶，并偕吕祖谦同陆九渊、陆九龄在铅山的鹅湖寺举行中国哲学史上著名的“鹅湖之辩”，开了书院学术会议之先河，使得上饶成为当时的文化重地。朱熹也多次到上饶讲学，所到之处影响颇广，上饶的从学者也甚多，如陈文蔚、余大雅、赵蕃等，所以宋时上饶学术风颇之盛，著述颇丰。而著名诗人陆游、杨万里等也往来于上饶，这都使得上饶文学风气空前兴盛。《广信府志·寓贤》所载，就有吕本忠、曾几、郑望之、尹穑、刘韐、王传、王洋、周堃、韩元吉、晁谦之、赵士礽、周聿、赵不遁、吕丕问、赵旸、吕祖谦、辛弃疾、朱熹、马永卿、徐兢、宋授、赵蕃等多人。他们都留下丰富多彩的文学作品。

宋代也是上饶城市建设的一个高峰时期，有很多相关的文献，都记载了上饶城市的建设，如王安石有《信州兴造记》，韩元吉有《信州新建牙门记》《信州新作二浮桥记》《广教院重修转轮藏记》，王雷《信州修城记》，朱熹有《信州州学大成殿记》等等，可见信州府治所在地的上饶城市全面而长足的发展，也有很多的新地名出现：如宋代豪放词的领军人物辛弃疾所居住的“带湖”，被称为“政事文学为一代冠冕”的韩元吉所居住的南涧，宋代安定皇室的宰相赵汝愚所命名的“一杯亭”等等。这些地名在中国历史上都很有影响力。

抗战时期上饶是一座名副其实的抗战名城，1939年，国民党第三战区长官司令部迁至上饶，所属机关单位也相继迁入上饶，盟军机构、政界要人和东南5省大批文化人士与团体聚集上饶，大批国共两党军政要人，文学、科学、艺术、教育、理论学术、经济等诸多领域的著名人物与团体聚集上饶从事抗日救亡活动，在上饶演绎了威武雄壮的民族史诗。上饶也是东南5省抗战军事、政治、文化中心，是中国东南地区抗战的中心城市；抗战期间，上饶独立承担东南抗战的大局。上饶第三战区是领导4000多万同胞的抗日的根据地，著名的“浙赣战役”的指挥中心在上饶，著名“杜立特”事件的指挥中心也在上饶，这次行动成功地营救了轰炸东京而跳伞的美国飞行员。这些都载入了中国抗战的史册。上饶也是抗战的文化的高地，当时全国乃至世界各地大量文化团体和大批文化人聚集上饶开展抗战文化活动，如宦乡、曹聚仁、张乐平等等，他们所办的《前线日报》成为全国抗战新闻报刊的一面旗帜。上饶的抗战文化在中国先进文化的历程中具有承前启后的历史地位。在上饶市区还留下了显著抗战特色的地名，如因日军飞机轰炸而破残只留一截的“节余巷”，如1941年以“抗战建国”之义而命名“抗建路”等。

上饶还是红军北上抗日的发祥地，1934年抗日民族统一战线闽浙赣红十军从上饶横峰葛源出发正式北上抗日，唤起全国人民的抗日热忱。1939年5月，新四军驻赣办事处迁往第三战区长官部驻地上饶，新四军驻赣办事处在上饶的活动，为维护抗日民族统一战线、坚持团结抗战发挥了独特的作用。而在抗战时期著名的上饶集中营见证了国民党对新四军的残酷镇压，也见证了共产党人的坚贞不屈的坚强意志与坚定的信仰。

四、上饶地名的文化意义

“饶”字的两重意义：

一是与“尧”相关的意义，这是中华文化的最古老的源头，尧是中国传说中上古贤明君主，尧的时代是传说中最美好的时代，寄予了后人的诸多希望的时代。

二是“饶”的意义，饶是物产丰足，人人安居乐业，是农耕社会的最美好的愿望，于是后世对上饶的解释就有了“上乘富饶”之说。

五、存在的问题与对策

1. 上饶地名实体的现状：

（1）关于古城

上饶古城所存留遗迹。上饶古城在历代的多次战争中，遭到较大的破坏。尤其是在抗日战争中，由于上饶市国民党第三战区长官司令部在上饶，因而遭到日军战机的狂轰滥炸，城墙、古街与古建筑破坏十分严重，到处是断壁残垣。浙赣战役中，日本军队占领了上饶城，又加速了上饶古城的破坏。又加之后来的“文革”破四旧，一些古建筑遭到毁坏。在新城区扩建时，也不可避免地在旧址上建设了新的地标性的建筑。虽然如此，时至今日上饶城区尚遗存部分明代建筑，如娄谅的故居娄家巷、明代吏部左侍郎杨时乔的故居花大门等等，也有保存完好的宏大的清代建筑群信江书院等。

为了保护历史遗迹，信州区政府开展了水南历史文化街区恢复与建设，重新打造有着深厚历史文化积淀的水南片区。对娄家巷与理学旧第等进行修复，对娄谅的“芸阁”书楼重新建设。可以预测，水南历史文化街区的建成，对上饶这座古城的实体再现有着非同一般的意义。

上饶城市周围的自然实体遗迹留存完好。韩元吉在《信州新修牙门记》中曰：“信之地势来自灵山，中道起石如龙，鳞鬣隐见，至郡而伏，以赴于渊。前山品立，如覆钟釜，水停若留。而怀玉峰耸出其隅，森植犹束笋。故老相传，阴阳之胜，虽宣和清溪之盗，建炎寇攘云扰，皆莫能犯其城，而郡治岿然独在。”（见韩元吉《南涧甲乙稿》）位于上饶北部的灵山自古称为“信之镇山”，灵山 2015 年 12 月被评为国家 4A 级旅游景区，而且七十二峰峰峰有名称。上饶南部的南屏山是上饶的南部屏障，现在山势依旧逶迤，草木葱茏，山名一如古时。山中的古迹如信江书院、东岳庙等在原有的基础上得以修缮，成为上饶古代教育与宗教实体的再现。

（2）关于行政区划地名的改变

上饶地名的沿革自东汉建安中（196—205）始置上饶县，一直到民国，基本上都称为上饶县，没有改变。1949年5月，上饶县全境解放，将原广平镇改称上饶市，隶于上饶专署。曾经在一段时期上饶有三个以“上饶”命名的行政机构：上饶行署、上饶市、上饶县。2000年7月，经国务院批准，撤销上饶地区和县级上饶市，设地级上饶市，原上饶市更名信州区。2017年6月30日江西省上饶市市委决定撤销上饶县，设立广信区。现在作为行政区地名存在的只有地级上饶市。

上饶市行政区划范围更广，包含了古代的饶州府，共有12个县市区，但是由于原上饶市与上饶县的改名，实际上所对应的地名实体的范围反而更窄了，因为每一个县市区都有自己的地名实体，而上饶市的实际地名实体还基本在上饶市中心城区。于是如何保护好“上饶”这一地名历史文化遗产，也就成为中心城区当前的一个不容忽视的问题。

2. 保护地名文化遗产主要从以下几个方面实行：

第一，出版由专家学者经过认真地论证，根据民政部门的标准，制定市县区的《地名文化遗产名录》。在这个工作中，还要重视当地的民俗专家的意见。其实在政协所编撰的《信州文史》中，就有很多文章对上饶主城区的历史地名进行考证。

第二，通过多渠道，多媒体宣传地名文化遗产的内在的深刻的意义。这项工作上饶市档案馆推出的《信州记忆》与信州政府的相关部门的公众号也做了大量的宣传工作。在中小学生的乡土教材中融入地名文化遗产的宣传内容。还可以开展历史地名进社区的活动，让住在新名称的社区的群众，知道这个地方的前世今身。如万达广场是个全国的品牌，但是上饶的万达广场与其他地方不同的是，它有十六道金街，十六道名称来源于原址是上饶铁路，此处有十六条轨道。而上饶铁路修建于20世纪30年代，这样就可以将历史地名与今天的地名有机地衔接在一起。

第三，主城区强化“上饶”地名。由于历史上的上饶县主城区在今天的信州区，而信州区又是上饶市委、市政府的所在地，因此，发扬光大“上饶”这一历史地名文化遗产的任务就义不容辞地落在上饶市的主城区的肩上。要选择地标性的建筑，冠以“上饶”这一名称。现在就将最宽阔的大道命名为“上饶”大道，将最美丽的桥梁命名为“上饶大桥”，这项工作也将继续进行。

第四，建立上饶地名文化遗产群，也就是“上饶”地名群，形成合力，共同推进“上饶”地名的宣传效应。如围绕“上饶”这一地名，还有很多相互有密切联系的地名，如陆羽种茶的“茶山”，辛弃疾择居的“前枕澄湖如宝带”的“带湖”等；如围绕上饶抗战，就有抗建路、沙溪镇有新生路，还有被日军炸毁而成的“节余巷”“胜利渡口”等等。

地名文化遗产的工作还刚刚起步，任重道远，刻不容缓，我们这代人如果不做抢救性的研究与保护，随着城市的发展变化，这些具有历史意义与价值的地名就会不断地消失，所以我们将不余遗力地继续投入这项有时代意义的工作中去，并期待做出贡献。

（作者简介：汲军，上饶师院教授。马宾：上饶师院副教授。）

信州地名承载的历史信息分析

汲　军　诸葛彬

著名的民俗学家冯骥才说:“城市是有生命的，地名便有了生命的意义，也就是有着和生命一样丰富和深刻的含义。如果这地方有其独有的历史与命运，地名便是这历史命运的容器。”上饶历史悠久，地名也承载了上饶深厚的历史文化。考察上饶的地名是一件十分有意义也十分有趣的事情。本文的考察的范围主要在信州主城区。我们考察的对象主要1984年印发的《江西省上饶市地名志》(现在的信州区)与2009年开始的第二次地名普查资料。

一、古代地名与城市功能

信州现在还保存着很多历史地名，从这些地名中可以考察信州古代的城市建设与百姓生活。信州城区并不大，据同治版《广信府志》记载，最后一次大规模地修城是在道光二十二年(1842)，知府鹿传先以浙东警禀请饬各属分段捐修，较旧加高三四尺或五六尺，通计围一千一百六十三丈六尺，高二丈四五尺及二丈六七尺不等，厚一丈九尺及二丈三四尺不等，置海墁，增筑内墙，宇门仍五:东玉溪、西宝泽、南信阳、北灵山、东南春浦。

1. 从今天现存的地名就可以知道当年的城区范围。比如:

南门路: 以方位命名，以南端是旧城的南门而得名。清同治年间(1862—1874)名叫南门大街;

东门路: 以方位命名，因位于旧城东门故名。

郭门路：清代古城墙之外郭门村庄，建有青石大门，郭门路以地处郭门村旁而得名。

2. 城区中的各个地名也看出政府治理的布局与功能，如：

金龙岗路：清同治年间 (1862—1874) 称三府弄，这是一条政府衙门旁边的交通要道。

箭道巷：因清朝时期巷北端为武举考试射箭的地方，故名。在它的附近有小校场，是古代官兵操练或比武的场地，也是官府的安全保卫的机构。

小校场巷：古为武举习武之场所，故名小校场。[清同治版上饶县志] 原名府后街，后因巷建于小校场旧址，故得名。

抚劳巷“抚”：与“府”谐音；“劳”：与“牢”谐音；“抚劳巷”：因清朝衙门的牢房设此，名府牢巷。后谐音雅化为抚劳巷。

普济巷：[清同治版上饶县志] 清乾隆三十五年（1770），曾在此建普济堂，故名。据史料记载康熙三十六年 (1697)，一个叫王廷献的义士在京城广安门外二里大路边创办了一所慈善机构普济堂，专门收养流落街头无家可归的穷人，没吃给吃，没穿给穿，患病给治，死了管埋。每有过路求乞者，必施舍粥食救急。康熙四十四年 (1705)，顺天府尹钱晋锡深为感动，便将此事上奏朝廷。康熙崇儒尊孔，深为民间有此义举而倍感嘉悦。因而大加提倡，让全国各地效仿。普济堂就是上饶官府所办的慈善机构。

官仓巷：古时有官府仓库设巷内，故得名官仓巷。所谓官仓平日从百姓处收纳粮食，灾年也要赈济百姓。是一地的具有重要经济功能的机构。据同治年间的《广信府志》记载：广信府设有常平仓，旧名广济仓，原来在城内府署西北，顺治九年知府朱治泰改建于东大街，后废。雍正八年知府苏祉改建于府署右，当年仓房有四十多间，可以储藏谷米千石。后来广信府所属的七个县邑都设有官仓，官仓减少了。

钟楼巷：[清同治版上饶县志] 五代十国时曾建钟楼。

鼓楼巷：因旧时该地曾建鼓楼，故名鼓楼巷。

钟楼、鼓楼在城市管理中的作用不可小视，古人划一昼夜为十二时辰，分别以地支（子丑寅卯）序之。以圭表或铜壶测得时辰，便击鼓报时，以便让民众知晓。由于鼓声传的范围有限，齐武帝（483—493）时，为使宫中都能听见报时声，便在景阳楼内悬一口大铜钟，改为只在晚上击鼓报时，这是开了敲钟击鼓的先河。为了使钟声传播更远，除了铜钟越铸越大之外，后来还建较高的钟楼、鼓楼，朝来撞钟，夜来击鼓。后来也增加了报警的功能，如火警、匪警都会敲钟击鼓，警示百姓。明清时期每个城市都会设钟鼓楼。

3. 从地名中看出还有城市的生活设施：如：

四股头：因原粮厅巷、贵溪试馆、老县门口、学场门口的下水道汇集于此，故名，这是城内的防洪泄洪水道。

崭岭头：“崭”：与“站”谐音；“岭”：山包；“头”：山头；“崭岭头路”：原为来往行人休息地，名站岭头，后因当地方言谐音而得今名。

信州城区民居生活设施还有很多，如当时城内的水井很多，如：

大井头井：南宋末年建成。

雷公井：“雷公”：指代雷公庙；“雷公井”意指水井坐落在雷公庙附近。

太和井：据传说此井是在明朝夏宰相的后花园在八个角挖了八口井、太和井是其中之一。

鼓楼巷井：坐落在鼓楼巷附近的水井。

往来井：根据实地调查，此井原井圈上刻有“往来井”三字，因当地群众都姓蔡，又称“蔡家井”。

还有王家井、童家井、纪家井等等，随着生活方式的改变，这些井基本废弃，但是作为历史地名很有存在的必要。

有一些地名记录了商贸交易的场所，如：

药皇庙：清末民初，本地药材行业合伙建一庙宇，为每年药材庙会场所，名药皇庙。

马家弄：1949年前弄南端是一水陆码头，当地方言码为马，故名马家弄。

4. 宗教信仰一直是中国古代民众生活的重要内容，信州市民主要信仰佛教、道教和地方神祇，有些地名就是记录了当年百姓的宗教生活，如：

茶山路：在茶山寺旁，茶山寺原名广教寺，因唐代茶圣陆羽在此种茶，广教寺也被百姓改为茶山寺；广教寺是宋朝时期信州最著名的寺庙，曾几、吕本忠都在此读书修身，留下很多诗篇。淳熙年间茶山寺重修了转轮藏，修得美轮美奂。茶山寺历来在上饶是个重要的文化场所，经常举行庙会，古时寺庙的庙会也是群众经济交易与文化娱乐的场所。

福星巷：［清同治版上饶县志］宋绍兴间（1131—1167），此地曾建福生禅院，后毁；清顺治间（1644—1661）重建，改名永福禅院，人们祈福，取名福星观，这是当时的宗教场所。新中国成立初期沿用此名，遂废。

马皇庙巷：［清同治版广信府志］清康熙二年（1663）曾建有马王庙，当地方言谐音王为皇，因称马皇庙。马王爷是民间神祇，也是信州百姓所供奉的。据说祭祀的是徐增（见本辑徐祥《马王庙的由来一文》）。

太极宫巷：清朝时设有“太上老君庙”，俗称太极宫。

八司巷：巷内古时曾有八司庙，故名。

狮子弄：古时弄内有一座狮子庙，庙前两边有一对石狮子，故名。

5. 地名记载了史人物与历史事件，如：

大相巷：因此地原为明朝嘉靖年间宰相夏言故居地，故名。

大公厂：嘉靖年间宰相夏言造宅，工匠居住在此，名“大工厂”，本地方言“工”谓“公”，因名大公厂。

使漆巷因传说得名。相传此处是明朝宰相夏言建造府第时油漆工匠调油漆的地方，故得名“使漆巷”。

青石弄：民国年间，富绅汪氏在南段东侧，富绅杨益泰在北段西侧，以青石造屋筑路面，故名青石弄。（现杨益泰府第已列入市文物保护单位）

6. 因古代信州的神话传说而遗留下地名，如：

四脚亭：传说这四脚亭建于元朝。四脚亭边有个四脚村，它历来就是广信府地通向城外的西北门户。当年村里住着一位姓阮的员外，为了让进出路人有个歇脚之地，他就在这门户之口处按汉族风俗做了个四脚景亭。但四脚景亭建好不久，有位元朝官员看见了，很不高兴地说：“这都是什么朝代了，那圆圆的蒙古包不好吗？蒙古包圆圆的像太阳有光芒有力量。”这阮员外可称得上是个机灵应变的高人。心想现在是蒙古人当朝执政，民意万物也应顺应朝廷，忙上前附和道：“官人言之有理，如今是日照月圆普照四方的年代，我马上叫木匠按大人的意图再加四柱。取名四脚亭。”

从现存的古代地名，我们可以知道信州城的格局和官府对城市的治理以及城市百姓的生活内容与方式。

二、近现代历史事件与地名产生、变更

1. 辛亥革命

上饶和全国各地的城市一样也有中山路，以纪念孙中山先生而命名。清同治年间 (1862—1874), 粮厅巷口至东门一段称府东街；辛亥革命后名为中山街；1951年东门内改名为中山路，东门外称中山外路，都是为了纪念孙中山与辛亥革命。

2. 抗战时期

抗建路：以纪念“抗战建国”之义得名。1941年以“抗战建国”之义命名；1951年8月命名抗建中路，并分为三段：抗建北路即旧天津街，抗建中路即旧牌楼底，花红巷，抗建南路即现在的水南街。

节余巷：抗日战争前，称下汪家巷。抗日时期，因日机轰炸，原巷仅剩余一截，故名节余巷。

胜利渡口：据《上饶市地名志》记载：“抗战时期国民党第三战区驻扎在上饶时，为位于河对岸汪家园国民党一政治处而设；抗战胜利后，称胜利渡口”。据《上饶市交通志》(1991）记载：胜利渡口：(原称汪家园渡口、汽车渡口) 位于上饶市沿河西路、胜利路口、胜利浮桥旁，跨越信江，南接汪家园，属季节渡。始建于民国时修建上饶——分水关公路期间。抗日战争中，遭洪水与战争破坏，时断时续。民国三十一年（1942）11月，日军退出上饶后，国民党政府公路部门在汪家园建汽车渡船3艘。民国三十二年（1943）渡口有汽车渡船（1号、2号）两艘，每艘长14米，宽4米，深0.95米，载重6吨，每船每次可运载卡车1辆或小汽车2辆，每趟过渡时间10～30分钟。码头设有跳板2副，技术情况尚好。渡船出运送机动车外，水平稳时以浮桥沟通往来。

中正路：现在的解放路东段，1949年前为中正路，是因蒋中正的名义而命名的道路。1951年更名为解放路。

3. 解放战争

胜利路：因纪念上饶人民获得胜利解放而得名。1935年始建，系上饶通

往玉山的交通要道，故称上玉路，砂石路面；1949年后路基多次拓宽，修整为沥青路面；1978年全线（渡口至铁路道口，即今铁路东立交桥）经原上饶市人民政府批准命名胜利路。

五三大道：1949年5月3日，从南昌向赣东北挺进的解放军第二野战军四、五兵团，宿营于横峰县，2日早晨，自横峰出发，直逼上饶，负隅顽抗的上饶城内国民党交警七纵队和杂牌军的“雄师”部队，闻风丧胆仓皇而逃。5月3日凌晨，解放军势如破竹，打响进城大炮后，雄赳赳地开进上饶城，上饶正式解放了！这条路建成后，以上饶5月3日解放日命名为“五三大道”。1964年，经原上饶市人民政府批准命名为五三大道。

解放路：因纪念上饶人民推翻反动统治获得解放而得名。1951年，经原上饶市人民政府批准命名。1949年前路东段为中正路，中为平西堡，西为火车站；1951年3月将东起抗建中、北路口，西至龙潭路、罗桥公路口命名为解放路，沿用至今。

胜利巷：以纪念上饶解放胜利得名，1949年前曾名汪家巷。

4. 社会主义建设时期

新中国成立初期因城市建设而命名，如：

赣东北大道：以上饶市位于赣东北政治经济文化中心之意而得名。原为古代城墙下的护城河，名西壕，城北小溪之水由此向南注入信江。1949年前西壕年久未疏而淤塞，人们临水建房，形成两条小街，西侧为上玉公路，东侧为沿城路，路面狭窄坎坷，小街巷南段多商店铺面，北段多旅店客栈。由于说书的、卖药的和茶摊小贩吸引了许多过往的行人，这里一度是嘈杂的闹市。1949年后，人民政府曾多次治理西壕，先后建起了红石壕岸。根据市政建设的需要，1960年挖城北土填平西壕，修建了巨大的拱式下水道，拆除了壕边低矮的房屋，将上玉路、西壕和沿城路夷为一整片平地，拓出此大道，1960年，经原上饶市人民政府批准命名。

劳动路：新中国成立初，因本市搞基建所需的沙、石头、土都到此处河边采集，为劳动人民劳动的场所，渐渐形成道路。1951年建造完成。同年经原上饶市政府批准，正式命名。

新建路：清朝时，该路建有雷公庙，庙前为“相府巷”，1951年8月重新修建路面加宽，拆除雷公庙，命名“新建路”。

铁路新村：1949年前，此处为荒岗，1949年后，鹰潭铁路分局在此建造火车站，此处变为铁路部门和职工家属集聚地，被当地老百姓称为铁路新村。1952年后，新村内渐形成6条道路，道路以区段划分为1至6路。后因铁路新村加大建设，又形成新的道路，1995年，经原上饶市政府批准增设了铁路新村七路。

5. “文革”时期的地名变更与改革开放初期的拨乱反正

“文革”时期全国都面临“破四旧”，历史地名也属封建社会的遗留，于是一场变更地名运动就轰轰烈烈地开展起来。让我们看看文革时期的上饶部分地名的变更：

抗建中路：更名为反帝中路；
沿河中路：更名为人民大道；
中山路 ：更名为红卫路；
南门路：更名为向阳路；
沿河南路：更名为前进路；
信江东路更名为反修东路，
中路、西路更名为反修西路。
灵山路、马王庙更名为文革路；
五三大道改为东风大道；
金龙岗、小校场、普济巷更名为红星巷；
福星巷更名为向阳路一巷；
东张家巷更名为向阳路二巷；
鼓楼巷更名为向阳路三巷；
豆芽巷更名为前进巷；
祝家巷更名为红卫路。
大公厂改为反修西路一巷；

大相巷改为反修西路二巷；

林家巷改为反修西路三巷；

马家弄改为反修西路四巷；

八司弄改为反修西路六巷；

青石弄改为反修西路七巷；

桃花弄改为反修西路八巷；

汪家巷改为反修西路九巷；

狮子弄改为反修西路十巷；

程家巷改为反修西路十一巷；

卢家巷改为反修西路十二巷；

童家巷改为反修西路十四巷；

药皇巷改为反修西路十六巷；

官仓巷改为反修西路十八巷；

程家厅下改为反修西路二十巷；

毛渣塘改为反修西路二十二巷；

牛巷改为反修西路二十四巷。

1978年“文革”结束，经过拨乱反正，这些地名都恢复了原名。随着经济的发展，也有新的更命，如：

中山东路改为民德路：“民”：特指民营企业家；“德”：道德；“民德路”：以国营、民营企业回报社会，为民造福，出资改造拓宽原中山东路，意寓有道德的人，故名。原为中山路部分，后因修建体育馆，道路得到延伸，1995年4月将中山路分为中山西路和中山东路；2006年7月因市内多家国营，民营企业出资1500多万元改造拓宽中山东路，后更名为民德路。

6 撤地设市以来城市建设与地名新地名的大量出现

2000年上饶撤地设市以来，随着主城区面临日新月异的大发展，一大批新的地名跟着迅速出现。2003年的《饶地名办〔2003〕4号》文件、2013年《饶府厅字〔2013〕19号》文件、2013年《饶地名办〔2013〕1号》文件，这些文件命名了新的地名。如：

广信大道：“广信”：特指广信府；“广信大道”：以上饶历史曾名广信府而得名。1995年4月以地处民主村而命名为民主北路，2003年道路拓宽改造，经上饶市人民政府批准更名（饶地名办〔2003〕4号）。

三清山大道：以市内国家级风景名胜三清山命名。始建于1994年，建成于1995年。1995年原320国道部分，命名为北环路；2003年，更名为三清山大道（饶地名办〔2003〕4号）。

上饶大道：2003年，命名为龟峰大道；2013年，经市政府研究决定，将龟峰大道更名为上饶大道（饶地名办〔2013〕1号）。

2013年，经上饶市人民政府批准命名（饶府厅字〔2013〕19号），以下属县市命名了信州大道、余干路、鄱阳路 、德兴路、弋阳路、婺源路、横峰路、万年路等等。以著名景区命名的如怀玉山路、大鄣山路、灵山大道等等。

2003年至2013年，经上饶市政府批准，以上饶历史文化名人的名或字正式命名了一批道路（饶地名办〔2003〕4号）（饶府厅字〔2013〕19号）。如：

紫阳大道：以市内十大历史名人朱熹别称命名。2003年，经上饶市人民政府批准命名为紫阳大道（饶地名办〔2003〕4号）；后因城市建设发展所需，2005年，经上饶市地名办批准，紫阳大道分为紫阳南大道和紫阳北大道。

茶圣路：陆羽称为茶圣；以陆羽曾在茶山寺写《茶经》而得名。原为上饶至玉山公路，称上玉路；1995年，改名凤凰路；2003年，经市政府批准，更名为茶圣路（饶地名办〔2003〕4号）；后因城市建设发展，茶圣路得以拓宽延伸，东至新火车站，西至槠溪北路。2005年，经上饶市地名办批准，茶圣路分为茶圣东路和茶圣西路。

姜夔路：姜夔是南宋著名词人。以上饶十大历史名人之一姜夔命名。2013年，经上饶市政府批准命名（饶府厅字〔2013〕19号）。

延宾路：以被誉为古代四大贤母之一陶母“截发延宾”的故事而命名。2013年，经上饶市政府批准命名（饶府厅字〔2013〕19号）。

明叔大道：纪念上饶十大历史名人北宋湿法炼铜家张潜，张潜字明叔。2013年，经上饶市人民政府批准命名（饶府厅字〔2013〕19号）。

江永路：江永是清代经学家、韵学家；“江永路”因纪念上饶十大历史名人江永而命名。2013年，经上饶市人民政府批准命名（饶府厅字〔2013〕19号）。

洪迈路：洪迈，南宋文学家；“洪迈路”：以上饶十大历史名人之一洪迈命名。2013年，经上饶市人民政府批准命名（饶府厅字〔2013〕19号）。

陶侃路：陶侃东晋时期名将；“陶侃路”：因纪念上饶十大历史名人、东晋时期名将陶侃命名。2013年，经上饶市人民政府批准命名（饶府厅字〔2013〕19号）。

仕铨路：蒋仕铨是清代著名戏剧家、文学家；“仕铨路”：因上饶十大历史名人蒋仕铨命名。2013年，经上饶市政府批准，正式命名（饶府厅字〔2013〕19号）。

志敏大道：以市内十大历史名人方志敏命名，原为闽赣公路，1995年，命名为南环路，2003年，经市政府批准，更名为志敏大道（饶地名办〔2013〕4号）。后因城市建设发展所需，2005年，经上饶市地名办批准，将志敏大道分为志敏西大道和志敏东大道。

叶挺大道为纪念曾被囚于“上饶集中营”的叶挺将军而得名。1992年拓建，1994年8月通车。1995年4月命名为叶挺大道，1995年，经原上饶市人民政府批准命名。2005年，经上饶市地名办批准，将叶挺大道分段为叶挺北大道和叶挺南大道。

除了以历史文化名人命名的道路外，在历史文化街区的南屏山还建有亭、台、楼、阁：如云碧阁、金山亭、毓秀台、辰钟楼。

一个城市的命名是个宏大而复杂的系统，命名有规律有原则。统观上饶地名的命名也是上饶历史的一个重要的组成部分。从地名所承载的信息也可以看到上饶的历史发展。随着上饶的市区不断扩大，新的地名也将层出不穷，我们期待一些能够体现上饶文化深刻内涵的叫得响的而能让人过目不忘的地名出现。

（作者简介：诸葛彬：上饶市委接待办干部）

追寻信州古城老地名

汪增讨

一个地方的地名都是历史的见证，是百姓生活的记录，随着城市的发展，信州有很多老地名现在都消失了，但是在以前，都是很有名的地方。我追寻信州古城老地名的过程中，恢复了一段老城历史。

众说纷纭花红巷

要想了解花红巷地名的由来，首先必须知道花红巷大概是在什么方位。听年长的老一辈人说，花红巷是南靠河街，北到王家巷，东至道塘巷、使漆巷，西与大公厂(巷)交界。从清同庚午年版的上饶县城地图看，出古城西门外，标有两条路。一条是东西走向穿街而过的西大街，即现在的信江路直到杨家石桥。而另一条是沿着西濠南北走向，南延伸到河街，西则到照武万寿宫。此处没有太多房屋的标志，应该是荒野郊外。地图上并没有花红巷的字样。目前笔者从一些史料中也没有找到关于花红巷的注释，既然叫巷，那必定是条较窄的街道或弄堂。82岁的刘善鑫老人说："花红巷的花红，就是上饶人常说的花红包，就是礼金。"他是15岁到上饶，在老丹凤银楼学徒，学打金银手饰。后来还在上饶市第五小学对面开了一家小小的打金店。他说年轻的时候，就曾听一些长辈常说，古代夏宰相的夏府在西门外，有些地方小官，小财主想要面见夏宰相，或者上书夏丞相请求帮忙，苦于夏府门口有人把守，便送点用红纸包的银子给门卫或看门的家人，进去通报夏宰相或设法传递书信(状纸)。他们就先在这条小巷里下轿、下马，给守门的家人或门卫准备红包。于是百姓就将这小巷称为花红巷。今年66岁，家住使漆巷的胡广镇先生，却对花红巷地名的由来，另有一番解释。他说：“花红巷应该是叫瓦瓮巷。”瓦是泥土烧成铺屋顶用的建筑材料，瓮是盛东西的陶器。上饶人说瓦与花，红与瓮两者读音非常相近。这条巷有专门销售陶器的店，旧社会有的称缸瓮店，也有的称瓦瓮店。笔者的父亲新中国成立前也是开这样的店，所以略知一、二。花红巷是条直通到河边的小巷，新中国成立前商店购进陶器，都是从窑山用船运到上饶，再请杠棒夫搬上岸，通过这条巷，一挑挑运送到各陶器店。所以这条巷在很早时期被上饶人称作为瓦瓮巷。胡先生还说：“政府写公文的人，大概不是上饶人，将瓦瓮巷听为花红巷。所以地名就写成花红巷了。”笔者在了解花红巷地名的由来时，还听到一些上了年岁的市民又一种说法：叫花红巷没错。这条很窄的小弄堂通到河街。旧社会河街又被上饶人俗称“竹排头”，实为妓女窝的代名词。有时打扮得妖里妖气的妓女，也会到这条小巷来招嫖客，于是有的嫖客称这条巷为花红巷，隐喻妓女为花红，而后市民也跟着公开叫这条小巷为花红巷。

牌楼底的牌楼在何处?

抗建路的中段老地名叫牌楼底。既然叫牌楼底，那肯定历史上有牌楼的存在。我曾与上饶市地名办魏金钰主任进行探讨，他也认为应该是有牌楼，否则这牌楼底又从何说起。关于我国历史上的牌楼究竟是何建筑物？笔者经查阅相关资料，知道牌楼是做装饰和导向的构筑物，大多数是建于官苑，寺观、陵墓、祠堂、衙署和街道路口等要冲或名胜之处。由两个或四个并列的柱子构成，上面有檐。牌坊是古代官方的称呼，老百姓则俗称为牌楼。

97岁的林桂枝老太对我说：“在抗建路那里是有牌坊，也看过。”再问具体位置，她说记不清了。而家住天津街的92岁陈香菱老太说：“牌楼底是有个牌坊，在姜家附近。”姜家是现在的亚西亚位置。“那时候，姜家大厅边上有煤渣堆。煤渣旁边有条小弄堂通到西濠沿。这个牌坊的位置大概是在煤渣堆附近。我记得这个牌坊是四根四方石柱搭起来的。有二层青石台阶，不算太高，小孩都经常爬上去玩。叫什么牌坊，我就不知道，我也不认识字。我是这里长大的。小时见过牌坊是确实的，这个牌坊什么时候拆的我也不晓得。”据陈香菱老人指认的牌坊位置，在亚西亚旁边，这里是天津街口，往东走，经过附近“夏公祠”到古城西门，靠南有“白鸥园北头庆丰寺”“茶山寺”，比较符合我国古代筑建牌坊的地理要势，能起到一定的交通导向作用。

天津桥，还是天灯桥

津，是渡口的意思。庆丰寺山脚下，有座小桥，叫天津桥，据史料记载系清朝所建。许多老人回忆，新中国成立前这桥只是三条青石拼连在一起，有一个红石桥墩，溪面不过2丈余宽，溪堤高约6尺，桥不宽，只能一部手推花车通过。青石桥面被车轮碾压出一条深浅不一的痕迹。就是这样一座很不起眼，非常普通的青石板小桥，在清同治年间的上饶县城版图上，却明显标有天津冠名的桥名，确是令人费解。

天津桥下流淌的小溪涧，水源于上饶县三都，由北向南，流往北门，入市区后，从天津桥西折流过西市，再由杨家石桥下游50米处汇入信江河。1951年6月，市人民政府，为了增强后田畈汛期的泄洪能力，决定对这条穿越城区西北部的无名小溪，进行疏通。将溪中的淤泥挖上来，堆在两岸做河堤。这样一来，河面加宽了，河堤也升高了，而且还取了个河名——解放河。并在解放路段，建了一座混凝土桥，称为解放桥。1958年冬，又在上游古塘，修建了一座水库，命名王沙塘水库。此后，全长4560米的解放河，也真正发挥了“平时排放污水，汛期用于泄洪”的功能。而对于架设在解放河的天津桥，陈秀菱老太却再三地对我说：“应该是叫‘天灯桥’。”她清楚记得，小时候看到桥的两端都有“天灯”，而且延伸到天津街。天津街口附近有一个，何家门口有个，另外还有二到三座“天灯”。天灯的灯台，中部挖一个圆形的凹座，是盛油和放灯芯草。一到晚上，有专门的人将灯点燃，到天亮时吹灭。点灯的油是各家各户捐派的。陈老太说，天灯就是露天的照明路灯，是用青石和砖砌起来的，有一人多高。从北乡灵山、八都那里进城来的农民，远远看到几盏天灯的亮光，就知道快到上饶了。她还讲：天津桥叫天灯桥。是先有天灯桥，后有天灯街。

（作者简介：汪增讨：上饶市政协文史馆员，民俗专家）

马王庙的由来

徐 祥

大部分在上饶市任土生土长的人都知道，上饶市中心广场亿升大厦的背后，那地方叫马王庙，也有人写作马皇庙。一个悠久的历史名字，往往蕴藏着一个动人的故事，马王庙也当然是这样。

古代唐乾符年间，黄巢造反兵乱，在民间有“三杀信州，七杀饶州”的传说。传说并非捏造，广信府志，上饶县志，以及民间百姓家藏的家谱均能找出这件事的记载。上饶的多处徐氏家谱就以不同的笔墨文字记载了这起造反大事。上饶县湖村二十八都徐氏族谱在元高公生平简介栏下介绍说：元高公率众兄弟多人组织乡兵与官兵一起保乡抗击黄巢有功封承务郎；而上饶县黄市乡黄石头徐氏宗谱，在第十一世增公的生平简介这一栏，用了更多的文字叙述这段历史，大意是说：唐乾符间，徐增与南城危仔昌共同组建乡兵，保护地方，都护谢肇领命江岭安抚使，命徐增为讨捕将。徐增这个人，作战勇敢，屡立战功。有一次交战中，徐增杀死黄巢属下名将黄可思，于是封官进爵，官至检校右散骑常侍，御史大夫、银青光禄大夫、上柱国持节信州刺史兼建武军节度使。虽然如此，黄巢并没有彻底失败，退出信州后，辟道五百里，转战福建及广东，过一年后便又东山再起，遂从南疆杀回到了信州。在后来长达数年的时间里，官兵与黄巢在信州这片土地上进行了多场你死我活的拉锯战，战斗异常激烈，攻城与守城几度轮番，城头几易旗帜。这场战争称得上上饶有史以来惨烈的一场战争。

最后，家谱道出了马王庙的由来。在一次追剿黄巢残部过程当中，遭黄巢属下王审知部埋伏，官兵与地方乡兵惨败，徐增等人被王审知围灭。事后徐增的坐骑战马将徐增首级从千万阵亡的将士中找出并衔回于城下，城内官兵百姓无不称奇。因为这件事在信州百姓当中，逐渐传开，一时成为街谈巷议的热门话题，最后被官府追认为信州王。因马衔其首而回，百姓故又号称徐增为马王。

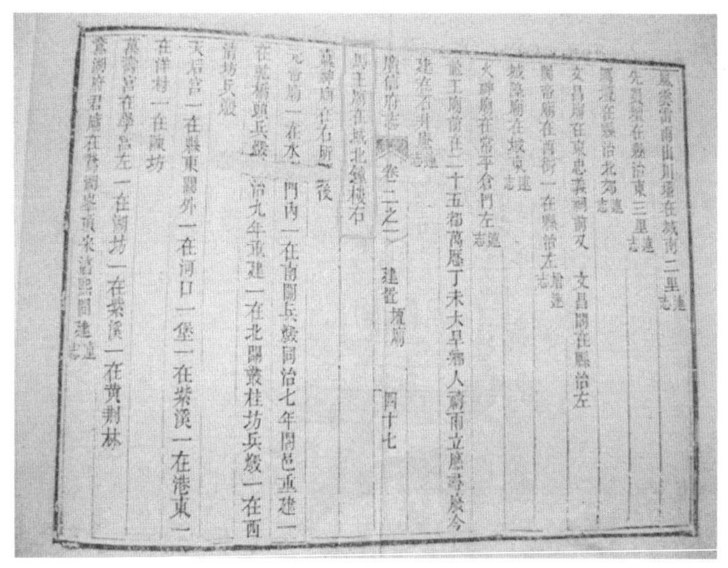
風雲雷雨山川壇在城南二里通志
先農壇在縣治東三里通志
厲壇在縣治北隅通志
文昌廟在東忠義祠前又　文昌閣在縣治左
關帝廟在西街一在縣治左通志
城隍廟在城東通志
火神廟在常平倉門左通志
龍王廟舊在二十五都萬曆丁未大旱鄉人禱雨立應奇應今
建在石井巷通志
廣信府志　卷二之一　建置　壇廟　四十七
馬王廟在城北鐘樓右
嘉靈廟在石□後
元帝廟一在水門內一在南關兵營同治七年闔邑重建一
在鉛橋頭兵營同治九年重建一在北關叢桂坊兵營一在西
清坊兵營
天后宮一在縣東關外一在河口一堡一在紫溪一在港東一
在洋村一在陳坊
萬壽宮在學宮左一在湖坊一在紫溪一在黃荊林
柊湖府君廟在柊湖宋嘉熙間建通志

《广信府志》卷二之一　建制　坛庙

唐皇朝在平定黄巢作乱造反之后，为了嘉奖徐增等勇士们英勇作战的精神，以及歌颂徐增保护地方，保护人们财产及生命安全的功绩，官府与州民在金龙岗一侧建庙祭祀之，该庙遂称之为马王庙。一千多年过去，上饶人们对这一片区域的称谓沿袭至今不变，那是对勇士的纪念。

（作者简介：徐祥上饶市炎黄文化研究会副会长）

信州的人文公园

马 宾

公园，一般指的是供群众游乐、休息以及进行文娱体育活动的场所。信州原先只有一座庆丰儿童公园，改革开放之后，随着信州经济的发展，为满足人民日益提升的休闲、娱乐、健身等精神文化生活的需求，信州又先后建设了新的公园。这些公园景色优美、主题鲜明，或者依托信州优美山水，展现人与自然的和谐一体，如森林公园、龙潭湖公园、三江公园等；或者寄寓信州深厚人文，呈现厚重的人文内涵。

一、庆丰儿童公园

相传庆丰儿童公园旧址为明朝集胜园旧址，三国吴所置上饶县故城也在此。1958年前为上饶专区苗圃，1959年辟为人民公园，1979年，经原上饶市政府批准，以东邻的庆丰寺命名，改称庆丰公园。2005年，在公园内修建了大量的儿童娱乐设施，并由上饶市园林局命名为庆丰儿童公园。庆丰儿童公园位于上饶市信州区西市街道河中巷26号。占地面积约0.015平方千米。是市内主要游览地之一。20世纪80年代，庆丰公园是孩子们主要的娱乐场所。园内别具一格，建有花廊、花坛、六角挑檐式凉亭、假山池，饲养了猴子、孔雀等动物，是儿童娱乐嬉戏的乐园。

庆丰儿童公园大门

二、东岳庙森林公园

这是一座以上饶市规模最大的寺庙东岳行寺命名的、以东岳行祠和森林景观为背景建造的、融合了自然与人文景观的旅游及教科文活动以及市民休闲娱乐的场所。1991年3月，经江西省林业厅批准，正式命名并沿用至今。它位于信江南岸，云碧峰北麓，信江之滨，属于水南街道辖区。东至东瓦窑村，南临云碧峰国家森林公园，西接市区，北环信江。南北长1.8千米，东西宽2千米，占地面积3.6平方千米。周围群山环抱，苍松叠翠，景色优美，是市民散步、休闲及祈福的重要场所。东岳庙森林公园的岩层主要为变质砂岩、粉砂岩、千枚岩、砂岩、红色砾岩和泥岩等。主要景点为东岳庙，主要河流是信江。东岳庙始建于南宋绍兴年间，已有800多年的历史。东岳庙自古就是上饶的名胜之地，至今香火鼎盛，游客不绝。明杨时乔在《东岳行祠记》中写道："峰下有谷，谷之外有源，其遥约至郡五里，去溪一里。地至深邃岑寂，多砾石，不可居，不可耕，唯道书所称于神宅最宜，故尝建有东岳行祠在焉。宫亭、楼阁、门墉、坛遗，为屋千间。守祀羽流户籍田产千平方千米。”

东岳庙森林公园东岳寺大殿

三、三江公园

三江公园

三江公园位于水南街道三江口，三江指丰溪、信江、槠溪三条河流。公园东至水南街道，南靠丰溪河，西毗邻茅家岭，北面临信江。总面积大约15000平方米，其中园林绿化面积达52%。主要景点是公园中央矗立着的一座三清印月城市雕塑，占地面积1256平方米，雕塑宽度与高度均为30米。三清印月城市雕塑不仅以中国画形式的三清山自然景观与明月融为一体，而且有一弯明月拥抱层峦叠峰的山体造型，雕塑利用剪影的形式表现三清山司春女神、巨蟒出山、老道拜月、观音赏曲等几大绝景，唯妙唯肖。2005年，经上饶市政府批准建造，并由上饶市园林局正式命名，是市民休闲、观光、游览的最佳场所。

四、双塔公园

信州西南、信江北岸的五桂山上，矗立着两座始建于明清年间的古塔：五桂塔和奎文塔（龙潭塔）。五桂山原名乌龟山，相传嘉庆年间有五位上饶的秀才在此相会，并且都金榜题名得中进士，于是衣锦还乡，再聚乌龟山，集资建塔，塔旁各种一棵桂树，寓意蟾宫折桂，此后乌龟山改名五桂山，塔也随之称为五桂塔。塔高17米，直径4.8米，五层八角形，青砖结构，距今有200多年的历史，与奎文塔遥相呼应。2005年，经上饶市政府批准，对信江北岸，沿江呈带状布局约2千米长的信江河堤，重新改建，以“双塔”为核心，

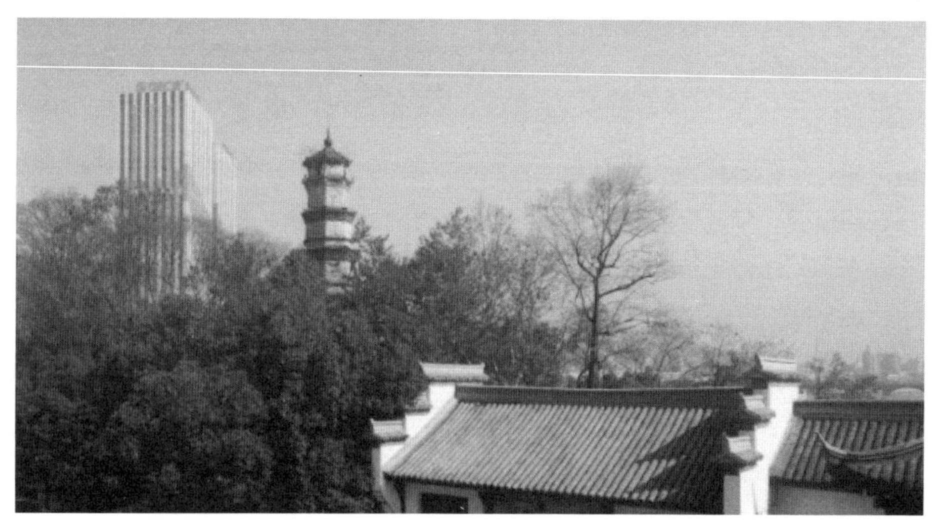

双塔公园五桂塔

建造了滨江公园，由上饶市园林局正式命名为双塔公园。双塔公园位于滨江

西路，信江北岸，沿信江呈带状布局，长约2千米，建设用地约合0.089064平方千米，占地面积0.06平方千米，项目投资总额约为1.13亿元。2005年改建，改建后双塔公园已形成“五桂塔史迹保育区”“滨水文化景观区”“奎文塔院浏览区”及“龙潭桥下湿地景观区”，建成龟峰探源、锦鳞耀辉、桃源烟柳、卧龙观澜、松壑听涛、奎文显渊、龙潭驰怀、流溪落霞八大景点。是继三江亲水广场之后我市中心城区又一大型城市临水景观，成为城市的绿肺，活的绿色“呼吸机”，是城市居民居住、休闲、娱乐的后花园。

五、云碧峰国家森林公园

云碧峰主峰原名叫文笔峰，1963年初具森林公园的雏形，1988年林科所酝酿改制森林公园，因当地方言“文笔峰”与“云碧峰”谐音，给这个公园起名叫“云碧峰森林公园”。1991年成立上饶东岳省级森林公园；1995年更名为上饶云碧峰森林公园；2005年12月，正式被国家林业局批准为国家森林公园，改称云碧峰国家森林公园并沿用至今。（详情可见《信州文史·名胜卷》）

云碧峰国家森林公园大门

六、紫阳公园

这是以祖籍上饶市婺源县的南宋著名哲学家、教育家朱熹的别号“紫阳”命名的、供市民游乐、休息以及进行文娱体育活动的人文主题公园。2008年5月正式动工，2009年元旦竣工。2008年，经上饶市政府批准修建，并由上饶市园林局正式命名。

紫阳公园朱熹塑像

紫阳公园位于城区东北部紫阳社区内，东至吉阳路，南邻茶圣路，西至规划路，北靠凤凰大道，公园占地面积约0.088平方千米。紫阳公园本着遵循自然生态、弘扬朱子文化的目的，定位建成集历史文化教育、市民休闲娱乐为一体的绿色生态公园。在保持生态原貌的前提下，紫阳公园建设以原有地形走向趋势，形成“七山夹两岛”的公园山水骨架，功能空间由主入口广场区、少儿游乐区、水上活动区、山野趣游区、文史展览区等部分组成。园内三条道路总长1.25千米。是上饶市民休闲娱乐的好去处。主要景点为上饶市朱熹纪念馆。

七、市民公园

因位于上饶市行政中心（信州区北门街道境内）、市行政大楼前，故名。占地面积0.108000平方千米，绿地面积5万平方米，是上饶市城建重点工程，2008年秋天建成开园。市民公园，以上饶市行政中心办公楼和五意境形成主轴，主轴两侧由六美景、七文化和十二锦绣组成。五意境包括同心共进、四门通天、火树银花、锦绣前程、秀出江南五个部分，其中四门通天区是全园的核心区，由冲天而起的四面门字形巨雕构成，总高24.6米，整体体现了“铜骨”文化意境。青山、龙水、赤峰、虎池、古建、廊桥六美景，稻祖、茶圣、文渊、戏韵、铜骨、道径、红魂七文化，反映我市12个县（市、区）独特文化与景观的十二锦绣，主题丰富，充分体现出了公园的细致美丽、以人为本的特色。市民公园风景宜人，已经成为上饶市民散步、休闲、娱乐、锻炼身体的好去处。自开园以来已连续成功举办了中央电视台《星光大道》“走进上饶三清山”大型主题晚会和中央电视台“心连心”艺术团慰问演出。2008年，正式命名，沿用至今。

市民公园四门通天

八、龙潭湖公园

龙潭湖原是北门街道龙潭村的一个水库，名乌石头水库。龙潭村因信江水浒石壁之上曾镌刻篆书“龙潭”二字而得名。2009年，上饶市政府对乌石头水库进行规划，改造成公园，并经上饶市园林局批准以龙潭村命名，正式命名为“龙潭湖公园”。

龙潭湖公园位于上饶市人民政府西北面400米处，现南北长约526米，东西长约853米，占地面积0.435666平方千米。东临龟峰大道，南临城市支路锦绣路，西临城市干道槠溪北路，北临吉阳路；遥隔槠溪河和浙赣铁路，其地理位置和自然资源十分优越。2009年投资约1.4亿元用于湖堤改造。龙潭湖公园除了道路、建筑、湖面外，无处见土，实现了绿化100%全覆盖。龙潭湖上架有一座连通南北岸的湖心栈桥，栈桥主体采用木质结构，古色古香，彰显中国传统特色。在建筑上采用了现代中式园林风格，粉墙黛瓦，中式仿古风格的景观灯、路牌、文化墙、湖心栈桥等设施，无不体现对传统文化的承继。此外，部分建筑还大量采用了具有上饶本地特色的建材——红石，充分体现了上饶市本土的建筑风格。龙潭湖公园将与对岸槠溪湿地公园连成一片，形成1.2平方千米，约1.13平方千米的绿化带，成为上饶市中心城区环境优美的生态休闲中心。

龙潭湖公园

九、黄金山城市森林公园

黄金山原名黄荆山，为显高贵之意，后改为今名；2009年始建，经江西省林业厅批准，命名为“黄金山城市森林公园”。公园位于上饶市信州区水南街道境内，信江之畔，与云碧峰国家级森林公园相毗邻。东毗原上广公路，西至上滩头社区，南临丰溪，北环信水。境内东西宽约2.5千米、南北长约1.2千米，占地面积1.07平方千米。公园规划总面积1.0785平方千米。黄金山城市森林公园所属山系为怀玉山脉，典型的丘陵地貌。公园内山地势起伏多变，沟壑纵横，周边山田较为平缓。境内最高山峰黄金山，海拔为155.8米；最低处为信江河床，海拔66.5米，相对高差89.3米。黄金山公园森林植被保护完好，并有信江书院、黄道烈士墓等极具文化底蕴的人文景观。江西医学院上饶分院、上饶市第二中学就坐落在黄金山脚下。森林公园的岩层主要为变质砂岩、粉砂岩、千枚岩、砂岩、红色砾岩和泥岩等。流经境内的河流有信江、玉山水、丰溪河、饶北河、槠溪、黄家溪6条，皆为客境水。主要河流是信江及其主支流玉山水和丰溪河。

黄金山城市森林公园

十、市民创业文化主题公园

为展现上饶人开拓进取、奋发创业的文化主题，为了满足旅游者，以文化复制、文化移植、文化陈列等高新技术手段而建造的一种具有创意性活动方式的现代旅游场所。2012年，经上饶市政府批准修建，并由上饶市园林局正式命名。市民创业文化主题公园位于饶城广信大道以西，凤凰大道以南，与市民公园相对，占地面积0.0.124184平方千米。绿地面积2.57万平方米，水体面积2364平方米，建筑面积5531平方米，总投资约2亿元。创业公园的设计构思以创业创新为题，纪念上饶历史和新时代发展中的重要创业事迹、人物，弘扬上饶的创业精神，培养创新意识，提倡低碳生态的城市建设理念，引领城市发展迈向新高度。整个景观呈“三区四轴一画卷”的布局架构。三区：由北至南分别为前导广场区、核心景观区、主题活动区。四轴：新城中心轴、创新轴、创业轴、汇流轴。新城中心轴位于中间，纵贯南北，以此为主轴线，东西两侧蜿蜒的绿廊形成了创新轴与创业轴，象征着创新与创业之路的曲折艰辛。主要景点为文化主题雕塑，公园由核心景观“鄱湖日出”和8个文化主题雕塑园构成。公园核心景观“鄱湖日出”主题雕塑，取意于“红红火火、山水文章、日月同辉”的含义，寓意上饶的创业和各项事业蒸蒸日上、红红火火。它与三江公园的“三清映月”雕塑遥相呼应，山水相依，阴阳共存，互为根本，体现“日月同辉”的意境及和谐之气。

市民创业文化主题公园

十一、张恨水公园

为纪念出生于上饶的著名中国现代鸳鸯蝴蝶派代表作家张恨水而命名的一座新建的公园，2012年，经信州区政府批准建造，并由上饶市园林局正式命名。张恨水公园位于上饶市三江片区，东起红海外滩，西至杨家湖湿地公园，南起仕铨路，北至杨家湖。全长约2.5千米，是综合性公园与带状公园相结合的滨水绿地。景观改造面积约0.522026平方千米，其中水域面积0.165342平方千米，项目总投资约1.5亿元。整个项目由用地面积159045平方米的三江水系景观带和36米宽、2.4千米长的江南大道两个部分组成。公园是以张恨水人物、作品等内容雕像为脉、城水交融，集休闲、健身、观光等为一体的滨水核心景观带，进一步完善三江片区的城市功能，有助于提升整个片区的城市品位。

张恨水公园张恨水塑像

十二、杨家湖湿地公园

据载在200余年前（清乾隆年间），杨姓人家在此居住，故名杨家湖自然村。杨家湖湿地公园因建在杨家湖自然村而得名。2013年，经信州区政府批准建造，并由上饶市信州区农林水利局正式命名。

公园东起丰溪大桥西头，西至槠溪南路。全长约3千米，最大宽度100米，占地总面积0.866710平方千米（0.866667平方千米），其中水面面积0.260013平方千米。工程总投资3.5亿元。为蝌蚪形淡水湖泊，把杨家湖区片分为上、中、下杨家湖三个自然村。目前完成湖长400米，宽约50米，湖水面积0.022334平方千米，最大水深2.5米，养有鱼类的景观湖，将文化融入整个水系景观带中，既可丰富三江片区的景观内容，又可进一步提升城市的文化内涵和底蕴。形成以水为脉、城水交融，并集休闲、健身、集会、观光为一体的滨水核心景观带。湿地公园滨水绿道全长4850米。是一个开放式的绿色空间，栽植香樟、鹅掌楸、桂花、垂柳、紫薇、水杉、玉兰、红叶石楠、海桐、红花继木、无刺构骨等树木。因毗邻信州区法院，杨家湖湿地公园内还突出了以历代法制和廉政为核心的文化内容，使得公园拥有自然、亲水与人文的多重主题。

杨家湖湿地公园的廉政之门

十三、陆羽公园

陆羽，字鸿渐，自称桑苎翁，是我国最早的一部茶叶专著《茶经》的作者。唐德宗贞元初（785—786）从江南太湖之滨来到信州隐居。在城西北茶山广教寺（现上饶市一中）建宅凿泉，种植茶园。这一泓清泉，水质甘甜，被陆羽评为“天下第四泉”。为了纪念陆羽，2015年，将上饶市政府批准建造的新建公园，由上饶市园林局正式命名为陆羽公园。

公园位于广信大道与凤凰中大道交会处东南侧，项目用地面积0.195810平方千米，南北长690米，东西长360米，景观水域面积0.089004平方千米，绿化面积0.063003平方千米，建筑占地面积3392平方米，绿地率90.1%，蓄水量40.8万立方米，总投资约3.41元。公园围绕“塑造富有特色的城市中心景观”“建设宜人的城市空间环境”两大目标，按照“生态、滨水、休闲”的设计理念，延续城市中心区“前庭、后院、北靠山”的轴线景观框架，建设四水归堂的景观格局。公园以水为表现载体，以唐代客居上饶的茶圣陆羽的“茶经”为主题，主要景点有景观廊桥，是一个集休闲、旅游、观光、娱乐为一体的城市景观公园。

陆羽公园

（摄影：张文君：上饶师院新闻学摄影教师）

信江河畔的亭台楼阁

常　耕

信江河下游拦河坝的建立，使得河面大幅度升高，丰溪与信江的交汇处水位平泛了，两河的水位都有所提升，一个崭新的信江湖出现了。三江公园的水上游乐获得了更有利的条件。

信江拦河坝

坐着游艇，在信江湖中溯江而东，从三江口到云碧峰国家森林公园，两岸的景观开始突现出来：左边，群楼高耸，鳞次栉比；右边，青山夜影，颠连起伏。举目而眺，胜景联翩而来：那是娄氏的理学旧第。碧瓦雕甍，彩灯闪烁。那是信江书院，钟灵台、魁文阁秀出林荫。那是金山亭，左依丰溪，背倚金山，高出群表。那是革命英雄纪念碑和黄道烈士墓。古樟古柏，浩气长存。那是毓秀台，三米多高的铜鼎岿然屹立。雄镇东南。那是辰钟楼，当钟声敲响的时候，新一天的黎明已经到来。那是云碧阁，国家森林公园的最高处。秋天的傍晚，登阁远眺，我们会猛然记起宋范仲淹的《苏幕遮》词:“碧云天，黄叶地，秋色连波，波上寒烟翠。山映斜阳天接水，芳草无情，更在斜阳外。”眼前之景，即此词意也。

三江公园龙舟竞赛

由于水位升高，河面开阔了，每年的端午，这里成为最热闹的场所。附近周边镇里的青年纷纷组队，下到信江湖竞赛龙舟。多的时候竟有40至50艘龙舟。湖面上，战鼓声声，号呼阵阵。河两岸，仕女游人，戴帽撑伞，摄影拍照，热闹非凡。

坐在两河的游船上，从丰溪河下到信江河，一路上，可以看到水南岸上的“亭台楼阁”，看到景观轴线上的美丽风光。

城南山头的金山亭

一、金山亭

金山亭，2010年建，位于江西省上饶市信州区黄金山森林公园山腰上，左临丰溪河，右临信江，背依黄金山。船行至三江口，可远眺信州新区景色，近可赏山之翠美。山右之金山亭与山左的钟灵台相互映衬，与信江书院完美融合，可谓浑然一体，宛若天造，已成为水南片区新的景观标志。亭建成后，信州区委宣传部曾请上饶师院吴长庚教授作《金山亭赋》，今录之以飨读者：

金山亭赋

庚寅仲秋，市政府于水南街之黄金山顶修金山亭，构建信江南岸亭、台、楼、阁的景观大格局，常青部长以撤地设市十年，丰功伟绩，累然可书，乃嘱余为赋，以纪一时之盛，传之久远。余欣然命笔，阅日而成。

广信有河，六桥卧波。流怀玉三清之秀水，汇云碧钟灵之繁柯。云掩古木，雾醒松萝。荫水南以林澍，屏岸北而嵯峨。是天然之林园，堪消酷暑；实休闲之雅地，任尔酣歌。脱尽尘嚣憩林野，涵深蕴秀更良谟。

唯莅政者之高瞻，工科并举，百业扬鞭。撤地设市，蓬勃十年。农丰堪接城镇，商贸盈乎市廛。三江楼高动影，两岸灯月辉天。民心谐和，户诵家弦。乃兴文化，诗书画艺名篇；乃依台阁，钟楼凉亭斯建。

余观乎黄金一山，迤逦东来。南屏万锦，眠丰溪而枕玉带；道冠琅琊，陟高阜而览八垓。左右临江，舞雩情劢；层林阴翳，莫染涓埃。建斯亭于绝顶，是江山以添彩；立钟楼乎南麓，警晨昏若雾开。名山胜迹，古往今来。盛世弘文，何所不该？振兴有道兮通江达海，与民同乐兮楼阁亭台。于是乃精设计，乃庀良材。阅月岿然而立，伟然而宰。

噫嘻！太守恩深，黎庶庆溢。登斯亭也，襟开意得。凭轩槛以遥望兮，向饶城而极目。山列为屏，城环似带。湖荡轻舟，桥连车载。透过历史风烟，浏览千年积淀；书院之台挂斜曛；鸡寺之钟传逸韵。鄱湖樯动千帆，灵岫风鹏万里。亿升广场，销千家服饰器皿；江南商贸，通中外百杂商品。诗开雅韵，壶倾乾坤。何须丝竹管弦之乐，饱有山肴野蔌之陈。春雨滋绿，好汉坡晨练络绎；夏柳成荫，三江口歌舞晨昏。秋月铺银，步行桥清风送爽；冬阳布暖，龙潭塔软语吴音。

和谐城市，万化缤纷；文明积淀，千古推陈。朱晦庵南岩有约，过化存神；辛稼轩风流未坠，豪词率真。陆羽清茶，鄱郡三洪才俊；张潜铜胆，白石曲谱犹存。詹天佑始开铁路，方志敏首倡清贫。江永经学叹博大，藏园九曲赋情深。

历代先贤，远播芳馨；遂成传统，弘扬至今。乐民之乐，后乐斯勤。与民休息，其乐唯欣。民怀风而仰泽，士敬业而乐群。唯后之登斯亭者，窃有悟于斯文。

二、毓秀台

毓秀台立于上饶市信州区云碧峰国家级森林公园西部山巅之上，毗邻书院路旁，俯视信江之滨。毓秀台占地面积400平方米，高15米，设有60平方米的观景平台，在毓秀台观景平台上安放有一尊高达3.2米的大铜鼎，1.4米高的汉白玉护栏环四周镶嵌。鼎者釜也。古代烹煮用的器物，即锅也。南方为离卦，离为火。鼎在火上，是烹煮之象。民以食为天，这个景观的建造，体现了守土者以民生为第一大事的心愿。时任上饶市市委书记的蔡晓明部长曾亲自作序：“登毓秀台，山水精神

毓秀台及其上的古鼎

毓秀台

尽收眼底；信水西去，云碧迤逦，灵山嵯峨，城区生动，一派风光无限。”从毓秀台顺流而下，到信江书院有钟灵台，钟灵毓秀，对应整个城区，也体现出对人才工作的重视。

三、辰钟楼

辰钟楼位于上饶市信州区黄金山森林公园西部山巅上，毗邻毓秀台，为唐宋风格建筑，上下三层，占地225平方米，高18.6米，鳞次栉比，轮廓优美，为信江南岸云碧峰——黄金山“亭、台、楼、阁”景观轴线上重要组成部分。辰钟楼于2010年初开建，同年10月落成，是上饶撤地设市10周年的献礼工程。辰钟楼内悬挂有“鸡应寺铜钟”的复制品，高2.83米，重4.75吨的大铜钟，此钟原铸于五代，后重铸多次，号称“江南钟王”。据《广信府志》记载:“信州治后震、艮之间为天宁寺旧址。宋建炎间铸有巨钟，计重万斤余，亦梵钟也。”五代时“吴顺义三年信州刺史周本铸，原计重二千四百余斤。至宋建炎元年十一月，会首刘能辈重铸，增一万余斤。”据上饶地方志记载，此钟的重铸1000多年间这已是第6次。

左图辰钟楼　　右图云碧阁

辰钟楼晨钟暮鼓，祈福市民的美好寓意，也给饶城市民带来了希望的钟声。坐在游船上看钟楼，万绿丛中，一楼冲天。向下俯视，依山傍水的城市更加现代、秀美和宜居。远看两岸绿茵茵，春来江水碧粼粼。尤其是到了夜晚，登高望远，上饶夜景尽览无遗，街灯璀璨，繁花似锦。

四、云碧阁

云碧阁位于上饶市云碧峰森林公园内，是“亭台楼阁”里最为出名的，也是海拔最高，观景最好的看台。

云碧阁上观日出与观夜景号称双绝。日出时分，太阳从东边的峰下缓缓升起，红色的光辉在云雾缭绕的山间不断地漫射和散射，信江就犹如一条碧绿的丝巾圈住了雾里若隐若现的城区，金、白、绿、红就犹如画家笔下的颜料，美轮美奂的画境又在不断地发生着细微的变化，美得让人窒息。

而到了夜晚，森林公园夜的静与虫鸟的鸣叫形成了动静结合的声音美学；夜空的深邃、信江波光嶙峋的湖面与城区璀璨的灯火景观一暗一明形成了出色的视觉美学，正是“有声有色”出彩照人。每天早晨，在森林公园的大门口，便聚集了晨练的游人，他们从城市的四面八方集聚而来，在宽阔的大门口打太极拳，跳集体舞，参加各种体育活动。森林公园成为市民锻炼身体最理想的场所。

金山亭、毓秀台、辰钟楼、云碧阁，横跨两座森林公园，错落有致，开启了信江西岸最美的风光。

【方言民谣】

信州区方言漫谈

胡松柏

语言是人类最重要的交际工具。方言是语言的地域变体，是语言呈地域分布的表现形式。在方言地区，人们作为基本交际工具使用的是区域内主要通行的方言，而未必是民族共同语。在方言地区成长的人们，通常以方言为母语。作为自幼习得的母语，方言其实还承担着使用者寄托情感的功能。辛弃疾侨居信州之时，即凭其词人的入微观察以细腻笔法描绘了一幅南方方言区域中的语言生活画面：

茅檐低小，溪上青青草。醉里吴音相媚好，白发谁家翁媪?
大儿锄豆溪东，中儿正织鸡笼。最喜小儿亡赖，溪头卧剥莲蓬。

（辛弃疾:《清平乐 · 村居》）

关于信州区的方言历史面貌，至今能够见到的资料实在是少之又少。应该感谢词人为我们留下了对近千年之前的信州方言的“醉里吴音”面貌所做的珍贵记录。

一、信州区方言的分布概况

现代汉语方言的既有研究成果为我们勾勒了信州区方言现状的清晰轮廓。

方言学界对现代汉语方言的区域分布做“十大方言”的划分[①]，即：

官话区　晋语区　吴语区　徽语区　赣语区

湘语区　闽语区　粤语区　平话区　客家话区

根据这一区域划分，今信州区辖域属于吴语区中处衢（处州、衢州）片[②]之下的龙衢（龙泉、衢州）小片[③]。

赣东北地区东部9个区县市，包括上饶市信州区、广信区、广丰区和玉山县、铅山县、横峰县、弋阳县、婺源县和德兴市，是我国汉语方言分布态势较为复杂的区域之一。汉语方言中的吴语、赣语、徽语、闽语四大方言在这里交汇。方言分布态势复杂一个方面表现在方言的连片区域分布。这9个区县市中，信州区、广信区、广丰区和玉山县属于吴语区，铅山县、横峰县、弋阳县属于赣语区，婺源县和德兴市属于徽语区。方言分布态势复杂另一个方面表现在区域内还有众多“方言岛”[④]分布。在这9个区县市中，四散分布着分别叫作“福建话”（多属于闽语，有的属于客家话）、“广东话”（属于客家话）、“汀州话”（属于客家话）、“麻山话”（属于赣语）、“南丰话”（属于赣语）、“徽州话”（属于徽语）以及“官话”的方言岛。

信州区现领辖5个街道（东市、西市、北门、水南、茅家岭）和3镇（灵溪、沙溪、朝阳）、1乡（秦峰）。作为上饶市的主城区和郊区，信州区方言的连片区域方言分布是明确和单纯的，即整个信州区都属于吴语处衢片的龙衢小片。

信州区辖域内的方言岛分布有两类情况。一类情况是郊区街道、镇乡有少数村落通行属于闽语的“福建话”和属于赣语的“麻山话”。通行“福建话”的村落有：

北门街道：

〔龙潭行政村〕林家、墙船、尤家、茶园、戴家岭

〔民主行政村〕牌楼底、杨家

---

① 参见《中国语言地图集》[中国社会科学院和澳大利亚人文科学院合编，香港朗文出版（远东）有限公司，1987]007页“A2-1汉语方言的分布文字说明”（李荣）。

② 吴语区共分太湖片、台州片、瓯江片、婺州片、处衢片5片。

③ 吴语处衢片分处州小片和龙衢小片2个小片。

④ 语言学上把位于其他方言包围之中的较小方言区域叫作方言岛。

〔东瓦窑行政村〕东瓦窑、下山

〔郭门行政村〕姚家、牛角垄

茅家岭街道：

〔塔水行政村〕黄家山头、东仓

〔周田行政村〕新开塘、横石源

朝阳镇：

〔中潭行政村〕老屋山底

通行“麻山话”的村落有：

朝阳镇：

〔盘石行政村〕下燕坞

信州区辖域内方言岛分布别有特点的是城区内有称作“铁路话”的方言岛。这是城市语言生活很值得关注的一类情况。位于信州区主城区北面的“铁路新村”区片，是“铁路话”的通行区域。使用铁路话的人群，主要是铁路上饶地区各单位的员工及其家属。这种“铁路话”为上饶市所独有，又称“上饶铁路话”。上饶铁路话由吴语江浙话与南方官话融合而成，是具有工业社区用语性质的方言岛。上饶铁路话的还呈线性状态分布于铁路浙赣线玉山至鹰潭沿线站区。

前述信州区连片区域分布的方言种类单一，可能会与人们通常的语感不甚切合。人们描述方言歧异显著，往往有“十里（甚或‘五里’）不同音”的说法。这一说法其实也适合作信州区方言面貌的写照。在信州区生活的人们应该都能够感知这种语言生活的多样性特点。只不过信州区这种方言的内部歧异，都还是同一种大方言下面的小区片之间差别的表现。这种方言系属没有什么大的不同但方言具体面貌差异明显的情况，恰恰表明了汉语南方方言的复杂性，反映了信州区方言的多样化面貌。

信州区辖域分别与广信区、广丰区和玉山县相邻接。这3区1县虽说也都同属吴语处衢片龙衢小片。但广丰、玉山的方言与信州区的方言之间差异还是很明显的。信州区主要接壤的广信区，其内部方言的差别也很突出。这些情况都导致信州区辖域内的方言差异情况显著。

今信州区城区一千余年来都是州、府治所，与相邻广信区长期共处于

“上饶县”这一行政区域内。正因为此，信州区城区通行的方言一直称为“上饶话”。另外，广义的上饶话还包括广信区（原“上饶县”）的方言。整个上饶话内部可以分为北乡片、东北乡片、南乡片、里南乡片和中部片。信州区城区位于中部片，旧时城区称为“街上”（进城谓之“去街”），与上饶话的“东北乡腔”“北乡腔”“南乡腔”“里南乡腔”存在差异的的城区话又称之为“街腔”。上饶话“街腔”的通行区域除城区之外，还包括信州区郊区一些区域和广信区中部旭日、董团、大地、茶亭、尊桥、皂头等街道、镇乡。

信州区城区东市、西市、北门、水南4个街道，郊区茅家岭街道，都是上饶话“街腔”的通行区域。城区东部郊区沙溪、灵溪、朝阳、秦峰4个镇乡主要通行的本地方言分别称为“沙溪话”“灵溪话”“秦峰话”“朝阳话”。沙溪话、灵溪话、秦峰话属于上饶话的“东北乡腔”，朝阳话属于上饶话的“南乡腔”。这4个镇乡的本地方言与城区方言的“街腔”差别明显。另外，灵溪、朝阳2个镇与城区邻近的区域有部分村落通行“街腔”，秦峰乡与朝阳乡毗邻的部分村落通行“南乡腔”。沙溪镇东邻玉山县和广丰区，与之相接区域的部分村落通行“玉山话”，秦峰乡、朝阳镇东邻广丰区，与之相接区域的部分村落通行“广丰话”。

二、信州区方言的现状面貌

本文讨论信州区方言现状面貌，限于篇幅只对作为信州区代表方言的城区上饶话“街腔”（以下径称“上饶话”，是狭义的“上饶话”）略作考察。

语言系统包括语音、词汇、语法三个构成要素。以下分别从语音和词汇、语法方面对上饶话“街腔”做简略描述。

（一）上饶话的语音系统

汉语（包括共同语和方言）的语音系统主要包括音节（字音）的声母、韵母和声调。以下记录上饶话的语音，声母和韵母以国际音标记写，声调以传统语音学名称记录调类（声调的类别），以五度标记法记录声调的调值（实际音节高低的读法）。

1. 声母

上饶话有25个声母，包括零声母（音节开头没有辅音）。

p	包布边笔	pʻ	破碰偏撇	b	步办别肥	m	磨忙问篾	f	飞法冯虎
t	到低单跌	tʻ	太体贪铁	d	图洞夺特	n	闹耐农冷	l	老吕连列
ts	做借蒸装	tsʻ	菜初冲插	dz	才坐撞族			s	锁森辰双
tɕ	走接砖走	tɕʻ	蛆昌窗吃	dʑ	全住徐尘	ȵ	娘疑润热	ɕ	手收线上
k	高甘弓国	kʻ	靠空矿哭		葵掼舅共	ŋ	鹅爱熬颜	x	好鞋汗狭
ø	要为黄云								

2. 韵母

上饶话有54个韵母，包括用鼻辅音单独充当的韵母。

	刺紫四迟	i	米肥世尾	u	簿舞梳扶	y	猪水锤吹
a	马家瓦大	ia	斜野也	ua	瓜花挂话		
æ	戴外街鞋			u	乖帅怪歪		
ə	二去渠他						
o	多罗坐锁						
e	茄扯头厚	ie	夜写				
				ui	鬼威贝嘴		
ɔu	毛包校交	iɔu	桥摇条叫				
				iu	走绸手有		
ãn	贪闲反讲	iãn	枪乡娘痒	uãn	关惯弯换		

ɛ̃n	感恩冷省	iɛ̃n	生撑	uɛ̃n	梗横		
		iẽn	尖件天燕	uõn	团肝问存	yõn	砖船软远
ɪ̃n	品心听棱	ĩn	金人应兴	uɪ̃n	滚困温文	yɪ̃n	准春顺云
ɔ̃ŋ	帮忙			uɔŋ	光矿黄王	yɔ̃ŋ	床窗
oŋ	朋龙公同			uoŋ	翁红	yoŋ	兄浓穷用
m̩	呣～没：没有						
n̩	尔你						
ŋ̍	五鱼						
ɐʔ	答狭粒客	iɐʔ	叶贴舌切	uɐʔ	割阔桌郭	yɐʔ	刷月血出
ɔʔ	薄族服六					yɔʔ	捉肉局浴
ɛʔ	立力粒客	iɛʔ	及日翼习	uɛʔ	物国		
ɪʔ	执笔息尺	iɪ	吸一抑益	uɪʔ	骨	yɪʔ	出
				uʔ	忽握福屋	yuʔ	橘竹烛曲

3. 声调

上饶话有8个声调。

阴平	44	高猪边糠偏搓三非	阳平	423	床平穷前来鹅娘云
阴上	52	纸走口桶粉碗美养	阳上	231	老买染有近坐淡厚
阴去	434	盖变帐痛骗气送信	阳去	212	道笨帽让乱病树旧
阴入	5	急竹笔尺出一吸血	阳入	23	六月麦药十直白局

（二）上饶话的词汇和语法特点

方言的词汇特点通过方言之间（也包括方言与共同语之间）做词汇比较显示。上饶话与共同语比较主要在两方面显示出其词汇特点。

一是与共同语词义相同而词形有别。其中词形有别的情况表现为构词成分位序不同或构词成分部分不同。例如上饶话中：

人客（客人）　壁墙（墙壁）　鸡公（公鸡）　闹热（热闹）

月光（月亮）　翼膀（翅膀）　鼻头（鼻子）　桃（桃子）

大多数词形有别的情况表现为词形完全不同。这类情况或是方言和共同语分别继承古代汉语中同义的不同词语而形成词汇差异。例如上饶话中：

> 【雺】雾。《广韵·送韵》“莫弄切”下：“雺，天气下地不应。”
>
> 【小俫 =】①男孩子。②儿子。《字汇补》“泥台切”下：“子盡，《寂园杂记》：广东谓老人所生幼子曰子盡。”
>
> 【猪㹳】架子猪。《广韵》入声觉韵“匹角切”下：“㹳，牛㹳。”《玉篇》：“牛㹳，特牛。”《诗经·魏风》“胡瞻尔庭有悬特兮”，《传》：“兽三岁曰特。”

这些方言词语一般有古汉语中音义相合的字（“本字”）可以记写，如“雺”“子尽”。也有的本字过于生僻，一般就以另外一个同音其他字记写。如“子尽”记作“俫 =”（“=”号表示前字同音字）。

有的本字属于现代常用字，方言所继承的是这个字的古音、古义。例如上饶话中：

> 【条 = 起 / 爬条 = 起】①起来。②起床。《广韵·萧韵》“徒聊切”下：“跳，跃也。”
>
> 【树标】树梢。《广韵·小韵》“方小切”下：“标杪，木末。”

“跳”字现代汉语中读去声调，古代汉语中另有一音为“徒聊切”，是平声调，折合现代音读同“条”字。“标”字现代汉语中读阴平调，古代汉语中表“树梢”的“标”读“方小切”为上声，折合现代音读同“表”字。

词形完全不同的情况有很多属于方言创新而形成。例如上饶话中：

猫咪头（猫的脑袋，借指膝盖） 躲躲寻寻（捉迷藏）

装锅儿（用小锅煮饭，借指小孩子玩过家家的游戏）

阳⁼遮⁼（蝉） 道⁼道⁼（台阶） □ dze^{212}（傻）[①]

肉丸粿（一种特色食品，可作主食和菜肴）

【取债鬼 / 取债鳖 =】大人责骂孩子对男孩、女孩的称呼。取债：讨债。旧俗认为，小儿夭折是其父母前世欠人债务未偿，债主投胎生于转世的债务人之家，耗尽为人父母的债务人的钱财，以索还其前世所欠债务。义近共同语的“短命鬼”。运用中有时带有亲昵意味。

上述词语主要由于文化背景和造词心理的原因（其中有的词语尚未能确知，造词依据待考，如“阳遮”“道道”）而构成，也有的是反映方言地区的特有事物的（如“肉丸粿”）。这一部分词语是方言中的特色词语，构成了方言与共同语以及其他方言在词汇上的不同面貌。

二是与共同语词形相同而词义有别。例如上饶话中：

【外甥】①女儿的儿子；②姊妹的儿子。

【讨】①讨要，如“～饭”；②摘取，如“～菜”；③娶，如“～老马（娶妻）”。

【跌】①摔，如“～倒”；②落，如“树叶～下来”；③遗漏，如“写～吥字”；④遗失，如“钱～吥”。

【滑脚】溜走。

【聋哑】不明事理，做事乱来。

---

① 【取债鬼 / 取债鳖 =】大人责骂孩子对男孩、女孩的称呼。取债：讨债。旧俗认为，小儿夭折是其父母前世欠人债务未偿，债主投胎生于转世的债务人之家，耗尽为人父母的债务人的钱财，以索还其前世所欠债务。义近共同语的“短命鬼”。运用中有时带有亲昵意味。

“外甥”“讨”“跌”的词义范围都比共同语更宽。“滑脚”对比共同语词义有所转移，而“聋哑”则已经与共同语完全不同。

语法是语言中组词和造句的结构规则。一般来说，与语音和词汇相比，语法是方言之间或方言与共同语之间共性最大的部分。但方言的语法状况还是表现方言特点的一个重要方面，不容忽视。上饶话的语法特点有两方面的表现。

一是与共同语比较语法结构成分有别。例如上饶话中：

么里（那里）　　　　么多人（那些人）

吃吥饭（吃了饭）　　　　票买起唠。（票买好了。）

外达＝落倒雨。（外面在下着雨。）

尔徛倒，不要坐倒。（你站着，不要坐下来。）

尔坐倒，不要徛起。（你坐着，不要站起来。）

阿在这里吃饭，等下再话。（我正在吃饭，待会儿再说。）

这个事不要摭渠晓得。（这个事情别让他知道。）

上述词例和句例中，“么”表示空间位置的远指，“吥”表示动作的完成，“起”表示动作的完成（如“票买起唠”）和动作的趋向（如“不要徛起”），“倒”表示动作正在进行和（如“落倒雨”）、动作持续（如“落倒雨”“尔徛倒”）、动作的趋向（如“不要坐倒”），“在这里”表示动作正在进行（如“在这里吃饭”），表示“拿”义的动词“摭”用作表示被动义的介词（如“摭渠晓得”）。

二是与共同语比较语法结构方式有别。例如上饶话中；

话话下哭起来。（说着说着哭起来。）

阿打不过渠 / 阿打渠不过。（我打不过他。）

吃一碗凑。（再吃一碗。）

写过一张 / 写一张过。（再写一张。）

摭吥压岁钱阿人。（给了我压岁钱。）

渠高阿三公分。（他比我高三公分。）

尔走前底（你在前面走。）　　　　尔吃起。（你先吃。）

上述句例，“单音动词 a 重叠式 + 下 + 动词 b”的格式表示在动作 a 进行过程中发生另一动作 b（如“话话下哭起来”），“施动者 + 动词 + 受动者 + 不过”的格式表示施动者的动作不能胜过受动者（如“打渠不过”），“动词 + 数量词 + 凑”的格式表示动作增量（如“吃一碗凑”），“动词 + 过 + 数量”和“动词 + 数量 + 过”的格式表示动作重行（如“写过一张 / 写一张过”），“‘拿’义动词 + 表物宾语 + 表人宾语”的双宾语格式表给予某人以某物（如“搌吥压岁钱阿人”），“事物 a+ 性状词 + 事物 b+ 数量”的比较格式表示事物 a 在某性状方面胜过事物 b 多少数量，“动词 + 方位词”的格式表示动作进行的位置（如“走前底”），“动词 + 起”的格式表示动作先行（如“吃起”）。这些句例与共同语在句子语法结构上都有差异，表现出方言特色。

（三）上饶话的语言性质

方言区片是根据方言的语言特点来划分的。上饶话属于吴语，具有吴语最基本的属性特点。

吴语最重要也是最普遍的特点是“塞音三分”，表现在上饶话中，即声母属于塞音[①]的“兵 p‘– ｜拼 t‘– ｜平病 b_”、“单 t_ ｜贪 t‘_ ｜谈淡 d¯”、“光 k_ ｜框 k‘– ｜狂逛 g–”等字分别读成“不送气清音｜送气清音｜不送气浊音 '”[②]三组声母。

吴语“塞音三分”其实也是继承了古汉语的特点。上饶话继承古汉语的还有一个富有特色的表现，那就是声调完整地保留了古汉语“平上去入”的四声系统。例如“东｜董｜冻｜督”和“同｜动｜洞｜毒”各依“平｜上｜去｜入”分调，前字声母为清音 t-，声调分别是阴平、阴上、阴去、阴入，后字声母为浊音 d-，声调分别是阳平、阳上、阳去、阳入。

上饶话中体现吴语基本特点的还有：

---

① 语言学上称“发音时声带开始紧闭然后突然打开冲出气流的辅音”为塞音。

② 语言学上称“发音时口腔呼出气流较大的辅音”为送气音，“发音时口腔呼出气流较小的辅音”为不送气音，“发音时声带振动的辅音”为浊音，“发音时声带不振动的辅音”为清音。

“儿子”叫“儿 ȵi（音‘宜’）”、“站立”叫“徛 dʑi”、“差劲、相差”叫“推板”，属于吴语的基本词。

以“头”作构词后附成分的“头”尾词比较多，例如：鼻头、门头、路头、看头、听头、十块头、萝卜头、角落头

表示动作未曾发生的否定词说“呣没 mmʔ”，例如：“昨日呣没落雨（昨天没有下雨）。”

表示动作完成的动词后附成分与表示实态已然的句末助词不同。例如：“去归吥两日唠（回家了两天了）。”

上饶话位于吴语片西端与赣语东端相接（铅山县东北部的江村话是两大方言交接的最前沿），受赣语的影响，也有这一些明显属于赣语的特点，与赣语南昌话、铅山话相同，而与吴语上海话以及毗邻的广丰话、玉山话不同。有以下：

“哑、爱、袄、沤、暗、鸭、安、恩、恶、扼”等古汉语中声母属于“影母”的字都读一个舌根部位发音的辅音声母 ŋ-。

“虎、昏”等少数古汉语中声母属于“晓母”的字读唇齿部位发音的辅音声母 f-。

“菜梗”的“梗 kuẽn”字读音韵母中带有合口呼的韵头 -u-。

“跌古（丢脸）”“话事（说话）”等词也是典型的赣语词。

“吃一碗凑（再次一碗）”中以“……凑”作助词构成动作增量格式，“坐倒话事”中以“……倒”助词构成动作持续格式，都是赣语说法。

根据以上所述，上饶话作为吴语的一处小片地点方言，具有吴语的基本特点，同时也带有某些赣语性特点。

三、信州区方言的演变发展

考察方言的演变发展，可以从两个时间方向着手。一个是回溯方言既往的演变历程，再有一个则是推测方言未来的演变趋势。

语言是人类社会的构成要素，随着社会的形成而形成，随着社会的发展而发展。方言是民族局部区域的人们社会活动的结果。行政建制和移民活动

是与方言形成有紧密联系的两方面的重要影响因素。上饶建县于东汉建安初年（196—204），先后属豫章郡和鄱阳郡。到唐乾元元年（758），析饶州置信州，上饶为州治。自是，今信州区城区历1200余年始终处于赣东北地区的政治经济中心位置。尽管限于资料的缺乏，我们未能了解信州区方言千余年前的具体状况和千余年以来的发展过程，但可以确定推知的是，上饶建县之初，必然形成了有一定规模人口的县城方言，到上饶县成为固定的州府治所时，州府城区方言也必定具有成熟完备的面貌。方言学界比较一致的看法是，在唐宋时汉语大方言的分布框架已经大致确定，基本状貌期已经具备。这应该也符合我们对信州区方言历史的判定。辛弃疾对宋时信州方言"醉里吴音"的描述，表明千年之前在人们对方言区片的认知里，信州方言已经归于早期吴语的的版图内。

值得一提的是，辖域主要为今赣东北东部区县的信州路，于元至元十四年（1277）归属江浙行中书省，直至明洪武四年（1371），信州路改称广信府，改属江西行中书省。这一百年的建制管辖东移，对于赣东北东部今上饶市三区和玉山县的方言在近代历史阶段维系并强化与浙江方言的系属同一，显然有其重要的影响作用。

尽管上饶建县很早，有关今信州区辖域内历史移民活动，囿于资料不足，我们很难觅见汉唐和宋元时的相关线索。不过延至明清时期，有关移民活动的线索已经清晰可寻。城市中众姓杂居，居民历史难以考察，而散布的乡间村落，居民基本聚族依村而居，家族史可以稽考。查检信州区郊区7个街道、镇乡的地名资料[①]，总共550余个自然村中，有近500个记载了居民历史信息（包括建村时间和移民来源地）。这些自然村中，建村于明朝及之前的只有100个左右，大部分都建村于清朝与民国初年，其中仅康熙中晚期建村的就有100余个。

清康熙十二、十三年（1672、1674）之交发生的"三藩之乱"对赣东北地区人口影响很大。康熙二十一年（1683）的《上饶县志》称："信郡七邑俱为贼踞，百里之内，杀戮无数，断绝人踪，鸡犬无闻"，"甲寅之变，上饶罹

① 参见《江西省上饶市地名志》（江西省上饶市地名志编印，内部刊行，1986年）和《江西省上饶县地名志》（上饶县地名办公室编印，内部刊行，1986年）。

祸最惨，庐舍民人，十亡八九，田业鞠为茂草。”事变之后，地方政府为恢复农业生产，发展经济，组织大规模的招民垦荒。正是清初这一时期大量移民的迁入，最后促使形成了我们现在可以看到的赣东北地区的方言地理分布和方言语言面貌。

大批量移民的迁入，对定居地的方言的影响不外乎三种情形：一、移民方言盖过了原住居民的本地方言成为新的通行方言；二、移民方言被本地方言所掩盖而消失；三、移民方言成为本地方言所包围的方言岛。就信州区的情况看，除了移民来源于本县和广丰、玉山以及少数移民源出地无考的以外的自然村约有350个，其中移民成规模的有四支：徽州移民村129个，南丰和建宁移民村44个，邵武、顺昌移民村34个，泉州等福建下四府移民村24个。

源出地相同的移民分布于不同的今镇乡区域，而今镇乡之间方言的差异，表明上述第一种情况并未发生。信州区郊区尚存的少数方言岛村落，则属于上述第三种情况。成规模的移民所建众多村落已经不属于方言岛，则为上述第三种情况。实际上所有的非本地移民村落，开始定居时都是外来方言岛。只是后来的发展，才有了方言岛保持时间长短的差异。就信州区的情况看，属于闽语的福建话方言岛保留情况相对好些，南丰、建宁移民村方言岛消失稍晚[①]，至于徽州移民村与邵武、顺昌移民村，已经全无方言岛存在过的痕迹。

方言演变除了上述分布上的变化以外，方言自身语言系统的变化是方言演变另一个重要方面。由于记录方言历史面貌的资料缺乏，我们无从作古今方言对比以了解方言自古至今语言面貌的变化线索，但我们通过对现时方言新老派之间的差异，就能看出在两三代人之间方言的变化来。例如上饶话老年层次的发音中有一组舌叶音声母 tʃ-、tʃʻ-、dʒ-、ʃ-（“招、超、赵、烧”的声母），到中年、青年层次已经没有了这组声母，中年人多读为 t-、tɕʻ-、dʑ-、ɕ-（“招”读同“焦”），而青年人则都读 ts-、tsʻ-、dz-、s- 了（“招”读同“糟”）。

进入现代社会，社会语言的发展主流是趋于统一。20世纪下半叶以来，汉语方言在整体上逐渐衰微。在此背景之下，我们对信州区方言未来的发展

---

① 除尚有个别村子人保留方言岛外，有不少的村子据调查在两三代之前还是说南丰话的。如灵溪镇松山、胜利行政村的10多个自然村。

趋势可以做出的预判是：郊区的少数方言岛在一两代人之后消失；上饶话越来越接近普通话；上饶话在社会生活中使用空间萎缩，不区别城乡有越来越多的新成长的居民不再具备使用上饶话的能力。

四、关于方言资源的保护和方言调研

现代化过程中汉语方言趋于衰微的演变，作为一个突出的社会现象得到了社会的高度关注。因为方言不仅仅是区域社会的交际工具，而且是区域文化的信息载体。此外，还是人们乡域情结的心理寄托，而这正是家国情怀形成的基础。

自 2015 年开始在全国实施的中国语言资源保护工程[①]的宣传用语是“留下乡音，记住乡愁”。语言作为一种符号系统，在实际应用之外还总承载着每一个使用者的人文情感。一个人客居异地，他对家乡的思念总是离不开诸如村头拱桥、小巷石阶和特色小吃的酥香、野味土菜的鲜美等这些视觉的和嗅觉、味觉的意象，而作为母语的家乡话则属于听觉意象，是思乡图景所深蕴的意境最重要的构成要素。年岁稍长的人都能够深切体会贺知章“少小离家老大回，乡音无改鬓毛衰”诗句的蕴意。只是时至今日，晚年返乡的游子自己乡音无改，却要惊叹久违的现时乡音居然已改，则少不得更要生出别样一种感慨来。

如今，方言趋于衰微的发展态势已经人人都可以感觉得到。不仅仅是方言本身特色的变化，而是方言的消失都已经不再是故意耸人听闻的话题了。于是，从民间到政府，从专业人士到社会各界，不是说完全没有分歧，但基本上可以说，在保护语言资源（包括少数民族语言和汉语方言）这个问题上，全社会还是有比较一致的认识的。 近年来社会上出现了所谓的“方言热”。关注讨论方言问题，已经不再只是专业人员的事。各种与方言有关的活动，方言比赛，方言演唱，拍方言电影，各色人等写方言的书和文章，等等，都在有声有色地开展。2017年，中央发布了《关于实施中华优秀传统文化传承

① 中国语言资源保护工程是国家财政支持的国家重大语言文化工程，由教育部、国家语委组织于 2015 年开始在全国范围内实施，对汉语方言、少数民族语言及其口头文化调查记录。

发展工程的意见》的文件，提出了“保护方言文化”的重要命题，在政府层面给予方言资源保护活动的开展以最有力的推动和支持。

2016年至2020年的5年间，中国语言资源保护工程所组织的江西省项目，一共对省内包括上饶市信州区在内的72处方言调查点进行了系统的调查。方言调查是方言资源保护的先行环节，是最重要的基础性工作。20世纪80年代以来，汉语方言学有较好的发展，方言的调查研究获得了众多成果。到目前为止，对信州区的方言做调研的系统成果有以下：

《上饶市志》（上饶市志编撰委员会，萧洪泰主编，中共中央党校出版社1995年）第三十二卷“方言”记录了上饶市（今信州区）上饶话“街上腔”的音系，连读变调，同音字表，部分词语，53个语法例句。

《上饶地区志》（上饶地区地方志编撰委员会边，何细贵主编，方志出版社1997年）“卷三十九　方言”作为上饶地区（今上饶市）12个调查点之一记录了上饶市（今信州区）包括上饶县的上饶话的部分单字音和词语。

《赣东北方言调查研究》（胡松柏等著，江西人民出版社2009年）作为调查的31个调查点之一，记录了上饶市（今信州区）茅家岭街道茅家岭的上饶话的音系、800个单字音，800个词语，

《江西省方言志》（陈昌仪主编，方志出版社，2005年）作为全省70个县市代表方言点之一记录了上饶市（今信州区）的上饶话音系，1188个单字音，376个常用词、特特色词，93个语法例词、词组、例句。

《赣文化通典·方言卷》（胡松柏主编，江西人民出版社2014年）记录了上饶市（今信州区）方言概况，作为全省32处代表方言点之一记录上饶话“街腔”480单字音、480个词语，80个语法例词、例句。

中国语言资源保护工程江西汉语方言调查项目组织了对上饶市信州区的城区方言的调查（由葛新主持），调查记录了城区的上饶的音系、1000个单字音、1200个词语、50个例句和部分故事、谚语等口头文化语料，全部语料汇入《中国语言资源集·江西》（即将出版）。

信州区城区的上饶话作为赣东北区域中心城市的代表性地点方言，在区域社会生活中仍然有着重要的作用和影响力，作为位于吴语区西南一隅而保留了早期吴语诸多特点同时又反映了吴语、赣语接触演变的样板方言，在汉

语方言历史的研究方面也有其独具的学术价值。就这一点来说，上饶话的调查研究还是很不够的。上饶话的调查还有很多工作要做，上饶话的研究还有很多的空间可以拓展。这首先需要专业人员多做努力。至于如何把上饶话作为一种资源开展保护，则需要包括政府部门和百姓大众在内的全社会给与关注支持，群策群力，组织活动，积极参与，采取切实措施，以此取得成效。

（作者简介：胡松柏：上饶广丰区人，语言学博士，南昌大学教授，博士生导师。“江西省高等学校人文社会科学重点研究基地”南昌大学客赣方言与语言应用研究中心主任。2020年3月19日，被教育部、国家语委授予“中国语言资源保护奖”先进个人称号）

“上饶铁路话”的形成与演变

胡松柏 葛 新

上饶市信州区的北部，上饶火车站站区和“铁路新村”等聚居了上饶全部铁路系统单位职工及其家属约4万人的“铁路地区”，通行一种名称为“铁路话”的主要交际语言。为了有别于其他铁路地区的“铁路话”，我们称本文所考察的“铁路话”为“上饶铁路话”。

上饶铁路话主要在上饶市信州区铁路线以北、光学路以南、民主路以东、庆丰路以西这一略成正方形的地域通行。铁路话是上饶铁路职工及家属的主要工作和生活语言。铁路居民不论是在其工作区间、学习区间还是生活区间都用铁路话作为唯一的交际语言。铁路话通行的范围也只限于上饶铁路系统内部。这些说铁路话的人群对外，包括对上饶市市区的居民一般都用普通话或上饶话进行交际。

由于铁路话是上饶铁路系统内部的主要交际语言，因此上饶铁路话还延伸至原上饶铁路各站、段所管辖的铁路沿线地区。这一延伸区段大致是，以上饶为起点，延浙赣线向东分布至浙江金华市的各沿线站区；向西分布至江西鹰潭市的各沿线站区。以鹰潭市为起点，延皖赣线向北分布至江西景德镇市的各沿线站区。但在鹰潭、景德镇两市的铁路系统内部，铁路职工和家属（包括原来生活在上饶铁路地区而后来调入的）在工作和学习区间内只使用普通话作为交际语言，而铁路话只在由原上饶铁路各站、段迁移至这两个城市的铁路职工及家属内部的生活区间被使用。京九铁路贯通以后，曾从上饶铁路各站段抽调大批干部和职工前往工作。这使得上饶铁路话还零散地分布于京九线江西省境内各站区，这些地区的铁路话使用情况和鹰潭、景德镇两地一样，一般也只限于在原上饶铁路居民内部的生活区间内使用。

一、上饶铁路话的基本特点

上饶铁路话在词汇和语法方面没有很突出的特点。在语音方面，上饶铁路话具有很多吴语的基本特点。上饶铁路话的语音的基本情况如下：

（一）上饶铁路话单字调 7 个

阴平 [55] 疤租单方风　阳平 [21] 茶渠甜秦橙　阴上 [53] 写体有软讲　阴去 [435] 破戴四证众

阳去 [35] 谢味豆 | 妇皂　阴入 [5] 插接出脚　阳入 [3] 局鹿席额

（二）上饶铁路话声母 26 个（含零声母）

P 波保扁冰　p^h 怕泡品胖　b 婆排便贫　m 马毛棉猛　f 父肺反方

t 多带刀胆　t^h 土挑听烫　d 度队淡洞　n 努闹暖农　l 罗楼篮林

k 改狗根缸　kh 课靠宽康　g 跪狂共　ŋ 我矮鸭　x 花好婚杭

tɕ 家基金军　$tɕ^h$ 去丘亲腔　dz 奇就钳穷　ȵ 泥绕软娘　ɕ 写校新胸

ts 租支针宗　ts^h 猜抄产充　dz 坐茶晨床　s 沙社伞送　z 柔染人

Ǿ 河牙恩王

（三）上饶铁路话韵母 38 个。其中阴声韵母 19 个；阳声韵母 13 个；入声韵母 6 个。

ɿ 池死子市　i 姐李地衣　u 徒武主母　y 徐句雨女

a 把茶傻蔗　ia 下假牙崖　ua 瓜蛙划化

e 者美飞累　iɛ 借野鞋　yɛ 靴

ə 二耳儿

o 多果作锁

ui 车追桂

ai 台海柴改　　uai 块怀外拐

au 刀赵咬烧　　iau 小鸟桥浇

əu 偷狗州手　　iəu

an 男闪战伴　　uan 短官船晚

iɛn 减甜件烟　　yɛn 袁泉娟

ən 针粉蒸生　　in 新近兵领　　uən 困村论问

yn 训军云

aŋ 忙掌房旁　　iaŋ 凉匠江想　　uaŋ 光黄双矿

uŋ 东孔农龙　　yŋ 穷胸用

aʔ 答插夹　　uaʔ 滑挖

iɛʔ 粒接力席壁　　yɛʔ 肉曲局玉

ɤʔ 十割白

uoʔ 竹活绿烛

（四）上饶铁路话的声韵调特点

1. 上饶铁路话声调古平、上、去、入四声依古声母的清浊分为阴阳两类。其中古次浊上声字归入阴上，古全浊上声字归入阳去。

2. 古全浊塞音和塞擦音在上饶铁路话中读不送气浊音；古浊擦音在上饶铁路话中读清擦音。如：

婆 [bo^{21}] 度 [du^{35}] 在 [dzai^{35}] 池 [dzʅ^{21}] 床 [dzuaŋ^{21}] 唇 [dzuən^{21}] 常 [dzaŋ^{21}] 拳 [dʑyɛn^{21}]

冯 [foŋ^{21}] 符 [fu^{21}] 肥 [fe^{21}] 贺 [xo^{35}] 浩 [xau^{35}] 后 [xəu^{35}] 上 [saŋ^{35}] 绍 [sau^{35}] 事 [sʅ^{35}]

3. 古日母字在上饶“铁路话”里分别读 [l]、[z]、[ȵ] 和 [Ǿ]。

[l]. 如 [lu^{21}] 儒 [lu^{21}] 乳 [lu^{53}]

[z]：柔 [zəu^{21}] 染 [zan^{53}] 人 [zən^{21}] 壤 [zaŋ^{53}]

[ȵ]：热 [ȵiɛʔ^{3}] 让 [ȵiaŋ^{35}] 肉 [ȵyɛʔ^{3}]

[Ǿ]：儿 [ə^{21}] 饶 [iau^{21}]

4. 古疑、匣母字在上饶铁路话中，依其所拼韵母的开、齐、合、撮而有不同的读音。其中疑母拼开口呼读作 [ŋ]；拼合口呼和撮口呼读作 [Ǿ]；拼齐齿呼读作 [ȵ] 或 [Ǿ]：

开口呼：我 [ŋo^{53}] 咬 [ŋau^{53}] 昂 [ŋaŋ^{21}] 硬 [ŋən^{35}] 齐齿呼：牙 [ia^{21}] 眼 [iɛn^{53}] 牛 [ȵiəu^{21}] 研 [ȵiɛn^{21}]

合口呼：五 [u^{53}] 危 [ui^{55}] 玩 [uan^{35}] 撮口呼：鱼 [y^{21}] 愿 [yɛn^{35}] 岳 [yɛʔ^{3}]

匣母拼开口呼读作 [x]；拼合口呼读作 [Ǿ]；拼齐齿呼、撮口呼读作 [ɕ]：

开口呼：祸 [xo^{35}] 豪 [xau^{21}] 含 [xan^{21}] 很 [xən^{53}] 合口呼：划 [ua^{21}] 坏 [uai^{35}] 完 [uan^{21}] 黄 [uaŋ^{21}]

齐齿呼：夏 [ɕia^{35}] 校 [ɕiau^{35}] 限 [ɕiɛn^{35}] 撮口呼：玄 [ɕyɛn^{21}] 学 [ɕyɛʔ^{3}]

二、上饶铁路话的形成过程

上饶是浙赣线中段一个重要的站区。浙赣线于20世纪30年代建成。前期分别建成从杭州至玉山（江西省）的东段线路和从株洲（湖南）至南昌的西段，后期再建玉山至南昌南郊向塘的中段而使浙赣线全线贯通，成为东接沪杭线西连京广线的东西走向的交通运输大动脉。上饶作为省会以东最大的城市，千年以来一直为州府（信州、广信府）治所，是赣东北地区人员、物资的中心集散地，并且紧邻浙江，因而自然成为浙赣线上连接浙、赣两省的铁路枢纽地区。新中国成立后从20世纪50年代至70年代，上饶一直设有铁路分局（隶南昌铁路局）。80年代南昌铁路局一度撤销而作为分局并入上海铁路局，上饶始改分局为办事处。90 年代京九线建成，南昌铁路局恢复，不过下属不再设分局一级建制，上饶仍为办事处。

由于上饶城市有一定规模，人居环境较好，随着铁路运输业的发展，上饶逐渐成为浙赣线中段最大的铁路员工生活基地。作为工作区域的上饶站区包括车站、机务段、车务段、建筑段、电务段、水电段、工务段等生产性单位，作为生活区域的“铁路新村”包括住宅区和医院、食堂、小学、中学等服务性单位，工作区域与生活区域紧相毗邻而形成上饶市市区北部面积约3平方千米的“上饶铁路地区”—— 一个铁路工业社区。

上饶市区通行的语言是属于吴语处衢片的"上饶话"。由于铁路居民（包括员工及其家属）基本上不是上饶市本地人，而且铁路地区是市区中相对独立而自足的一个社区，铁路居民的交际语言没有走"本地化"的道路采用上饶话。上饶铁路地区形成之初，员工主要由抽调的浙江省原有铁路沿线的职工和新招的浙江各地的农民组成，因而有相当数量的员工籍贯是萧山、诸暨、宁波、义乌、金华等地。以下是我们所做调查的相关统计情况：

籍贯（出生地）	萧山	诸暨	宁波	义乌	金华	浙江其他地方	非浙江省	合计
人数	6	11	8	16	19	18	22	100

新中国成立前，民族共同语的标准尚未明确且未做推广，新中国成立后初期虽制定了普通话的标准但在南方推广力度有限，上饶市及周边地区依然是只通行方言的区域。早期的上饶铁路居民大多数的母语方言属于吴语太湖片（主要是杭州小片，如杭州市；临绍小片，如诸暨、萧山；明州小片，如宁波）和婺州片（如金华、义乌），在缺乏统一的通行语言的情况下，他们在生产和生活中用各自母语方言来交际，因方言系属相近，通话大体可行，至于其中有碍交际的差异部分则逐渐调整。这样，操上述浙江各地不同方言的员工在语言上逐渐融合，大致形成了一种既不同于上述具体地点方言但带有明显这一带浙江口音特色、同时也不同于官话的在上饶铁路地区专有的通用语言——"上饶铁路话"。

据我们所知，其他铁路地区也有一些"铁路话"，如湖南省衡阳市的"苗圃话"、广州市的"共和民团话"等。因掌握的资料有限，不太清楚这些"铁路话"的具体情况。就现在对上饶铁路话的认识，我们觉得上饶铁路话在中国工业地区的言语交际活动状况中是具有一定典型性的。上饶铁路话是一种在城市的工业社区形成并主要通行的社会方言。这种社会方言融合同一大方言的多种地点方言而形成，并且也受到共同语（普通话）的一定影响。

就我们所知，工业社区社会方言的形成一般不外乎这样几种情况：以最大多数居民的母语方言为通用语言，如一些由沿海城市内迁的三线厂就通行上海话、天津话等，还有一些矿区以集中招收工人的某地方言为通用语言；在没有人口数量占最大多数的权威方言的情况下，则直接采用共同语或者接受所在地的方言为通用语言。但上饶铁路话显然不属于这些情况，它既不是普通话，也不是哪个具体方言。

考察上饶铁路话形成独特性的原因，我们认为，早期铁路居民的语言状况是决定性的因素。如果最大多数的居民都说某一个具体地点方言，那么依此照说便自然成为社区通用语言；如果居民的语言殊异，彼此断难相容，那就只能以共同语交际，或经过较长时间的竞争选择确定为某一个具有相对权威性的方言。而上饶早期铁路居民的语言情况恰好是，不同的地点方言同属一个大方言，彼此有别而差别不大，从而为相互融合成为一个新的方言提供了语言基础。因此，我们对上饶铁路话的讨论，可以为考察工业社区语言状况提供一个有价值的样本。

三、 上饶铁路话的发展阶段和现状

从浙赣线通车、上饶铁路社区形成开始，上饶铁路话即随着开始了其发展历史。这一历史可以分成几个阶段来观察。20世纪30年代至40年代，是上饶铁路话的融合初成阶段；40年代末至50年代，是上饶铁路话的成熟定型阶段；60年代至70年代，是上饶铁路话的持续发展阶段；80年代至90年代，是上饶铁路话的阻滞趋缓阶段。

在融合初成阶段，上饶铁路地区形成社区规模，来自各处的铁路员工及其家属汇集于此成为铁路居民的主体，这些早期的铁路居民开始基本上使用各自的母语方言或是带有浓重方音的南方旧官话来交际，经过十来年的语言交际中的不断磨合，上饶铁路话初步形成。

从20世纪40年代后期到50年代，早期铁路员工的在工作地出生的“铁路子弟”数量增多，成为上饶铁路地区的新一类居民，他们依年龄分批次进入专设的“上饶铁路小学”和“上饶铁路中学”学习，这些子弟在铁小、铁中上学，在铁路新村生活，相对封闭的铁路社区环境使得他们自幼即习得铁路话，且不同于其父辈，已不能说祖籍话而只说铁路话。经过这一批最早的铁路子弟之口，上饶铁路话得以稳定成型并迅速推广，反过来影响到其父辈的铁路话使其水平有所提高。至此，上饶铁路话便成为上饶铁路地区的唯一的通行用语，承担起交际用语、工作用语、生活用语乃至教学用语的重要功能来。

在60、70年代这一持续发展阶段，上述以铁路话为母语的铁路子弟多数陆续进入铁路工作，并逐渐成为上饶铁路地区员工的主体，他们在成为父母之后，对其子女便直接实施了铁路话的语言启蒙教育。于是继第二代之后，有了同样以铁路话为母语的第三代铁路居民，有力地巩固发展了上饶铁路话的基础。在传统的铁路家庭中，铁路话的运用更加普遍和稳定。

进入改革开放的80、90年代，受到社会发展和变革的较大影响，上饶铁路话开始了一个具有转折意义的新阶段，即阻滞趋缓阶段。这一阶段的情况在下一小节做专门讨论。

为了全面展示上饶铁路话的历史和现状，我们在本文的调查中依年龄段对上饶铁路居民铁路话的习得、运用等情况做了抽样调查。

熟练度 年龄	标准	不太好	只会一点
60岁以上	43%	43%	14%
50～59岁	75%	25%	0%
30～49岁	88%	7%	5%
30岁以下	33%	0%	67%

60岁以上的上饶铁路居民基本上是一半会说“铁路话”，一半不太会说“铁路话”。其中会说“铁路话”的居民基本都是浙江籍的。而不会说的原籍都是非浙江籍。30岁至59岁年龄段的上饶铁路居民是说上饶“铁路话”的主体成员。特别是50—70年代在上饶铁路地区出生的居民。在这一年龄段中，不会说“铁路话”或说得不流利的主要是在成年以后进入铁路地区工作或生活的一部分人群。他们“铁路话”的流利程度随进入上饶铁路地区工作或生

活时间的长短而增减。30岁以下的人群，不论其是否出生在上饶铁路地区，在“铁路话”的使用度和流利度上，都呈递减趋势。调查表明，30～50年龄段的铁路地区居民是“铁路话”运用最纯正而最自觉的人群，老年居民虽使用经常但带原籍地口音，青少年居民使用铁路话的时间和空间已渐趋消减。

下面我们列举几名受访者的个人和家庭的语言情况，以便对上饶铁路居民的铁路话运用有更为具体感性的认识。

受访者A，王某，男，1948年生，机务段职工。其父生于浙江金华，20世纪30年代考入铁路做司机，先在杭州，再到玉山，浙赣通车后即来上饶。其兄弟姊妹4人都生于上饶，且先后都在上饶铁小和铁中上学，经历下乡后，有3人参加铁路工作，且都在上饶铁路地区。其子也在上饶铁小和铁中上学并考入省铁路技校，毕业后分配到京九线赣州电务段，目前正联系调回上饶。其父母母语为金华话，上饶铁路话说得不太好。其兄弟姊妹及其子则都以铁路话为母语，且自诩为“标准铁路话”，其家庭用语全系铁路话。其家人除母亲外都能说标准程度不一的普通话，但上饶话只有其本人会说（插队时同学多说上饶话），其儿子会说少许。

受访者B，李某，男，1950年生，铁路医院职工。其父生于江西彭泽，学医后于20世纪40年代入铁路行医，后长期在上饶铁路医院工作。其兄弟姊妹4人先后生于玉山、上饶，且先后都在上饶铁小和铁中上学，后有2人参加铁路工作，也在上饶铁路地区。其父基本上说普通话，不太会说铁路话。其兄弟姊妹都以铁路话为母语。其家庭用语是对父母说普通话，兄弟姊妹之间则说铁路话，对下辈也说铁路话。其姊在其他行业工作，长期与配偶、子女说普通话，铁路话略有夹生，但回铁路新村与娘家兄弟子侄仍以铁路话为维系感情的最佳用语。

受访者C，吕某，男，1950年生于江西广丰，铁路机械厂职工。1975年部队退伍安置入铁路工作。其母语为广丰话（属吴语处衢片），工作中习得铁路话但不纯熟，其配偶非铁路员工，家庭用语为普通话。其子母语为普通话，在上饶铁小、铁中读书时学会铁路话，但父子之间不说铁路话。

受访者D，刘某，男，1970年生，上饶车站职工。其父母系铁路员工，其父母及其本人母语都为铁路话，其妻是非铁路员工的上饶本地人，故其与父母之间说铁路话，与妻子说上饶话。现刘某与父母分居，其和夫妻对孩子（上铁小）只说普通话，其父母也依此对孙子说普通话。

四、上饶铁路话的演变趋势

现阶段“铁路话”是在铁路社区实行多种多语制的背景下使用的。多语制包括：“铁路话”和普通话的双语制，“铁路话”和上饶话的双语制，“铁路话”和普通话、上饶话的三语制。进入阻滞趋缓阶段之后，上饶铁路话开始呈现出走向衰微的演变趋势。趋于衰微的变化方向有两个：一是铁路居民用语的“本地话化”，一是铁路居民用语的“普通话化”。

在本文所作的调查中，我们分别抽取3个年龄段的各30名被调查者，发现铁路居民会说上饶话的比例随年龄的下降而有上升的变化：

	60岁以上	40～59岁	20～39岁	合计
人 数	5	21	28	56
百分比	16%	70%	93%	

这表明，更年轻的铁路居民比他们的前辈受到了在上饶本地强势方言的更大影响而逐渐接受了上饶话。

不同年龄段的铁路居民会说普通话的比例情况则如下：

	60岁以上	40～59岁	20～39岁	合计
人 数	27	30	30	87
百分比	90%	100%	100%	

可以看出，铁路居民说普通话的比例情况并不因年龄有太大的差异。因为作为一名铁路员工，毕竟是在外“吃四方饭”的，而且大多有着流动工作

的经历，对共同语的通晓不管是从前还是现在，历来都有其交际需要。因年龄而有不同表现的只是对共同语标准的认识和运用熟练程度：老年居民的所谓“普通话”大致上也就是那种旧时的“蓝青官话”，中年居民的普通话显然也不如青年居民纯熟。

铁路居民用语的“本地话化”与“普通话化”有所不同。“本地话化”发生的时期较晚，在上饶铁路话的发展阻滞阶段才逐渐更多出现。“普通话化”实际上可以说与上饶铁路话历史相伴随。我们之所以把“普通话化”视为上饶铁路话在阻滞趋缓阶段趋于衰微的变化，是因为其属于居民语言制度的内部变化。铁路居民使用上饶话，一般只是在铁路地区之外，譬如对上饶市区其他社区的本地人说，当然也包括对进入铁路地区的非铁路居民的本地人说。老年、中年铁路居民使用普通话，大体上也属于这类可以称作语言制度外部变化的情况。然而值得注意的是，自20世纪80年代开始，铁路居民使用普通话已经是在内部成员之间发生的新情况了。新情况有二：一是在上饶铁路话形成并趋于成熟的大本营——铁路小学和铁路中学，学生之间和教师与学生之间，普通话逐渐取代了铁路话。二是青年铁路居民中，已有相当部分在对其子女有意识地使用普通话。考虑到城市中小学的教育现状，上饶铁小和上饶铁中的普通话应用情况已经可以不多做考察。本文所主要关注的是青年铁路居民对其子女使用普通话的情况：

	只说铁路话	兼说铁路话、普通话	只说普通话	合计
人 数	0	6	62	68
百分比	0%	9%	91%	100%

铁路居民用语的“本地话化”和“普通话化”都促使上饶铁路话趋于衰微。不过“本地话化”只是导致铁路居民实行铁路话和上饶话的双语制，并未动摇上饶铁路话在铁路居民用语制度中的母语地位。然而“普通话化”却是导致发生普通话对铁路话的语言替换，使新一代的铁路居民成为以普通话为母语的“方言地区城市社区中的无方言人群”。“方言地区的无方言人群”是指

在方言地区中因推广普通话而形成的只能说普通话不能说本地区方言的社会人群，这样的群体一般只存在于城市社区中，其成员基本上是青少年。

铁路居民用语的“本地话化”和“普通话化”发生的根本原因是20世纪八九十年代以来的社会经济文化的变化。在改革开放的大背景下，社会经济文化活动的广度、频度加大，削弱了铁路地区的相对独立性，铁路地区与社区外的城市整体经济文化和生活联系趋于密切。铁路员工子弟已不只限于入铁路小学和铁路中学，而铁路小学和铁路中学也不只招收铁路员工子弟。近年来铁路系统内部进行改革，铁路学校和铁路医院这些非生产性单位已交割地方面向社会。住房制度的改革，使铁路员工及家属不再只住在专门的铁路生活区“铁路新村”，而“铁路新村”的生活服务行业如餐饮业、零售业等进入许多非铁路人员来经营。铁路居民的成分也发生了新的变化：20世纪七八十年代的安置本地区的退伍军人，八九十年代的大中专学生就业和招用农民工改变了那种单一的“子承父业”式的新进员工的用工制度；铁路员工及其子弟的婚配范围也不再满足于“本系统”而使铁路居民家属成分的构成多样化。改革开放的结果，也削弱了铁路社区的相对优越性。长期以来由于国家垄断以及国家对龙头行业着意支持而形成的“铁老大”地位逐渐不再突出，铁路居民的拥有“铁饭碗”和高工资的实际经济优势和因此而产生的主观优越感有所下降。这无疑也影响到铁路居民对语言的态度。同时，文化教育的发展和居民文化素质的提高也促使铁路居民特别是青年一代在普通话日益普及背景下对于作为民族共同语的普通话的重视程度和接受愿望相应提高。

作为上饶铁路地区所特有的变化，那就是随着我国铁路运输业的发展，“上饶铁路地区”在铁路系统内部的地位重要性有所下降。在赣东北地区的浙赣线路段，20世纪50年代建成从鹰潭分支的鹰厦（门）线，60年代建成从贵溪分支的宁（南京）赣线，90年代建成从横峰分支的横南（平）线，使得上饶不再是赣东北唯一的铁路枢纽。新的铁路枢纽和新的线路（包括京九线南昌铁路局所辖路段）的建成，使得人员不断选派调出，上饶铁路地区在人口规模上有所缩小。特别由于铁路运输速度的不断提速，使得具有线形作业特点的铁路运输所需支持的生产、生活基地之间的距离大大延长。譬如从鹰潭发出的机车，以前一般只运行到上饶，而如今在不增加时间的情况下就可以一气跑到金华，这样一来，上饶站的作为浙赣线上的生产、生活基地的地位就有所下降。目前，上饶铁路办事处已撤销，机务段、建筑段等单位也被合并（如机务段并往鹰潭）或撤销（如建筑段改制撤销）。这些变化，显然也对上饶铁路话在铁路系统内部的影响力和权威性产生负面作用。

考察上饶铁路话的未来演变，我们认为其基本走势是渐趋衰微。本文所做调查中，受访者就此问题的看法是：

	越来越通行	维持现状	慢慢萎缩	很快消失	合计
人 数	0	22	31	2	55
百分比	0%	40%	56%	4%	100%

认为“越来越通行”的没有，多数人认为“慢慢萎缩”。选择“维持现状”的基本是中、老年人，选择“很快消失”则基本是青年人，而这里面实际还体现了一个语言感情问题。

“越来越通行”是显然不可能的。部分居民认为“维持现状”，也只是一种愿望，维持之艰难我们前面已做简述。至于“很快消失”，大概只是部分青年居民源于自身情况的一种推断，消失是可能的，但“很快”恐怕还缺少必要的条件。之所以认为是“慢慢萎缩”，有这样一些原因：

上饶铁路地区仍然是上饶市区中一个有较大规模的和有较大相对独立性的工业社区，虽有不少单位迁出和人员调出，但铁路居民还有数万之多，特别是许多外调员工仍以上饶为生活基地。更主要的是，以铁路话为母语的中年人（也包括部分青年人）仍是铁路居民的主体。铁路居民用语的“本地话化”也只是使部分铁路居民作为第二用语掌握了上饶话，却无法使上饶话替换铁路话成为新成长的铁路居民的母语。铁路居民用语“普通话化”从根本上使铁路话走向消亡，但由于“方言地区无方言人群”的形成一般还只是社区小范围内的语言变化现象，特别是多代共存的家庭成员结构模式使得铁路社区的以普通话为母语的新成长的居民不可能大批产生。同时，这类“无方言人群”如果继续生活在铁路社区，依然还是可能成为普通话和铁路话的双语者的，只不过与他们的前辈相比，铁路话不再是他们的母语而只是第二用语了。

只有当全体新成长的居民都属于“无方言人群”之时，上饶铁路地区才有可能彻底实现普通话对铁路话的语言替换，那时，才真正开始了上饶铁路话的消亡之变。这也许还得两三代人、半个世纪以上的时间。

（作者简介：葛新：博士，上饶师范学院文传学院院长）

原上饶铁路俱乐部

上饶老火车站外景

信州民歌民谣趣谈

汲　军

民歌民谣，是诗歌中一种特殊的形式。是指在民间流传下来的一些口头歌谣，它们的作者大都是未留其名的民间作者，但它们的作品却有顽强的生命力，在百姓间广为流传。这是中国古代诗歌中的一种重要形式。《论语·阳货》记载：子曰："小子何莫学夫《诗》？《诗》，可以兴，可以观，可以群，可以怨。迩之事父，远之事君，多识于鸟兽草木之名。"孔子将普通百姓的自发歌声，上升到事父事君的高度。为什么？因为诗歌的"兴、观、群、怨"的功能。兴：按朱熹的解释：是"感发志意"，意思是诗歌对读者的思想感情有感染与启发的作用；观：郑玄注"观风俗之盛衰"，朱熹认为不仅仅是观盛衰，而且应该："考见得失"。群，孔安国注："群居相切磋。"也就是说，人们通过对于诗的切磋讨论，锻炼合群性。朱熹所说是"和而不流"，既善于与人和谐群居，而又不追波逐流。怨：孔颖达解作"诗有君政不善则讽刺之，言之者无罪，闻之者足以戒，故可以怨刺上政。"（《毛诗序》）"上以风化下，下以风刺上，主文而谲谏"，意即可以用隐约的话来劝谏。朱熹注"怨而不怒"，怨的目的是使在上者引起戒惧，从而修明政治。

民歌民谣是一个地方、一个时代的民情的写照。《汉书·艺文志》曰："哀乐之心感而歌咏之声发，诵其言谓之诗，咏其声谓之歌。故古有采诗之官，王者所以观风俗、知得失、自考政也。"在中国远古时代，朝廷就会派出采诗官，摇着木铎，在大地上行走。只要听到有百姓的歌声，他们就会去倾听、记录，上传朝廷，以便帝王决策。可以说，民歌民谣就是民声，艺术形式的民声。《诗经》从某种意义上说就是民歌民谣。信州的民歌民谣就是信州百姓口口相传的诗与歌的形式，它同样有“兴观群怨”的功能。感谢当年修撰地方志的当地名士，他们就是古代摇木铎的采诗官，由他们整理而流传下来的信州民歌民谣，让我们可以一瞻当年的社会风气，也从中可以看出当时的民谣民歌的主创者——信州百姓的生活。

一、情歌

食色性也，歌谣是娱情娱乐的工具，于是情歌是民歌民谣中最重要的内容。情歌中男女对唱是最常见的形式，上饶对唱的情歌有《光棍歌》：

（男唱）：我的姐，我的姐，十七十八无老婆啊，我的姐姐。
（女白）：你就去讨一个呗。
（男唱）：讨是晓得讨哎，就是无洋钱哎，我的姐姐。
（女白）：你就去借呗。
（男唱）：借是晓得借哎，就是无钱还，我的姐姐。
（女白）：你就去由一个呗。
（男唱）：由是晓得由哎，哪里有的由？我的姐姐。
（女白）：那就去蛮一个呗。
（男唱）：蛮是晓得蛮，又怕犯法去坐牢，我的姐姐。
（女白）：你就去坐呗。
（男唱）：坐是晓得坐，就怕牢里憋死人。
（女白）：死就死呗。
（男唱）：死是晓得死，就怕没钱买棺材，我的姐姐。
（女白）：就用稻草包呗。
（男唱）：包是晓得包，就怕黄狗来拖身，我的姐姐。

据《光棍歌》推测，歌词的创作年代应该在光绪三十二三年间，那时新思想、新文化随着帝国列强的坚船利炮一起进入中国，西学东渐，很多的旧规矩已然打破，所以在此情歌中的就有一些与旧礼教不合的内容。这是一个十七八岁的青年，在当时应该到了男婚女嫁年龄。因为无钱讨老婆，就对一个心仪的女子倾诉苦衷。表面上看是有情郎与无情女的对歌，其实是有情郎对心仪女子的表白。而女子却一直用对白在挑逗这位有情郎，并假设了种种可能性，步步深入，试探情郎，诱他上钩，而男子却愿意咬住鱼钩不放松，步步紧跟，把各种可能性都堵死了。从讨老婆无"钱"开始，女孩用"借"，男孩借贷无门，女孩说去"由"一个，"由"即自由恋爱。可见那是清朝末年，新思想的自由恋爱的风气已经来到中国。男孩说由不到，女孩说"蛮"一个，就是用强蛮的手段去霸占，男孩怕坐牢；男孩把"蛮"后坐牢的结局都说出来，女孩无动于衷地继续挑逗，一直将男孩逼到让黄狗拖身的悲惨结局。通篇读下来，一个痴情男孩，一个调皮女孩的形象也跃然于前，女孩的角色也有些戏曲中的插科打诨的味道，其实还可以说是一首活生生的法制教育的情歌。

又如另一首情歌:《十八姐姐矮馍馍》

（男）十八姐姐矮馍馍，挑水扁担齐地拖。
（女）十八哥哥莫笑我，丈夫出门无奈何。
（男）十八姐姐帮你挑一肩，一肩挑到大路边。
十八姐姐帮你挑二肩，二肩挑到大门边。
十八姐姐帮你挑三肩，三肩挑到水缸边。
（女）十八哥哥你是想吃茶还是吃烟?
（男）十八姐姐，我不吃茶也不吃烟，就想和你谈谈天。

这也是十八姐姐和十八哥哥的情歌对唱，十八姐姐已经出嫁，只是丈夫出门，自己苦持家务，歌词中的形象十分生动，个子矮，想来应该是小脚，所以挑水扁担其实应该是水桶挨着地拖，吃力的样子让十八哥哥有了恻隐之心。十八哥哥只挑了三肩，也就是歇了三次，就到了女子的家中的水缸边，但是他谢绝了女子的茶与烟，只想和女子谈谈天，这是发乎情而止乎礼。而同样的意思的还有情歌对唱《一片茶叶两面青》:

（男）一片茶叶两面青，去年想你到如今。

去年想你年纪小，今年想你刚刚好。

（女）一棍柴冲十八节，打通竹节心相连。

哥哥想我好几年，我想哥哥对谁言？

这首情歌，与前两首都有些不一样，前两首都是男性主动，女性被动，这很符合中国古代的封建观念。但是这首，女性大胆而且主动抒情，但也都是动之于情而止乎于礼，只是停留在思念上。

还有独白形式:《姐姐当得高丽参》

旱了三年没饭吃，打个山歌开开心。

山歌当得白米饭，姐姐当得高丽参。

比喻是情歌最常用的手法，这首情歌将爱情的饥渴用比喻的手法表述出来，山歌可当白米饭，可以充饥，高丽参是当时的最高档的滋补品，可以养人。可见情歌比一般山歌更能滋润人心。

有意思的是一首别出心裁《光棍自慰歌》，估计自慰这个标题是采诗人加上去的，这个自慰就是自己安慰自己，不含有那种有些暧昧意思的“自慰”。歌曰：

东方不亮西方亮，不讨老婆好清闲。

日上省的半升米，夜间省得半张床。

省起铜钱买竹山，上半年头有笋挖，下半年头有纸担。

这个光棍没有唱情歌去挑逗姐姐妹妹的，他是一个精于算计的男子汉，第一句用比兴的手法，东方不亮西方亮，意思是说一个事物两个方面，不讨老婆看起来是东方不亮，是不好的事情，西方亮，就是还有好的一面。这句起头看似平常，却富有哲理，充满了民间智慧。然后就依照逻辑步步展开：不讨老婆好在哪里？第一是清闲，清闲其实就是负担轻。负担轻在哪里？白天省的半升米，不用负担老婆的日常饭食，其实就是指老婆的一切开销。夜间省的半张床：一个单身汉只睡一张小床而已。原本的孤独难眠，变成了一件节省的好事，真的是高级的自我安慰，自我释放。省下的铜钱何用？不是为省钱而省钱，是为投资而省钱。投资在哪里？买竹山，买山种上满山的毛竹。种毛竹有何用？上半年头挖笋卖，下半年头用毛竹造纸，卖纸赚钱。上饶在明清时期的造纸业十分发达，还出了“江南纸王杨益泰”。因为有好山好水，具备了造纸的自然资源，还有像民歌中的光棍哥一样的精明的上饶男人，才成就了上饶明清时期作为江南著名的造低工业基地。

女子也有独白式的情歌，但一般会在一个最特殊的场合——闺房，边做女红边唱情歌，有一首《绣花鞋》：

正月是新年，来把花鞋连。连起的花鞋哎，哎呀，相送我同年。
二月是花朝，来把花鞋缭。缭起花鞋哎，哎呀，相送我老表。
三月是清明，花鞋绣得新。绣起花鞋哎，哎呀，相送我爱人。
四月四月八，来把花鞋搨。搨起的花鞋哎，哎呀，相送我亲家。
五月是端阳，来把花鞋搪。搪起花鞋哎，哎呀，亲哥过端阳。
六月三伏天，花鞋做不得。双手滴出汗哎，哎呀，缎子要改色。
七月是立秋，来把花鞋绣。绣起并蒂莲哎，哎呀，不怕西风寒。
八月月团圆，来把花鞋拴。拴起花鞋哎，哎呀，一根红线牵。
九月是重阳，来把花鞋看。花鞋绣的哎，哎呀，织女又下凡。
九月是立冬，花鞋做成功。做好的花鞋哎，哎呀，放在箱笼中。
花鞋做成功，心里乐融融。只等佳期到哎，哎呀，哥妹配鸾凤。

一个在闺房中绣花的女孩子，从正月绣到冬月，为自己的亲人绣鞋，歌里的“同年、老表、亲哥”应该都指情郎。这个女子已经订婚，在等待佳期的期间备嫁妆，绣花鞋就是其中的一项，也是最能够寄托自己情思的。她盘盘算算，周周全全地做准备。在一个私密的空间里，我们看到了一个待嫁的女子没有羞涩，也不含蓄，直白直露地唱出自己急切地盼嫁的心情。

通观《上饶县志》所收的情歌，都比较含蓄，“发乎于情而止乎于礼”，这应该与上饶是理学之乡分不开的，韩元吉说：“信之为州四百二十有三年矣，其山川秀发，人物繁多，异时多士之隽，屡冠天下。而宰辅之出，间亦蜚声名、立事业，其风俗兴起固未艾也。”（韩元吉的《信州新修牙门记》，见《南涧甲乙稿卷十五》）。《广信府志卷一之二，地理山川》所载：“信自永嘉东迁，衣冠避地，风气渐开，历唐而宋，文学之士间出，而南渡以后，遂为要区。人知敦本积学，日趋于盛。入明二百余年，艺文学术蔚为东南望郡。下逮田野小民，生理才足，皆知以课以子孙读书为事。好勇尚鬼之习革易殆尽。”南宋朱熹在信州授徒讲学，在鹅湖书院与“二陆”的辩论，他的理学教化对上饶的民俗也有十分重要的影响力。

还有一种原因，就是采诗官们对情歌进行了净化，达到“一言以蔽之，思无邪”的效果。记得我在下乡插队的时候，正值“文革”时期，对封资修的东西是毫不留情的，情歌中的那些色情与暧昧的男女情歌都不让唱的，可是每到夜晚乘凉，男人们都要村里走南闯北的剃头师傅唱《十八摸》什么的，内容大胆露骨，有很多赤裸裸的性行为描写。广丰民歌中也有“十八姐姐袅袅动，拎个花篮采老公”之类情歌，上饶也一定流传过此类的情歌。

二、常识性的民歌

孔子说：“（《诗》可以）多识于鸟兽草木之名。”其实不仅仅是指从诗歌的内容中可以认识自然，而且在认识的过程中还要注意利用自然界的事物进行教化，实现诗歌的教化功能。在这方面民歌最能够体现这种功能，上饶的民歌里也有种以对唱的方式，一问一答，对事物的特性进行阐述，读来也饶有趣味。如以下两首连环对歌：

如连环对歌（之一）

第一多来什么多哎？第二多来什么多？
第三多来什么多哎？第四多来什么多？
第一多来是天上星噢。第二多来是地上人。

第三多来山中鸟噢。第四多来是海中鱼。

你晓得天上几多星哎？你晓得凡间几多人？
你晓得山中几多鸟噢？你晓得海中几多鱼？

天上除了月亮就是星噢。凡间除了和尚都是人。
山间除了凤凰都是鸟噢。海里除了虾公都是鱼。

月亮为何不算星哎？和尚为何不算人？
凤凰为何不算鸟哎？虾公为何不算鱼？

月亮弯弯不算星噢。和尚不娶老婆不算人。
凤凰有角不算鸟噢。虾公有脚不算鱼。

你几时看到天上星哎？你几时看到凡间人？
你几时看见山中鸟噢？你几时看到海里鱼？

歇凉时看见天上星噢。看戏看见凡间人。
砍柴看见山中鸟噢。坐船看见海里鱼。

什么收到天上星哎？什么收到凡间人？
什么收到山中鸟哎？什么收到海中鱼？

乌云收到天上星噢。阎王收到凡间人。
鸟铳收到山中鸟噢。鸬鹚收到海中鱼。

什么救到天上星哎？什么救到凡间人？
什么救到山中鸟哎？什么救到海中鱼？

风吹云散救到星噢。药王救到凡间人。
森林救到山中鸟噢。岩洞救到海中鱼。

连环对歌（之二）

什么呱呱哎在高天哟？什么呱呱在水边？
什么呱呱哎在街上叫哟？什么呱呱在姐面前？

乌鸦呱呱在高天噢。蛤蟆呱呱在水边。
铜锣呱呱哎在街上叫噢。孩童呱呱在姐面前。

什么弯弯哎在高天哟？什么弯弯在水边？
什么弯弯哎在街上卖哟？什么弯弯在姐面前？

月亮弯弯哎在高天噢。船儿弯弯在水边。
菱角弯弯在街上卖噢。眉毛弯弯在姐面前。

什么尖尖哎上尖下哟？什么尖尖下尖上？
什么尖尖哎外尖里哟？什么尖尖里尖出？

笔头尖尖哎上尖下噢。毛笋尖尖下尖上。
油榨尖尖哎外尖里噢。十月怀胎里尖出。

这两首连环对歌是对客观事物特征的描述，但也有它的价值判断，比如觉得和尚不娶老婆，没有后代，不能算人，这也体现了当时民间对出家人的一种歧视。诗歌还阐述了事物间相生相克的关系，如“乌云”与“星”、“阎王”与“人”、“乌铳”与“鸟”、“鸬鹚”与“鱼”就是相克的关系，而“风”与星、“药王”与“人”、“森林”与“鸟”、“岩洞”与“鱼”就是相生的关系。诗歌里充满了生活的辩证哲理。而连环对歌之二，也充满了生活的情趣。

采花歌是民歌中最常见的，北方有北方的花，南方有南方的花，上饶的《采花歌》也见到上饶的四季花开与爱花的姑娘采花的心情。

采花歌

正月采花无花采。二月里采花花儿正当开。
三月桃花红似火，四月杜鹃满山开。
五月菱角颠倒挂。六月荷花水面漂。
七月石榴开口笑。八月里风送桂花香。
九月菊花家家有。十月芙蓉胜牡丹。
十一月无花采。十二月梅花斗雪开。

这是描绘了上饶的一个花的世界，三月桃花红似火，肯定不是一树两树，而是桃林一片一片；四月杜鹃满山开，也不是一座两座山，而是山连山；九月菊花家家有，上饶人爱花的习俗自古而然。

三、各式社会生活的民歌

社会生活是民歌民谣中的主要内容，生活在各种层面的人们都会创作表现自己生活的诗歌，如《月月歌》，这是农人的歌：

月月歌

正月陪陪客，
二月铲铲麦，
三月平平过，
四月有麦磨，
五月吃点苦，
六月撑翻肚，

七月打一算，
八月有戏看，
九月交交租，
十月纳田赋，
十一月耕耕地，
十二月当皇帝。

此歌体现了在农耕社会里，做农民的闲适与满足。这样的民歌在衢州也有，唱曰“脚踏白炭火，手拿番米（玉米）粿，除了皇帝就是我”。鹰潭也有民歌“作田好、作田好，半年忙、半年闲”，这些民歌留下了小农社会的深刻痕迹，也可见当年的上饶人的普遍的小农心理。

又如一首《零工歌》内容为：

（东家）日头落山慢落山，请个零工好不难。
一日三餐白米饭，一碗猪肉摆中间。
（零工）日头落山快落山，打个零工好艰难。
一日三餐笼糙子，一碗腌菜陪三餐。

这首民歌好就好在写出了东家与零工的不同心态，一个盼日子长些，零工多做事，一个盼日头短些，可以早休息。关于饭食，也各有描述。这种比较客观的陈述能较全面地反映当时东家与零工的关系。

女性的十月怀胎是民歌中的重要内容，上饶也有《十月怀胎》的长歌，不仅写出了女性十月怀胎的情状与分娩的痛苦，还写出了养育孩子的喜悦与孩子成长后的期待，与其说是写十月怀胎，不如说是写了女性的大半生。《十月怀胎》歌曰：

正月怀胎如露水，桃李花开正逢春。
怀胎好比浮萍草，不知生根不生根。
二月怀胎不多时，手酸脚软步难移。

眼花不见穿针线，放落花鞋懒去连。
三月怀胎三月三，三餐茶饭吃两餐。
三餐茶饭不想吃，只想酸梅口中含。
四月怀胎节节升，遍身骨节软如棉。
年少怀胎还自可，老来怀胎病最多。
五月怀胎分男女，七窍八孔变成人。
是男是女心中想，不知何日几时生。
六月怀胎三伏天，烧菜烧饭在炉前。
堂前扫地身难转，行路好比上高山。
七月怀胎是金秋，梧桐树上挂金钩。
金钩挂在梧桐树，孩儿挂在娘心头。
八月怀胎桂花香，五谷入仓乱忙忙。
有福之人仓仓满，无福之人半年粮。
九月怀胎重如山，抬头容易低头难。
茶饭不敢多吃饱，罗裙不敢紧捆腰。
十月怀胎将要满，儿在肚里转团团。
左手抓娘心头肉，右手抓娘肚中肝。
一阵痛来一阵晕，阵阵疼痛生欲死。
地狱门前隔壁人，阎王面前隔张纸。
叫娘上天天无路，叫娘下地地无门。
手扳床榻双泪流，双眼流泪落纷纷。
牙齿咬得金丝线，花鞋踩得地皮穿。
结发夫妻恩义重，双手合掌许心愿。
先许祖堂香火钱，后许南海观世音。
四处菩萨都许尽，保得孩儿早时生。
孩儿落地叫一声，亲娘做得两世人。
孩儿落地叫两声，前堂夫君才放心。
孩儿落地叫三声，大小伯父定时辰。
孩儿落地叫四声，忙叫婆婆来洗身。

一日吃娘三次奶，娘身瘦了孩儿胖。
热天抱儿树荫下，寒天抱儿火炉旁。
一岁两岁离娘奶，三岁四岁方可行。
五岁六岁能言语，七岁八岁上学堂。
孩儿出门去读书，娘在家中盼儿归。
一怕孩儿身上冷，二怕孩儿肚中饥。
三怕孩儿年纪小，四怕孩儿被人欺。
五怕孩儿爬高梯，六怕孩儿水中嬉。
七怕孩儿天花事，八怕孩儿读书愚。
九怕孩儿身生病，十怕孩儿婚姻迟。
孩儿养到十七八，生子望孙福寿齐。
十月怀胎表周全，花在同开月在圆。

这首民歌大凡做了母亲的女性都感同身受，妊娠反应的步步发展，通过一系列的身体的变化和内心感受来写，而旧时代分娩时丈夫的求神拜佛，既见产妇分娩的痛苦与危险，也见丈夫的急切心情，可见夫妻情深。孩儿落地的四声哭啼，从母亲、父亲、伯父、婆婆各自的分工，也见当年的民俗。孩子成长过程中母亲的“十怕”，写尽了母亲的种种担忧，最后两句是母亲的最大的喜悦，孩子成人成家，生儿育女。读了这首《十月怀胎》还会有人不孝顺母亲吗？有的歌词还很美，如：“七月怀胎是金秋，梧桐树上挂金钩。金钩挂在梧桐树，孩儿挂在娘心头。”很有意境。

出嫁的女子归娘家省亲，这是民俗中的一个重要内容，上饶有首民歌《有爹有娘归来嬉》，写得饶有趣味，一家人的各种情态跃然歌中：

有爹有娘归来嬉

三月桃花红滴滴，娘望女归笑眯眯，爹爹看见接十里。
嫂嫂看见脸朝里，哥哥看见困在床上不调起。
哥呀哥，怎样不调起？

上没磨你肩头皮，下没磨你脚板皮。
吃爹饭，穿娘衣，没穿嫂嫂嫁妆衣。
有爹有娘归来嬉，没爹没娘靠夫妻。

开首既道明了时节，也渲染了气氛：三月桃花开，正是女儿回娘家的时节，经过漫长的冬季，春暖花开，女儿自然也要回家省亲。父母的喜悦，尤其是爱女心切的父亲，接女儿到十里之外。与之相反的是哥哥嫂嫂的表现，不喜欢妹妹的回家。妹妹的一番话十分厉害："上没磨你肩头皮，下没磨你脚板皮。"意思是没有动用哥哥一点的劳动成果，"没穿嫂嫂嫁妆衣"，意思没有占嫂嫂的一点便宜，回娘家是"吃爹饭，穿娘衣"。这样说话的女孩子，想必哥哥嫂嫂是哑口无言。结尾还很决绝地暗示：如果父母不在了，也就不回这个家了。这首民歌用上饶话读来，气韵生动，尤其是女儿怼哥嫂的口语，一个泼辣的妹妹的形象让人震撼而喜欢。想到上饶方言中，称姐姐为"姐老倌"，一个"老倌"有几分男子气概，想来泼辣干练是上饶女子的共同性格。

还有讽刺一些说大话、吹牛皮的人的歌谣，如《我从来不唱拉天歌》

我从来不唱拉天歌，
我看见外公讨外婆，
我看见我妈生我哥，
我在旁边摇箩窟。

箩窟是旧时民间的一种摇篮，让孩子睡在竹编的椭圆形的篮子里，下有木架，脚有圆的角度，可以摇动，以哄孩子入眠。上饶人称吹牛为"拉天"，整首歌就是以为吹牛大王的写照，就是一首拉天歌，读来让人忍俊不禁。

四、儿歌童谣

儿歌童谣是民歌中重要的内容，也是儿童早期教育的手段，既可以起教化的作用，也可以起美育的作用，让儿童在早期感受语言的韵律美好与动听，往往是儿歌童谣的最重要的。上饶儿歌里一首《月光光》就是如此：

月光光

月亮亮，月光光。
料理哥哥上学堂。
学堂满，搁笔管。
笔管弓，变相公。
相公矮，变螃蟹。
螃蟹八只脚，变喜鹊。
喜鹊漫天飞，变野鸡。
野鸡满山走，变黄狗。
黄狗跳过墙，碰到老和尚。
老和尚会念经，碰到观世音。
观世音会铲草，碰到嫂嫂。
嫂嫂会扫地，碰到土地。
土地公公会打鼓，碰到老虎。
老虎会烧锅，烧到后脑窝。
呀唷，呀唷。

这首儿歌不强调教育的功能，却十分风趣，里面的内容缺乏逻辑性，事物间也风马牛不相及，但是用韵律把它们联系在一起，读来会产生一种无理性的快乐，无理性快乐最符合儿童的认知阶段，因为内容的无理性，韵律反而更加突出。

一个时代有一个时代的民歌民谣，而从中可以看到上饶人当时的生活习俗与意识形态，这是一部有意味的时代艺术作品。现在新的民歌民谣正层出不穷，希望还有手摇木铎的采诗官，采集出来，以丰富群众的民间文艺生活，也为决策者了解民情民意而提供参考。

信州民歌集锦

商建榕

信州自古以来民歌丰富多彩，是上饶民间文艺中最简单而普遍的一种表现形式，它与人们的生产生活血肉相连，密切相关，有浓郁的乡土气息。民歌体裁主要可分为号子、山歌、小调、灯歌、风俗歌、渔歌、革命历史民歌等等。各种体裁在旋律音调、节拍规律、曲体形式等方面，都有各自鲜明的地方特征，有的夹用假嗓传扬很远。民歌形式多样，节奏自由，题材广泛，内容丰富，有浓郁的地方生活气息，反映了人们的日常生活、劳动和爱情等方面内容，及对各种事物不同的道德观念，是不同时期的群众心声，充满自娱自乐的幽默感。如专为节日喜庆演唱的灯歌类，演唱时载歌载舞，五彩缤纷，锣鼓齐鸣，气氛热烈。还有一些属歌舞表演形式，如信州区的“爱什么花”，上饶县的“打簸箕”等，这些歌曲节奏明快，曲调活跃。

听信州民歌，读信州民歌，宛如观看一段段历史画卷，反映了不同时期的民俗风情，具有很强的时代感。因篇幅有限，此处仅选摘部分。

调兵歌

信州区·东市

我在房中绣花巾，听见外面来调兵，不知调哪军？

七军八军都不调，单调工农红十军，英勇杀敌人。

最大年纪二十几，最小年纪十八春，一班好后生。

儿童团歌

上饶县

小兄弟们呀，小姐妹们呀，我们的将来是无穷的呀，手携着手呀，我们是儿童。

红色的儿童，我们是未来，我们的生活是多么愉快，美丽的世界，在前面等待。

打横峰县

信州区 刘水兰唱

九月廿四天，打到横峰县。
红军一开枪，狗官躲在笔架山。
上山口安身，红军用一计，
反动军归降，拿到八十几。

注：以上是土地革命时期流传在上饶苏区的三首历史民歌。

我做长年真可怜

信州区·东市

正月里来正月天，正月天来做长年。
二月里来田坎边，跟着牛头到田边。
三月里来麦儿黄，从早割到黄昏歇。
四月里来禾秧青，白天栽秧三丈五。
五月里来睡牛棚，蚊虫跳蚤咬长工。
六月里来太阳晒，太阳晒得头发昏。
七月里来想歇天，又怕老板扣工钱。
八月里来谷子黄，早晚打谷不算工。
九月里来做酒天，熬糖做酒日夜间。
十月里来打霜天，老板睡床喊长工。

冬月里来下雪天，大雪飞进牛栏间。

腊月里来闹洋洋，没吃没穿受饥寒。

注：“长年”即长工。

十二月长工歌

上饶县・沙溪

正月长工正月天，手拿大饼去拜年，别人拜年酒肉吃，长工拜年吃筒烟。

二月长工二月天，老板带我去看田，东边看到西边转，看到门前是秧田。

三月长工三月天，老板带我去耕田，大垅耕到小垅转，老板说我耕少田。

四月长工四月天，老板叫我去栽田，一天栽到三四亩，老板说要扣工钱。

五月长工五月天，河边锣鼓闹喧天，通家大小看龙船，长工可怜去耘田。

六月长工六月天，馊粥剩饭吃半年，半年晕腥不见面，一碗咸菜摆中间。

七月长工七月开，苍蝇蚊虫飞满天，通家大小挂罗帐，长工可怜蚊子叮。

八月长工八月天，外面做戏闹喧天，通家大小去看戏，可怜长工耕冬田。

九月长工九月天，老板叫我去种田，通家大小有被眠，可怜长工冷喧喧。

十月长工十月天，通家大小有袜穿，别人个个有火烘，长工冻得实可怜。

十一月长工十一月天，老板叫我帮来年，今年挨了你几多气，明年总总不帮你。

十二月长工十二月天，卷起铺盖到娘边，娘亲说我心肝宝，老婆说我少赚钱。

长工歌

信州区・东市

正月长工真可怜，正月本是个拜年天，别人拜年茶酒饭，三矮子拜年一筒烟。怜怜子可，可可子怜，长工拜年一筒烟。

二月长工真可怜，二月长工个做秧田，秧田洒来秧田转，累得个长工气喘喘。怜怜子可，可可子怜，累得长工气喘喘。

注：“长工”即失去土地的农民，靠长年为地主打工为生。在封建社会，长工是被压在社会最低层的人，生活痛苦，终年劳累，难得温饱。大量的长工歌，反映了旧社会长工们牛马不如的非人待遇，令人同情。长工歌在旧时

民歌中非常多见，多用山歌、小调的形式，在干活时边干边唱，抒发自己对世道不平的愤懑，是长工悲惨生活的真实写照。

挖山粉

信州区 吴惠生唱

手拿锄头没有力啊，只因家中没饭吃。
衣呀嗬，呀呼嘿，挖点山粉当饭吃哟。
呀呼嘿，衣呀嗬。
一年三百六十天呀，又无吃来又无穿。
衣呀嗬，呀呼嘿，这种生活真可怜哟。
呀呼嘿，衣呀嗬。
可怜贪官太无理呀，不管穷人饿肚皮。
衣呀嗬，呀呼嘿，租债高利还不清哟，
呀呼嘿，衣呀嗬。
土豪劣绅黑良心呀，压迫剥削我穷人。
衣呀嗬，呀呼嘿，不知何时得翻身哟。
呀呼嘿，衣呀嗬。
我们穷苦老百姓呀，这样苦死不甘心。
衣呀嗬，呀呼嘿，大家一起来革命哟。
呀呼嘿，衣呀嗬。

开口就唱共产党

信州区・东市

口唱山歌心里爽呃，开口就唱共产党。
共产党是好领导喂，领导人民啊得解放。
共产党是大恩人呃，指出前进好方向。
全国人民一条心喂，永远跟着啊共产党。

注：此歌是20世纪60年代上饶市普遍流行的山歌，由信州区郭门村民间歌手姚金娜唱出名，1964年上海唱片厂灌制唱片在全国发行。

摇着船儿送棉粮

信州区・东市

摇起橹来把路赶，打起山歌离家园，打起山歌离家园。
前面划过白银龙，后面追来船船金，后面追来船船金。
金船银船盖满河，前船后船紧紧连，前船后船紧紧连。
摇着船儿送棉粮，好歌好曲献给党，好歌好曲献给党。

注：此首民歌是上饶《龙船调》演变而成。1964年上海唱片厂灌制唱片。

做官要做包文正

信州区・常青

山歌要打山歌头，做屋要做走马楼，做官要做包文正。
不要金钱不要银，做官要做无私官，倨们百姓哎都喜欢。

注：倨们即我们。

新打铰剪不要磨

信州区・东市

新打铰剪不要磨，新交朋友不要多喂。
知心朋友交一交，情同手足差不多喂。
有钱无钱都一样，我帮你来你帮我喂。

注：铰（高）剪，上饶方言即剪刀。

采　桑

信州区・西市

三月天气暖洋洋，梳妆打扮，去采桑。

桑叶青青绿茵茵，采起桑叶，把蚕养，快采多采喜洋洋。

想　郎

信州区・东市

正月里想那我的郎，郎郎是新年，我的郎呀在外边有了个大半年。

春季里那个鲜花开，为何郎不来？想的我小妹妹日夜都挂念哎咳哎咳哟。

正月里想那我的郎，在外有一年，莫非郎呀在外边有了个女娇颜。

腊月里那个低头思，想思对谁言？免得我小妹妹泪呀泪连连哎咳哎咳哟。

打好木箱拣新郎

信州区・西市

（女）一更鼓儿恨声我的娘，恨声母亲没商量，母亲没商量。

（女）母亲只有爹爹成双对，难道女儿孤单一人，女儿心内慌。女儿心内慌。

（母）女儿说话无商量，说什么今天就拣郎，等爹爹，转回家，等哥哥，转回乡，一家坐在大厅堂，来商量，请木匠，打衣箱，请铜匠，打镜框，请裁缝，做衣裳，大家喜洋洋。

卖花线

信州区・朝阳

担子挑上肩，挑的是端端圆，挑到人家叫声卖花线，挑到人家叫声卖花线。

卖花线

信州区・西市

担子挑上肩，左肩换右肩，右肩换左肩，喂呀喂仔哟喃喃，叫声卖花线。

卖棉布

信州区·西市

家住江西广信府，名字叫作李庭柱。
这一带朋友好得多，助我的银钱实在多，
别什么生意我不做，肩背一叠好棉布。
一步来在大街上，肩挑担子手摇鼓，
肩挑担子手摇鼓，口喊三声卖棉布。
（喊）卖棉布啊！

对 花

信州区·东市

（女）说起对花就对花，千对花，万对花，前面田里有丘好花，有红根有绿叶，红根绿叶开白花，白花结乌籽，乌籽三角棱。回头叫声老庚哥，此花叫作什么花嘞。

（男）小妹叫我来对花，千对花，万对花，前面田里有丘好花，有红根有绿叶，红根绿叶开白花，白花结乌籽，乌籽三角棱。抬头回声小妹子，此花叫作荞麦花嘞。

送情郎

信州区·东市

一送情郎枕头边，郎要起身姐要眠，郎要起身做买卖，姐要贪花恋少年。
二送情郎柜子边，推开柜子拿洋钱，手拿洋钱二十块，相送情郎做盘缠。
三送情郎房门边，包袱雨伞带郎身，天情就把草帽戴，下雨就把伞来撑。
四送情郎出绣房，推开纱窗看青天，菩萨保佑下大雨，再留情郎住几天。
五送情郎码头边，码头边上水连天，情郎一路多保重，顺风顺水好行船。

挑起担子走四方

信州区・红卫

我把担子来挑起，挑起担子起四方。

大缸要补三吊六，小缸要补更便当。

小贩歌

信州区・西市

少年女子一十七，心中想想无主意，做做小生意，做点小生意。

瓜子花生都要卖，还卖那个介子果，卖给大家吃，卖给大家吃。

撇芥菜

信州区

我在园中撇是撇芥菜，亲哥还不来，

亲哥前面走，小妹在后跟，撇呀撇芥菜呀。

一把扇子两面光

信州区・东市

一把扇子两面光，送情郎。

纸竹扇子手中拿，好风凉。

放风筝

信州区・东市

姐儿无事去散心，手拿一只篾扎的，纸糊的，花蝴蝶。

人说它是美人头，亲哥哥，人说它是美人头。

磨剪刀

信州区・西市

大哥跑湖广，二哥跑襄阳，只有我老三洗镜磨剪刀，要到外面去做做生意。

街坊走，乡村转，担子左肩换右肩，连叫三声磨剪刀，天天在外面做做生意。

情郎你要记在心

信州区・东市

我的哥哥你且听，且听桃妹说原因，牢牢记在心。
情郎我的哥，牢牢记在心。
要学星星伴月亮，同偕到老不离分，你要记在心。
情郎我的哥，你要记在心。

夫妻相骂

信州区・东市

太阳满天霞，思想起我冤家呀，提起我冤家，一身都筛麻。
自从嫁了你，有什么好夫妻呀，油盐柴米，无有一样的。
眼泪往下掉，日子真难过呀，受尽折磨，越想越有气。
上餐没有油，下餐没有米呀，为何这样苦，何时把家兴。

瞎子摸路

信州区・西市

瞎子生来真命苦，有手有足不见路，不啊不见路。
瞎子苦来没有头，不见光明日夜愁，日啊日夜愁。
世上只有瞎子苦，苦中渡过苦中苦，苦啊苦中苦。

送　郎

信州区

送郎送到大路中我的郎，看到狐狸拖鸡公。
拖了鸡公不要紧我的郎，害得鸡母无老公。
送郎送到菜园中我的郎，一划韭菜一划葱。
割了韭菜不要紧我的郎，割了葱两头空。

要学蜡烛一条心

信州区·东市

手端交椅挨夫坐，轻言细语劝夫君。
夫君要出远门外，今天对你说分明。
男不长情短命死，女不长情死本身。
莫学灯笼千个眼，要学蜡烛一条心。

摘　菜

信州区·东市

打开园门去呀去摘菜，满园的青菜实在叫人爱。
青的青翠翠呀，黄的黄安安，红的红着紫呀，绿的镶着白。
乌菜白菜芥菜鄱菜韭菜芹菜蔬菜苋菜大蒜辣椒。
哇查查！水灵灵的青菜遍呀遍呀么遍地栽。
打开园门去呀去摘菜，满园的青菜实在叫人爱。
早上摘了豆呀，晚上又摘瓜，越摘越是喜呀，越采越开怀。
东瓜南瓜丝瓜黄瓜扁豆缸豆麦豆青豆蕃茄大葱。
哟啧啧！饱鼓鼓的瓜豆长呀长呀么长的快。长呀么长的快哟！

唱起茶歌跳茶灯

信州区·东市

敲锣打鼓闹盈盈，唱起茶歌跳茶灯，走了东家串西家，过了小桥又一村。各乡各村喜相逢迎，鞭炮齐鸣闹洋洋，一年四季平安福，五谷丰登丰收年。

正月闹花灯

信州区

城内城外，闹洋洋，正月十五闹花灯。

前面龙灯走，后面马灯跟，还有一对狮子灯。

三姐妹看灯

信州区·西市

初一初二好晴天，初三初四好拜年，初五初六好热闹，三个姐妹去看灯。

铜钱歌

信州区·西市

今日来到姐家门，叫声姐姐听分明呀，我的姐姐呀。

（白：啥事呀哇）

二五二六平平过，二七二八无老婆呀，我的姐姐呀。

（白：讨嗒）

讨是晓得讨，没有铜钱讨老婆，我的姐姐。

（白：那还是打单身好哦，唉！）

妹子更爱后生家

信州区・东市

八十岁的公公爱的什么花？八十岁公公爱的大红花，一口胡子笑哈哈。
十八岁的妹子爱的什么花？十八岁的妹子爱的绣球花，更爱哥哥后生家。
老庚哥子爱的什么花？爱的妹子像朵花，更盼妹子到我家。
八十岁的婆婆爱的什么花？八十岁的婆婆爱的纺棉花，手抱孙子笑哈哈。

打簸箕

上饶县・尊桥

新打簸箕两边挎，打起簸箕妹拣茶。
双手拣茶簸箕里，今年春茶真不差。
吃了饭菜要喝茶，拣了茶叶摘枇杷。
别人枇杷结了籽，娜妹枇把没开花。

走娘家

信州区・西市

坐在家中心暗想，一心思想走娘家。
提着鸡来带着鸭，见得亲娘笑哈哈。

天上小星配大星

信州区・东市

天上小星配大星，地下才子配佳人，哥哥不信妹的话，哥呃，妹妹有话说哥听，哎是亲郎哥，妹唱小调郎宽心。

小小胡琴满口音，里面奏琴外面听，杨琴打来叮咚响，哥呃，二胡拉来凤凰音，哎是亲郎哥，妹唱小调郎宽心。

卖菜歌

信州区·西市

家住东门外，天天叫卖菜。
来到大街上，就把菜来卖。

鲜花爱熬人

信州区·东市

清早爬起来，花园门打开，满园鲜花，鲜花爱熬人。
芙蓉牡丹花，娇艳香万家，满园菊花，菊花黄茵茵。

奴奴打扮等郎瞧

信州区

月亮一出照树梢，奴奴打扮整容貌，等候了，我郎来瞧。

一人唱起众人和

信州区

打起鼓来敲起锣，一人唱起众人和。
东边划来西边划，纪念屈原来划船。
十八龙仓十八郎，舱舱坐的少年郎。
信江河边多热闹，男男女女看龙船。

渔鼓打来咚咚响

信州区·东市

渔鼓打来咚咚响，诸位请听我来唱，今天不把别的表，唱一唱当今好时光。
青山绿水且不表，前朝后代也不唱，听唱家乡多兴旺，五谷丰登人寿长。

注：演唱时以渔鼓筒击拍伴奏。

唱唱信江好风光

信州区・西市

琴筒一打冬冬响，听我来把歌儿唱，别的事儿我不表，唱唱信江好风光。
水上金桥飞彩虹，水下鱼吓戏银浪，岸边亭台挂翠柳，龙潭塔影水中荡。

捉螃蟹

信州区・东市

清早侄到河边去洗菜呀依么哟，看到一只大呀大螃蟹，
两把钳钳子，八呀八只脚呀，肉鲜味又美，真是太好吃，
捉来归呀放下锅呀哎咳哟。

苍天无雨人不求

信州区　流星

苍天无雨人不求，脚踏水车水倒流。
虾公蟹将无处躲，龙王见到直叩头。

收割小景

信州区　张学兵

旗如海，人如山，歌声笑声震动天；
社长摇旗手一指，收割人们成一线。
男社员好比打虎将，女社员胜过花木兰；
千百回合算个啥，英雄不怕腰腿酸。
战完金山战银山，谷堆棉垛顶了天，
遮住太阳半边脸，农民歌舞庆丰年。

弟弟笑歪小嘴巴

信州区　黄光胜

今年番薯真是大，个个好似胖冬瓜。
姐妹两人抬一个，弟弟笑歪小嘴巴。

如今个个是诗人

信州区　赵延鼎

笔头蘸干太平洋，诗歌写满天下墙；
说来唐朝诗最盛，如今个个是诗人。

伐木者之歌

信州区　程永海

山在半天，人在云间，
斧头柴刀叮当响，
震得山摇云打颤。
树海天边，烟雾弥漫，

一下忘抹脸，脸挂水珠串串。
闻声不见人，对面看不清，
噗的一声笑，原是哥哥进山林。

民　兵

信州区　陈余庆

天上星星数不清，地上民兵多过星，
颗颗星星像盏灯，亿万民兵一条心。
白天耕种夜操练，又是农民又是兵。

月里嫦娥笑嘻嘻

信州区　叶卫

月里嫦娥笑嘻嘻，回想过去太孤凄；
如今有了卫星哥，经常伴我一道戏。

‘作者简介：商建榕，原上饶市方志办副主任，上饶市政协文史馆员’

【艺术长廊】

上饶信州历代书画家

吴长庚　潘旭辉

上饶是书画之市，是历代人文荟聚之区。2017年，我们曾积数年之努力，编辑出版了《上饶历代书画集》，收录上饶区域内东吴以下至2005年已故书画家280余人410件作品，产生了良好的反应，填补了上饶历史文化的空白。

当然，在上饶境内，艺术发展并不是平衡的，这期间，鄱阳、婺源、上饶的力量相对较强，而各县相对较弱。在较强的三县中，上饶又在其次。

历史上，上饶城区并不大，信江中分，城北主要是商业区，城南则是风景名胜、文人汇聚之区，因而历代书画家多聚居在水南。

上饶书法最早可追迹到东晋，永嘉东迁，文化南移，上饶成为中原士族避乱隐居或任官之地。琅琊王廙、颍川庾翼，先后任鄱阳太守，均能抚和百姓，立学郡中，留下传世墨迹。

唐代是中国文化辉煌灿烂的时代，作为中国书画史上最突出的三位代表，欧阳询、阎立本、颜真卿，都在上饶任职或居住过。欧阳询是与虞世南、褚遂良、薛稷三位并称“初唐四大家”的著名书法家，《饶州府志》载欧阳询：“二十余至鄱阳，喜其地沃土平。众士多辏聚之，侨寓甚久。”阎立本曾官至工部尚书、任右相，改中书令。晚年寓居信州玉山，《玉山县志》载：阎立本“卜居武安山下，读书暖水三山之左，置南庄五都。自太宗殂，高宗立，权移武后，立本舍宅为普宁寺，舍读书处为智门寺，舍南庄为普圆禅院，又筑墓于普宁寺后，委僧护守之。”卒葬其地，墓至今尚存。颜真卿是唐代著名政治家、书法家，累官至吏部尚书、太子太师，封鲁郡公。乾元间为御史唐某诬，

贯休 《十六罗汉图》

贬饶州刺史，鄱阳县荐福寺内曾有《鲁公三表》刻石。

晚唐五代，战乱连年，江西艺坛寂寞，唯上饶有释贯休，堪书一笔。贯休江西进贤人，号禅月大师，一生苦节厉行，云游各地，间必来上饶，曾驻锡信州怀玉山中，以及水南之景德寺中。《玉山县志》称：“禅月大师贯休文笔神敏，建读书堂，修禅院，隐居怀玉山中。”而《广信府志》《上饶县志》亦载，城南景德寺有禅月台，亦因禅月大师所居而得名。当时上饶县的王贞白与他建忘年之交。其后，南宋抗金名将李纲曾夜居城南，作《宿信州景德寺禅月堂》诗，中有“贯休仿佛英灵在，应笑登临强赋诗”之句。韩滮是韩元吉的儿子，他隐居在城南的南涧，亦有《禅月台》诗云：“贯休一去二百载，犹得灵山照玉溪。”这些都可证明，贯休在上饶水南景德寺居住是可信的。

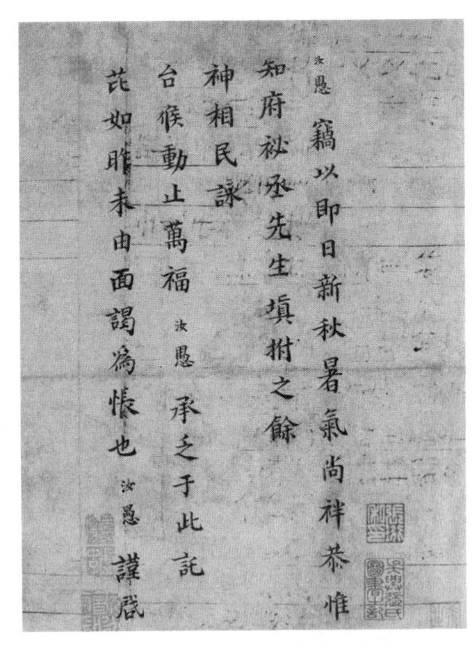

汝愚 竊以即日新秋暑氣尚袢恭惟
知府祕丞先生塡拊之餘
神相民詠
台候動止萬福 汝愚 承乏于此託
芘如昨未由面謁爲悵也 汝愚 謹啓

赵汝愚 《新秋帖》

贯休是著名书画家。其传世的作品有《十六罗汉图》，我们所编的《上饶历代书画集》收录其作品四件，均为其所绘罗汉，从作品可见，他画的罗汉状貌古野，绝俗超群，线条准确传神。在中国绘画史上，有着很高的声誉。

宋代是江西文化艺术的大发展

时期，上饶书画艺术也进入高潮。这一时期作者众多，一大批学者、诗人、词人、思想家、政治家都活跃在这个时代，留下他们的墨迹。如汪应辰、赵蕃，朱熹等。寓居在上饶的有辛弃疾、韩元吉、吕祖谦、曾几，郑望之，任官于上饶的有赵汝愚、黄庭坚、王十朋、苏迈、吴说等。其中，汪应辰有《中庸毕工帖》，韩元吉有《晴寒帖》《集古录跋尾》，赵汝愚有《新秋帖》，朱熹有《城南唱和诗帖》，辛弃疾有《去国帖》，吕祖谦有《文潜帖》，赵蕃有《门下帖》，曾几有《唐范隋告身卷跋》，王十朋有《宠示帖》等等。（按，以上所述诸帖，均为我们所编《上饶历代书画集》收录作品）。吴说绍兴间知信州。其书法楷、行、草及榜书均佳，小楷有“宋时第一”之誉；榜书深稳端润，行草圆美流丽，深入黄太史之室，而得其精髓，又时作魏钟繇之体，颇有新致。他独创的游丝书颇负盛名。一笔一行，游丝连绵。宋高宗赵构《翰墨志》说：“绍兴以来。杂书游丝书，惟钱塘吴说。”传世作品有《致御带观察尺牍》《叙慰帖》。

赵藩　《刻章帖》

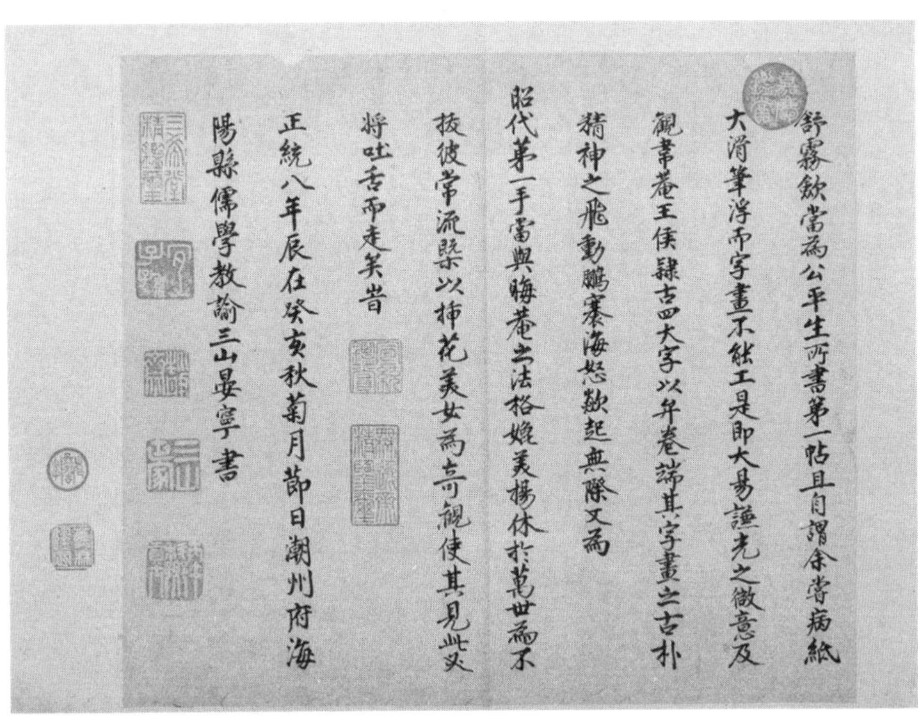

朱熹《书札卷》跋尾

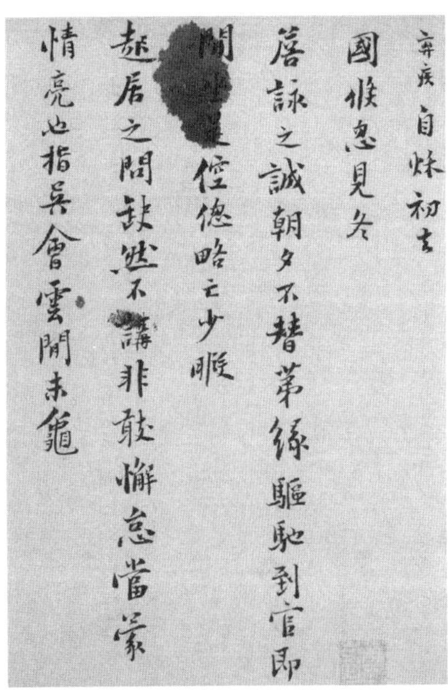

辛弃疾　《去国帖》

歐陽文忠公集古所錄蓋千卷也
頃嘗見其曾孫當世家尚二百
本但跋尾及一二名公題字其石
刻謂離亂後逸之爾今觀此四紙
自趙德父來則在崇寧間已散落
也不然豈其藁耶以校文集所載
多訛舛脫略是當爲正而楊君碑
文集則無惟中宗作仲宗建武
之元作孝武恐却乃筆誤也然
德父平生自編金石錄亦二千卷
又倍於文忠公今復安在公所謂君
子之嗜不朽不託於事物而傳者
眞知言哉三復嘆息淳熙九年
重五日穎川韓元吉書

韩元吉 《集古录跋尾》

元代上饶书画，继承唐、五代、两宋传统，而进一步发展。“文人画”盛行，绘画的文学性和对于笔墨的强调超过了前代，书法趣味被进一步引申到绘画的表现和鉴赏之中，诗、书、画进一步结合起来，体现了中国画的又一次创造性的发展。元代虽时间不长，但绘画是名家辈出，成就可观。

元代的上饶，虽没有那么多名家面世，但也出现了像方从义这样的绘画大家。方从义信州贵溪人，是龙虎山上清宫正一派道士。能诗文，工古篆、隶书、章草。而擅画云山墨戏，所作大笔水墨云山，苍润浑厚，富于变化，自成一体。初师董源、巨然、米芾，在元四家外，与高克恭齐名。作品极潇洒。峰峦高耸，树木槎枒，云横岭岫，舟泊莎汀，墨气冉冉，王世贞论其作与高克恭、倪瓒同为“品之逸者也”。他善于写生，平生游历所见真山水实景，如武夷、匡庐、恒、岱、华不注等名山胜景，常常摄入画面，且能把对自然景物的描写当作画家抒发主观思想情的一种手段。《中国名画宝鉴》收录其作品《神岳琼林图》《山阴云雪图》《武夷放棹图》《太白泷湫图轴》等。

方从义　《高高亭图》　　　　伯颜不花的斤

此外，伯颜不花的斤是高昌王孙，鲜于枢甥。初以父荫同知信州路事，至正十七年擢江东道廉访副使。陈友谅攻信州，他聚兵援之，力守孤城，城破自刎而死，谥桓敏。倜傥好学，工诗，晓音律，善草书，似其舅鲜于枢，又工画龙。传世墨迹有《赵佶摹韩幹围人呈马图跋尾》《苏轼枯木竹石图跋尾》。

明代是中国书画艺术史上的重要阶段。沿宋元传统继续演变发展，出现了一些以地域为中心的名家与流派。书法方面，出现了以沈度、沈粲为代表的台阁体书法，以祝允明、文征明、王宠为代表的吴门书派。绘画方面，有以戴进为代表的浙江画派，以沈周、文征明为首的吴门画派，以董其昌为代表的华亭画派、以何震为首的印坛徽派等等。这些流派各成体系，代表着明代艺术的成就。

这一时代上饶的书画家甚多，其群体多为文人画家群，或在朝廷为高官，或居民间为隐士。詹希元字孟举，婺源人，他是明代“台阁体”书法的前期代表。他擅楷书及篆、隶，尤善大字榜书。体兼欧、虞、颜、柳四大家。杨士奇称其大字为“国朝第一”。但很可惜，太祖朱元璋似乎并不喜欢詹书的风格，遂削其趯”。

祝世禄是明代后期的著名书家，字无功，号石林，他在明万历间于南京书坛名气很大，明姚旅《露书》卷十二载南京各界名人云：以祝世禄居榜首，何震居第二。何震是晚明极有名的篆刻家，婺源（今属上饶）人。是徽派篆刻的开创人。中年以后始学画竹，苍莽淋漓，风格高雅。

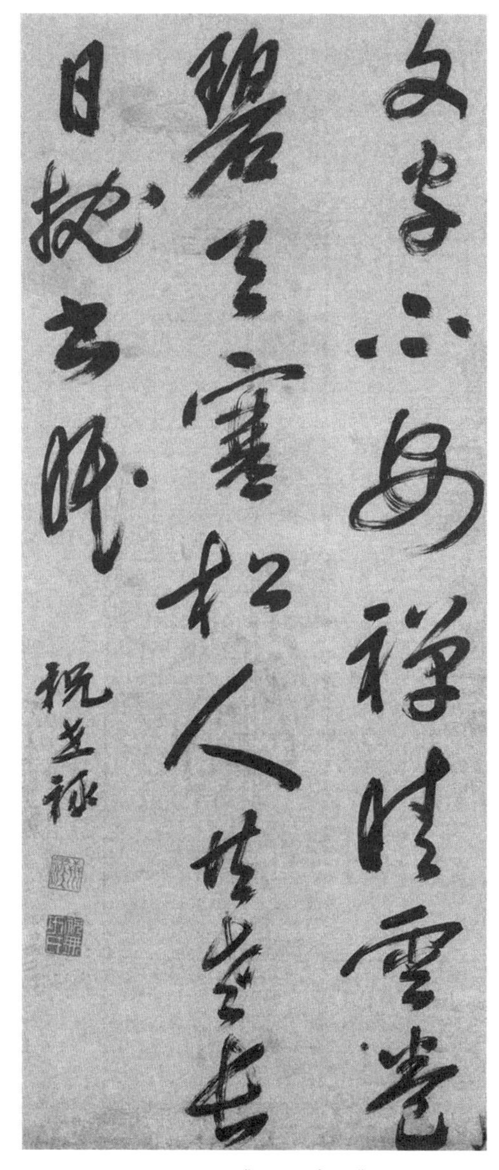

祝世禄　《行书诗翰》

从成化、弘治两朝开始，明中期书坛出现了新的变化，台阁体书法逐渐衰微，而一批官员或民间文人书法家如雨后春笋般地涌现，他们力求返回古代艺术传统，打破台阁体雍容规整的体格，追求纵横散乱、个性鲜明的情趣。代表着吴门书派的兴起。铅山二费、弋阳二汪、鄱阳童轩、蒋惠、贵溪夏言，均是受流风影响的书家。

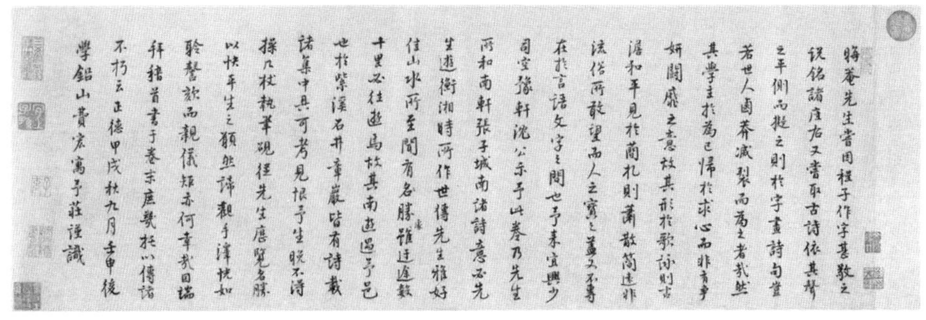

费宏《朱子南城诗卷》跋尾

费宏，字子充，成化二十三年（1487）丁未科状元，历任四朝，累官至内阁首辅，授文渊阁大学士，加少师兼太子太师、进武英殿大学士、华盖殿大学士，谥“文宪”。有济世练达之才，传世墨迹有《跋文征明句曲山房图卷》《跋沈周岸波图卷》。其跋用笔圆转流畅，结体聚散适宜，而气势放纵，深得吴门书家之蕴。

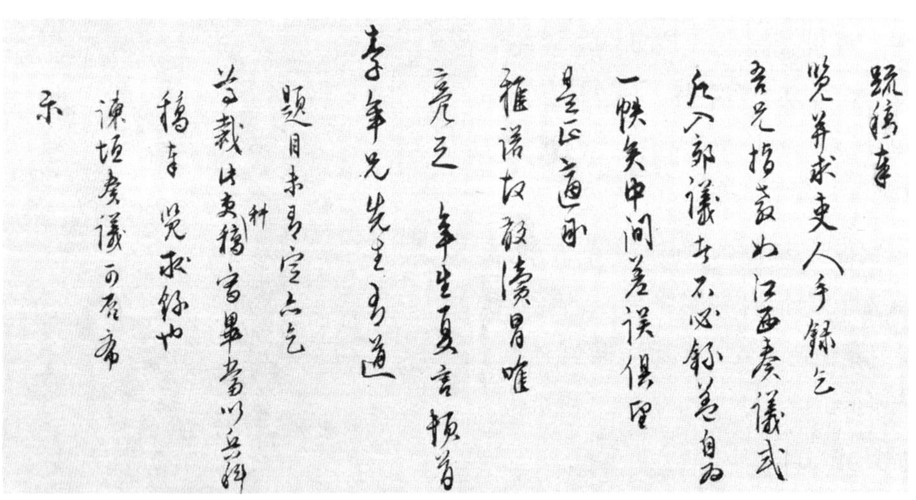

夏言《手札》

夏言信州贵溪人，后居上饶，建白鸥园。亦官至礼部尚书兼武英殿大学士，内阁首辅。因议收复河套事，遭严嵩构陷，弃市而死。穆宗追谥文愍。

以诗文词曲擅名，有《桂洲集》十八卷及《南宫奏稿》传世。其书法亦享有盛名，王世贞《艺苑卮言》称："文愍以才俊居首揆，天下重其书，贞珉法锦，视若拱璧。正、行亦遒美，但肥过而滞，老过而稚耳。榜署书尤为可观。"传世墨迹有《西濠泛舟诗卷》《西苑诗卷》《仙坛雅集诗》，笔墨饱满酣畅，受苏轼、黄庭坚影响较明显。

清代是上饶书法绘画发展的全盛时期，表现在名家辈出，流派众多，作品纷呈，争奇斗艳。见于方志史料记载的就达数百人。书法多以楷书行草为主，注重笔墨，体格规范。绘画方面，继续元明趋势，文人画日益占据主流，山水画的创作以及水墨写意画盛行。由于受海上画派的影响，更多的画家把精力花在追求笔墨情趣方面，造成了形式多样的局面。

上饶、鄱阳是信州、饶州府治所在之地，是赣东北的文化中心，出于本地的书家既多，而历代来此任职的官员，也多为著名的书家。他们为官一任，造福一方。政绩见于方志所载，而他们的书画艺术作品，或被镌刻于碑版，或被地方士人所收藏，流传后世，成为上饶地方历史文化的重要组成部分。

自东晋以来，王廙、庾翼、颜真卿、范仲淹、王十朋、李瓒、查培继、秦承恩、胡正仁、薛允升等人都曾任职饶州，而吴说、蒋启扬、邵洪、王赓言、蒋继洙、沈葆祯、汪道森等人都曾任广信知府，还有张鸣珂曾为上饶知县，赵之谦曾为鄱阳知县，郑之侨曾任铅山县令，他们的书画艺术作品都以其很高的艺术水平，为地方文化增添色彩。如清郑之侨《河口待渡图》，赵之谦《中秋诗帖》。颜帖原为鄱阳人蔡明远而作，或称《与蔡明远书》。此帖意境疏淡，气韵脱俗。黄庭坚曾云："笔意纵横，无一点尘埃气，可使徐浩服膺，沈传师北面。"多少年来，此帖成为后世临习颜体行书的典范。

郑之侨字茂云，号东里，广东潮阳人。乾隆二年进士，授信州铅山县令，在任上"修六桥，筑三坝，条陈社仓事宜五则，民便之"。又振兴文教，重修鹅湖书院，将府藏《六经图》碑本修订，易为书本刊印，亲任讲席，又编《鹅湖讲学会编》。亦工书画，《河口待渡图》展示的就是号称"八省通衢"的河口渡口人来车往的繁忙景象。赵之谦《游仙曲帖》作于鄱阳，写陈西麓《游仙曲》诗，赠送幕友蔡耀甫。赵书初师颜真卿，后取法北朝碑刻，所书笔致婉转圆通，此帖堪称典范。

宋代的上饶以其风景优美，及距临安不远不近的独特位置，成为南迁士大夫侨寓的最佳选择。一大批诗人文学家如韩元吉、辛弃疾、吕祖谦、赵蕃、吕本忠、曾几、郑望之、王传、王洋、晁谦之，赵士礽等等，都聚集在上饶，带来了上饶文学艺术的繁荣。

郑之侨 《河口待渡图》

伴随着西学东渐的步伐，1905年结束了科举制，辛亥革命推翻了满清的统治，历史从古代进入现代，新的学校教育取代了传统的经学教育。中国传统文化融汇吸收了西方文化，书画艺术的发展有了更开阔的视野。从民国到现代，上饶的书画艺术家也走出家门，走向全国，获得了更多的发展机遇。

19世纪中叶，上海成为近代中国经济、文化的中心，各地画家云集上海，形成了“海上画派”。当时寓居上海的名画家有虚谷、汪琨、任熊、任熏、任颐（伯年）、吴昌硕等人，他们以卖画为职业，广泛吸收唐宋传统及明清诸家之长，借鉴民间与西洋绘画艺术，融贯中西，大胆改革，创造出潇洒放纵，又雄厚古朴的鲜明特色，成为在“正统派”外别树一帜的独特画派。

就在这个画派中，一批上饶人也活跃于其中，并发挥了很大的作用，前期有玉山画家周峻。而汪琨（1877—1946）就是近代海派重要画家之一。宣统元年，汪琨参与发起成立以书画艺术补益于社会的豫园书画善会，有钱慧安、蒲华、吴昌硕、王一亭等二百多名会员，后任该会会长。他善画山水，又工花卉，并能人物。山水宗王翚，笔正墨醇，设色淡雅，有高古气息；又近取吴石仙画法，好作烟雨山水，湿笔浓墨，淋漓尽致，闻名于时。

汪琨　《临八大花鸟》

稍后的还有黄起凤等人。黄起凤（1889—1939）字晓汀，上饶人，其父云亭能书画。起凤幼从父习画，后旅居上海，毕业于上海龙门师范学校。及壮，游学浙江。居桐庐十余年。曾代表浙江省参加1915年的巴拿马万国博览会，获得了“美术馆”类项下的“奖词”（按：相当于奖状）。1927年至1928年，黄起凤一度在上海美专任中国画教授。此后，他便鬻画为生，以职业画家的身份活跃在民国的海派画坛上。经同行推荐，参加了许多展览和雅集，1939年还成功举办了个展。1939年1月9日《申报》登载其个展的消息，云：

鹅湖黄晓汀先生，以洪容斋之博综，兼陆渭南之老学，既谢尘鞅，颇肆力于书画，鉴藏夙富，擩染弥行。行楷近法唐贤，远规晋魏，胎息深厚，神韵兼美。画则取径香光，上窥元四家，高秀温纯，不趋俗尚。为时下一大家，惟不轻为人作。近年因病足养疴海上，厌苦尘嚣。故交雅流，以游艺悦性之说进。始定例问世，闻最近将在申举行画展，并将所藏前贤卷册，一并陈列，当可一新耳目也。

黄起凤《松下觅句图》

这段消息对他的艺术渊源进行了简要分析，“取径香光，上窥元四家”指明了他的艺术取向。香光指董其昌，元四家是黄公望、吴镇、倪瓒和王蒙，这五位都是以山水画为主的大家。从黄起凤现存作品看，所论确然，但却不尽然，如仿高克恭、梅清、华新罗的也时有发现。他的艺术趣味可归入“南宗”一路，即重性情、尚气韵，不拘谨细描摹的笔墨。总之，黄起凤入古颇深，集“宋元明清诸大家之成”，却又不为古人所囿，能自出新意，“高秀温纯，不趋俗尚”。晚年作浅绛山水，迹近石涛，笔墨隽逸，为近代摹古大家。传世作品有《松下谈道图》《春溪逸兴图》《溪山高隐图》等，《上饶历代书画集》收录其作品五桢，有《松山幽居图》《富春送别图》《富春垂钓图》《松荫觅句图》及《行书对联》亦工书法，曾从曾熙游，字迹亦极似之，时参山谷笔意，间作章草。与张善孖、张大千昆仲友善。

与上述书画家稍晚，接受海派影响的还有饶草荣、柳子谷、彭友善等。

饶草荣《溪亭图》

饶草荣（1898—1984）铅山人，定居上饶，毕业于上海美专，师从刘海粟，一生从教，所绘山水简雅清逸，颇得晚明人逸趣；花鸟出入于青藤、白阳之间。传世作品有《极浦涵秋图》《溪亭图》，书法初宗李北海，后参以康南海笔意，静穆沉雄，有行书诗翰存世。

柳子谷（1901—1986）玉山人，著名国画家，与徐悲鸿、张书旗称画坛“金陵三杰”。亦毕业于上海美专，师从刘海粟、黄宾虹、潘天寿；校外则拜汪仲山、马企周、程瑶笙为师；擅山水、人物、花卉，尤精兰竹。柳子谷画竹，潇洒出尘，萧萧有声，被誉为“竹圣”“板桥第二”。新中国成立后与满键合作绘《抗美援朝战争画卷》27米长卷，精妙地描绘出了雄伟的历史画面，是中国现代画坛上堪载史册的杰作。《上饶历代书画集》收录其作品六幅，有《三清抚琴图》《三清邀月图》《高风亮节图》等。

柳子谷 《三清邀月》

张恨水 《花鸟》

张恨水 (1897—1967) ，祖籍安徽潜山，出生于上饶。被誉为现代文学史上的“章回小说大家”和“通俗文学大师”第一人。其作品情节曲折复杂，结构布局严谨完整，将中国传统的章回体小说与西洋小说的新技法融为一体，一生创作了120多部小说和大量散文、诗词、游记等近四千万字，代表作品有《春明外史》《金粉世家》《啼笑因缘》等。亦工书画，有作品《枫竹鸣禽图》《行书如此人生》存世。

新中国成立以后，活跃在上饶的书画家还有王克敌、黄永勇、胡润之等人。

王克敌（1905—2003），原名开泰，晚号期颐老人，祖籍江西泰和，寓居上饶。毕业于北京朝阳大学经济系，后为南昌国立中心医学院教授兼总务长，参加地下革命组织，从事策反起义。南昌解放后任人民革命军第七军区司令部秘书长，离休后定居上饶。幼喜书画，精通诗词，其书法集北碑南帖于一炉，雄浑苍劲，骨力洞达，似千年老藤，近百岁尚能作臂窠大字。画宗八大、老缶，得空灵之妙，晚年而趋天真浪漫。有《霜红老人书画》《霜红诗词》《王克敌书画》存世。中国书法家协会会员、上饶市书协名誉主席。

王克敌《松柏长春图》

胡润芝（1928—2005）字佑璋，号任之，上饶市文联专职画家，定居上饶。原住水南街崭岭头，后搬入市文联宿舍。少时家贫，自学书画，50年代得胡献雅指授，后受业于程十发、钱君匋。诗词书画篆刻俱经，收藏颇富。行草书模范二王兼及米南宫而出以己意，后以甲骨书法为世人所钟；篆刻取法吴让之、黄牧甫、赵之谦；所作花鸟融汇诸家，尤得八大三昧，山水亦格调高雅。喜收藏，精鉴赏。绘画作品入选全国第一届山水画展，并获江西省文艺创作二等奖。选送德国、日本、新加

鵞湖山下稻粱肥豚柵雞塒
半掩扉桑柘景斜春社散家
家扶得醉人歸

左　黄永勇　书法　　　　右　胡润芝　画竹

坡、中国香港展览，并选作挂历出版。书法作品入选全国二届书法展览、首届国际书法展览、中日友好展等全国性和国际大展，被多处博物馆、纪念馆、碑林收藏。传略收入各家辞典。中国书法家协会会员、江西省书协理事。

黄永勇（1940—2001）九江人，上饶市群艺馆馆长，定居上饶。幼喜书画，长期自学，成就专业大家。绘画以人物为主，擅长版画、工笔，作画严谨细腻、典雅清秀，善于用线条表现民间乡土特色。版画代表作《畲家今日》《墟日》《农舍》等，分别入选全国第六届美展、全国第九届版画展、中国现代版画展。藏书票代表作有《老虎》《古币》《江南古楼》《古扇》等，入选全国一、二、三、四届藏书票展。书法以篆隶见长，书艺探求疏密对比，浓淡相间，隶篆融合之书体。中国书法家协会会员，中国美术家协会会员，中国版画家协会会员。上饶地区书协主席、美协主席、书画院院长。

（作者简介：潘旭辉，上饶美术馆副馆长，信州区政协委员）

信州版画艺术及其影响

黄　飞

黄永勇

版画，是视觉艺术中一项重要的分支，它包含了印刷工业化的发展特性，能够很好地表现出艺术家的设计构思，具备独特的审美感受。版画作为一个历史悠久的艺术形式，如何适应当今社会的发展需求，充分表达版画艺术的价值尤为重要。版画，是用刀子或化学药品等在铜版、锌版、木版等版面上雕刻或蚀刻后印出来的图画。在所有艺术门类中，版画是为数不多的能够兼具学术性、装饰性和现代艺术感的艺术表现形式。版画从最初的形成到如今的繁荣，经历了多次发展与演变。

江西曾经是全国的版画创作大省，有过一段辉煌的历史。20世纪七八十年代，基层有一大批作者从事版画创作，涌现了一批名家名作，形成了蜚声全国的宜春彩拓版画创作群体，新余工业题材版画创作躯体和上饶吹塑版画创作群体。特别是进入了80年代，随着我国改革开放的发展，文艺创作出现了繁荣的局面，版画创作的亦然。上饶版画群体林立，依靠群体的力量，发现和培养了一批优秀的作者。把一批鲜为人知，名不见经传的版画作者推向社会。

随着时代的变迁，版画版种的多样性与偏重。这也是当时上饶版画群体的处境，作为地域性那么强的版画群体，上饶版画具有很强的地域特色和共性。上饶版画群体已有一支很强的队伍，作品选送国内外各大展览，得到广大艺术圈和观众读者的好评，引起了反响。在上饶信州地区中版画作品居其他画种之首，在版画中特别是创作吹塑版画的作者居多，其中就有黄永勇和苏烈熙这样的带头人。

黄永勇，1940年2月出生于江西永新县，中国书法家协会会员，中国美术家协会会员，中版画家协会会员，中国藏书票协会理事，江西省版画研究会副会长，江西省藏书票艺委会主任，江西省美术家协会常务理事，上饶地区书协主席，上饶地区美协主席，上饶书画院院长，副研究员。先生自幼酷爱书画，在年少念书时就被老师付梅影赏识，作为美术重点生加以培养。黄永勇先生很有艺术抱负，在艺术的道路上坚定思想认识和目标追求。在 上饶这片“特别的土壤”蕴育出特殊的艺术生命。他主张用现代艺术手法去表现自己的民族和所熟悉的生活，而且始终用自己的画笔或刻刀孜孜不倦地描绘他沉浸其中的生活。黄永勇先生多才多艺又勤奋无比，一生中创作的各门类样式的绘画作品难以计数。他所涉猎的每个艺术门类，都有扎实的功底，别具的风格，精湛的艺道。观照黄永勇先生的作品，他的作品风格现实主义多样性，无论是版画、国画、年画、油画还是水粉画或宣传画，

黄永勇 《畲家今日》(套色版)

1984 年入选“全国第六届美术展”

你都会感受到一种扑面而来的淳朴气息和豁然的情致。

黄永勇先生的木刻版画，艺术成就和创作个性尤为突出。他善于选择具有典型意义的生活细节或情节片段来结构画面，将意义的阐释或意味的表现诉诸充满乡土气息和生活真实感的艺术形象，即如《畲族今日》和《墟日》所显示的。

黄永勇《墟日》（水印套色） 1986 年入选“全国第九届版画展”

在推崇“宏大叙事”的那个红色年代，他所创作的《扎根井冈，革命到底》和《华罗庚》既已较为鲜明地表露了这种每每予作品以温馨感的创作个性。

版画《扎根井冈，革命到底》20 世纪 70 年代

黄永勇《华罗庚》（木刻）1980 年发表于《科普创作》

黄永勇先生在版画上涉及的题材内容、风格样式、工艺技术和刀法手段做了多方面的探索，其中包括先生在中央美术学院进修期间创作的一批沉静清隽的丝网版画和铜版画，如《冬情》《雾中行》和《女人体》。

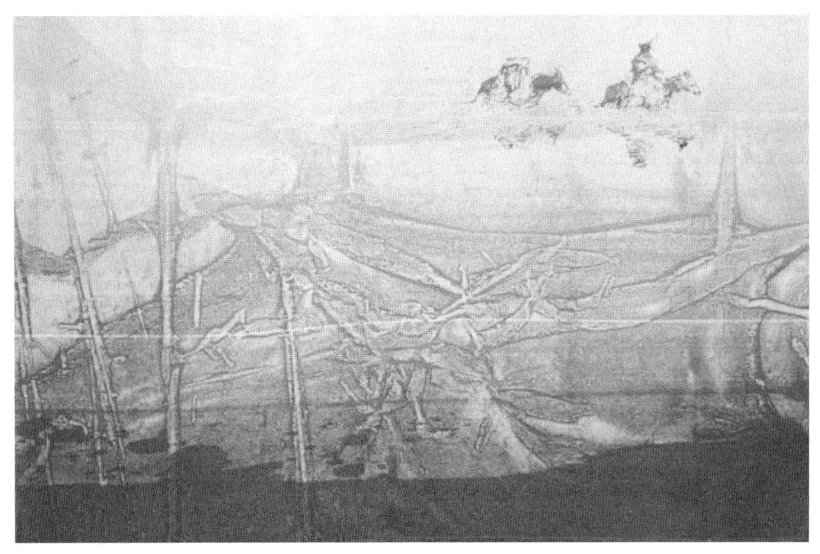

黄永勇《雾中行》（丝网版） 1986 年

黄永勇藏书票《女人体》（铜版）1986 年

经过一系列的探索和尝试，黄永勇先生对自己的志趣和取向有了更加自觉的认识，并在对黑白木刻的坚持中缘其一贯作风，不断磨砺富有形式感和审美意味的质朴木刻语言。

苏列熙

上饶版画群体的另一带头者苏烈熙先生1944生人，曾为江西省美协理事、上饶师范学院外聘教授、上饶市美术家协会主席、信州区文化馆副研究馆员。现为中国美术家协会会员、上饶市美协荣誉主席。

苏烈熙先生于20世纪80年代首创吹塑水印版画，引起了广泛好评，先生是位不可多得的艺术家。他具有对自然景物之美的异常敏锐的感受能力。他不但常常在人们极容易忽略的地方发现创作素材，创作出像《家门》《半开着的门》《乡探》和《屋门，房门，窗门》等那样清新别致的佳品。

苏列熙《半开着的门》（吹塑版水印）1994 年

苏列熙《乡探》1989 年

苏烈熙先生在创作中的感受能力非常敏锐，他高超的记忆力和想象能力紧相联系。比如在吹塑版画《栋和梁》中，每个人的神情动态各不一样，而且期间还有不少极难琢磨的微妙之处。

苏列熙《栋和梁》（吹塑版水印）1999 年

他可仅仅是凭借记忆与想象力轻松地将作品创作出来，先生能很好地将要表现的内容表现出来，而且在创作的同时不失形式本身的美。如吹塑版画《车到山前》，先生对形式本身的美的掌控，处理复杂的轮廓调和色彩的均衡。都达到较完善的境界。

苏列熙《车到山前》（吹塑版水印）1995 年

苏烈熙先生的手法多变，目光非常敏锐。创作中也是激情饱满，所以他的作品犹如他的人一样大刀阔斧，直率透明。如版画《苗家六月六》中表现的。

《苗家六月六》（吹塑版水印）1983 年

与黄永勇先生一齐称道为江西藏书票界扛鼎双子星之称的著名版画家

温祖望

温祖望先生也是深深地影响着上饶版画发展的大家。温祖望（1937—2000）江西玉山人。曾任上饶市文化馆副研究馆员、中国书画函授大学教授、牡丹书画院名誉院长、国际书画学会会员、中国版画家协会会员、中国藏书票研究会会员、江西版画研究会理事、江西版画藏书票艺委会副主任。藏书票曾分别荣获第四、五届全国藏书票展的优秀作品奖、三等奖。

自幼喜爱书画艺术，坚持自学道路，对艺术潜心研究，执着追求，擅长版画、篆刻、装潢。主张尊重传统，勇于创新。早年参加过华东地区美术创作座谈会，多次参加省内外的各种学术研讨和讲学活动。简历收入《中国当代美术家名录》和《中国当代书画家大全辞典》。1980年起先后加入“中国版画家协会”“中国藏书票协会”“国际书画学会”“中国美术家协会江西分会”“中国书法家协会江西分会”“江西版画研究会”“中国王羲之研究会”“江西博物馆学会”“江西钱币学会”“江西科普作协”。当任上饶美、影协会常务理事，上饶版画、藏书票研究会副会长，上饶书画院院士，上饶市文联常务理事、副秘书长。

50年代初开始美术创作，历年来有版画《骨肉情深》《彩虹落人间》《广厦千万间》《月是故乡明》《踏月行》《渔光曲》《艳阳天》《送别》《喜送公粮》和科普美术《花时钟》《蘑菇世界》等再全国美展及省级美展中展出和获奖，并在《美术》《文汇报》《江西日报》《安徽日报》《江西画报》《安徽画报》及《版画图录》等报刊书籍上发表。

温社望《骨肉情深》（油印套色）20世纪70年代

温社望藏书票 《鼎》20世80年代

温社望藏书票 《剪纸》1993年

江克安

江克安，1941年生于四川省万县，祖籍广东大埔县，1960年毕业于广州美术学院附中，曾任大茅山文化馆宜丰县文化馆副研究馆员、江西省美术家协会理事、江西省教育学院客座教授、现为中国美术家协会会员、中国版画家协会会员。江克安先生在附中学习时，由著名美术家蔡克振、刘其敏执教，从两位老师那里打下了扎实的绘画基本功，初步掌握了现实主义的创作方法。附中毕业后受到了北大荒版画家的影响，以及个人热爱山区大自然和淳朴民风的天性，毅然地选择了赣东北这块红色革命根据地——江西大茅山作为先生的生活和创作基地。

信奉“美是生活”，因此江克安先生的作品大都取材于山区的自然之美和山里人生活之美，来反映时代的风貌和社会的进程。创作中先生追求以小寓大、自然纯朴、真实生动，在艺术语言的探索中求新求变，希望观众能在得到美的愉悦同时也让观众感受到温馨的正能量。

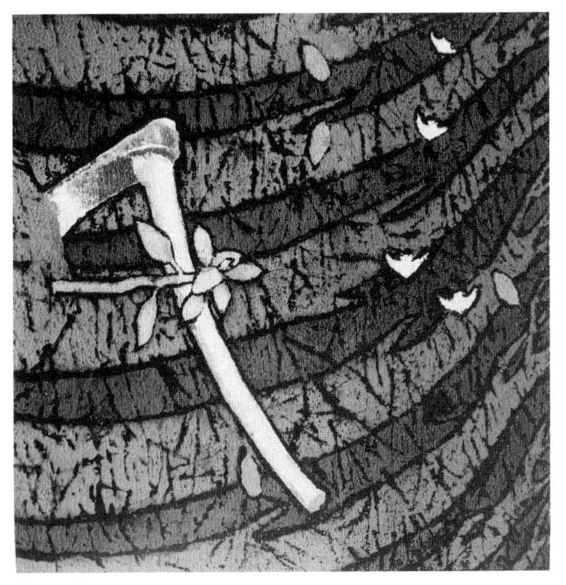

江克安《红土地》（吹塑版画）1988年

在1985美术新潮中，受到了画友吹塑版画影响，当时初创的阶段也受到了各方面的非议，认为“搞藏书票之类的小作品，难登大雅之堂”。先生却不以为然，当你涉足了此版种之后，你会发现此版有其他版种无法取代的肌理美。如吹塑版画《红土地》。

吹塑版画的肌理是充满神奇的魔力的——经过揉搓的吹塑纸，那种不规则、不同大小、形态高低的块面，和分割块面的折痕，以及水粉色拓印后产生的那种晶莹剔透、光彩夺目的肌理效果，特别适宜表现宝石那种神秘感和高贵感，使画面色彩有很强的视觉冲击力。如曾入选了第七届全国美展的《选矿厂夜色》这幅作品。

江克安《选矿厂夜色》（吹塑版画）1989 年

江克安《铜都叙事诗》（吹塑版画）1991 年

江克安先生在完成《啊！孔雀石，啊！铜基地》组画后，又开始有了新的创作理念和构思，他开始构思未来画面，为了更好地展现和深化现代工业，依靠高科技和新设备获取高效益的内涵。在画面上，先生用了现代构成和装饰的处理手法。极强的现代构成和秩序之美，色彩用渐变的同类色，去表达气势宏大，有很浓厚的现代工业气息。这就是荣获“第十一届全国版画展”铜奖的作品《铜都叙事诗》，这也是吹塑版画这种新版种首次在全国大赛中获奖。

林跃明

林跃明1959年生，江西上饶人，珠海城市职业技术学院设计学院副院长、教授，中国美术家协会会员，广东省美术家协会会员，珠海市工业设计协会副会长，珠海市美术家协会会员，珠江画院理事。林跃明的版画作品中，对于石版、铜版、水印等多版种都有自己的心得，他不仅在多版种之间探索新的艺术语言形式，并且在表现生活中的平凡与岁月的主题上有自己独到之处，他的版画作品也多次获得认可，入选专业展览。林跃明的画，画风趋于自然，他的艺术创作灵感来自对生活的体悟，这种感悟的真实，不仅是表现对象之形，而是将自己对生活的感悟融化在景物之风貌。如获奖作品“第十一届江西省美术作品展”《收获季节》所展现的,《和弦的调性爵士》《灯》《甲板》《祥云》《渐渐远逝的记忆》《放飞》。

这些来自对大自然的美的感悟，和对生活中细微的体验都深深地映射在作品中，这也使大家从作品中体会到情感上的共鸣。

林跃明《收获的季节》（铜版画）1999 年

林跃明《和弦的调性爵士》（综合版画）2011 年

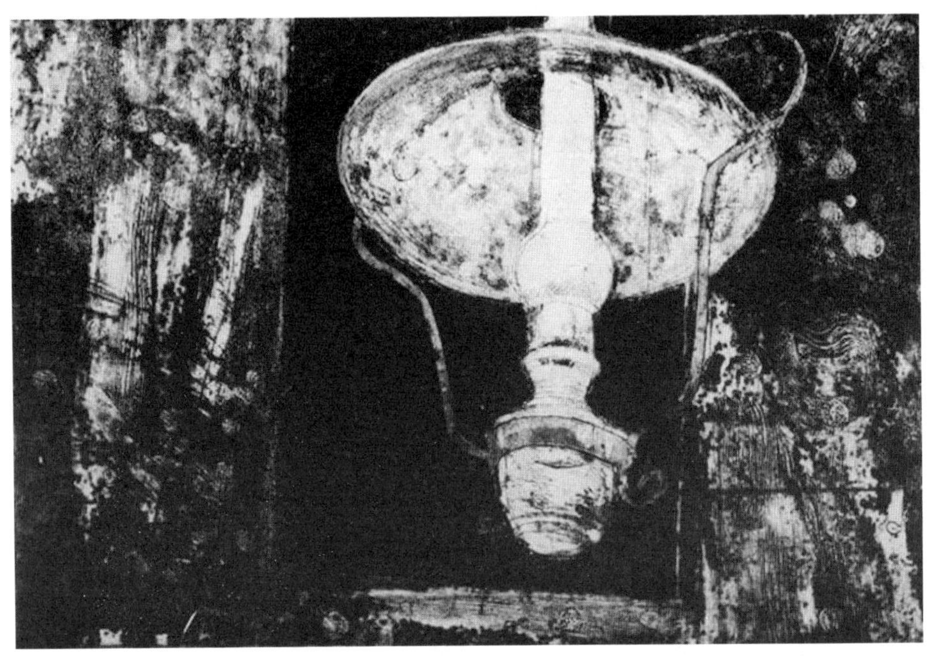

林跃明《灯》（综合版画》2016 年

胡显范

胡显范（1943.11—1992.6），江西吉安人，江西省美术家协会会员，原上饶市美协理事。曾就学于景德镇陶瓷中等专科学校，1969年毕业于景德镇陶瓷学院（今景德镇陶瓷大学），1970年至上饶市文化馆（今信州区文化馆）从事美术创作，游历山川名胜，写生甚多，1985年赴广州美术学院中国画系进修，后调上饶市博物馆（今信州区博物馆）从事文物工作；擅长版画，油画，水粉画、国画，代表作品有版画《宁静的夜》《深山处处有人家》等。

胡显范先生的绘画作品中的具有大量的民族元素，特点突出，背景多应用民族图案来突出特色，并使用较为夸张的、变形的手法，形成强烈的色彩。

用至今熟悉的题材，结合时代特点，具有浓郁地域色彩和鲜明民族特色、时代特征的好作品。他一直沿用“土洋结合，扬长避短，走自己特色之路”的创作原则，把民族题材画表现得惟妙惟肖。

胡显范《土家女》（吹塑版画）1990 年

胡显范《天长地久》（吹塑版画）1989 年

李开邦（1946—1994），江西余干人，毕业于江西师范学院美术系，原弋阳县文化馆馆长，中国版画家协会会员。长期从事群众美术创作的组织辅导工作和美术创作工作，擅长版画、油画等，版画《金秋》入选香港《中国艺术大展》一书，连环画《狱中斗争》等由江西人民出版社出版发行。

李开邦在创作

李开邦《信仰》（版画）20世纪80年代

李开邦《方志敏故事组图》（版画）1976 年

徐鸣清（何任、銮云）（1942—2020），江西省上饶人，江西省美术家协会会员，上饶市美术家协会理事，原上饶县美术家协会主席，上饶灵山书画院院长，上饶县政协委员，上饶县文化馆退休，高级美术师。

徐鸣清

徐鸣清先生从小热爱绘画，1960年入江西省文艺学院美术系学习，不间断从事美术工作50余年。届年有作品参展、发表。

先生在70年代初期自创《丝绢版画》。1979年三幅《丝绢版画》寄交中国美术家协会主席华君武先生，随后华君武先生把三幅版画转交给中央美术学院院长、老版画家古元先生看到画后高度重视，立即给我回信，并告知画作准备送交给中央美术学院版画系保存（收藏）。

1984年秋，徐鸣清先生又将一批《丝绢版画》作品，寄给古元先生，得到了古元先生的高度赞赏。

中央五七艺术大学 美術学院

徐鸣清同志：

[illegible]

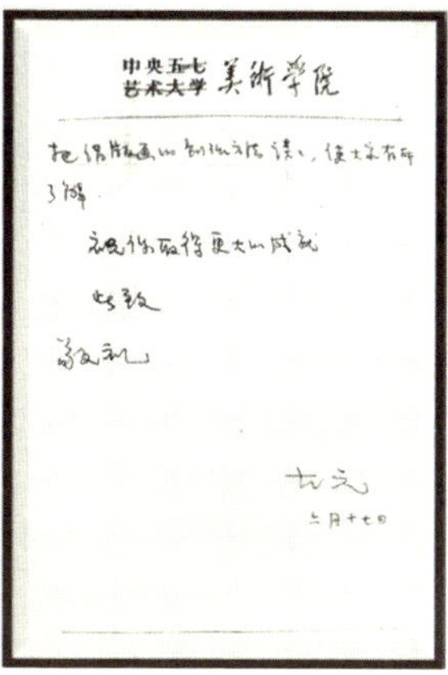

中央五七艺术大学 美術学院

[illegible]了解。

祝你取得更大的成就

此致

敬礼

古元

六月十七日

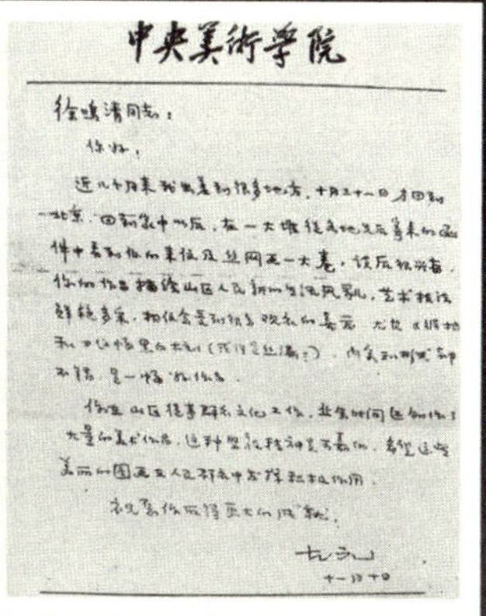

中央美術学院

徐鸣清同志：

你好！

[illegible]

古元

十一月十日

《信函》1979年

《信函》1984年

徐鸣清先生花了大量的时间和精力去研究丝绢版画，他所创作的丝绢版画具有时代感、艺术感染力强。

徐鸣清《新娘进山》（丝绢版画）1980 年　《松山希望》（丝绢版画）1980 年

徐鸣清《乔迁新禧》（丝绢版画）1980 年

蔡萌萌

蔡萌萌（1954— ），上饶市人。中国美术家协会会员、国家一级美术师、江西画院特聘画师、宋文治艺术馆名誉馆长、太仓市美协名誉主席。

近年来他先后在江苏省美术馆、陆俨少艺术院、亚明艺术馆、深圳美术馆、吴青霞美术馆、刘海粟美术馆、北京798艺术区、上海朵云轩、上海图书馆、西太湖美术馆、上海市文史馆、姑苏美术馆、宋文治艺术馆等举办油画和中国画作品展览。曾到日本、中国台湾、美国、新加坡进行文化交流。

曾获中国“版画世界奖”、江西省美展“银奖”，江苏省美展一等奖、文化部第八届群星奖，“重温经典”娄东（太仓）全国中国画作品展优秀奖、“重温经典”第二届、娄东（太仓）全国中国画（山水画）作品展优秀奖，入选第二届、第三届全国藏书票展览，第六届中国艺术节美术作品展、第二届中国粉画展、第二十届全国版画作品展览、2013中国百家金陵全国美展、长三角美术作品学术提名展、第十二届全国美术作品展览、“时代风骨·中国精神”全国中国画名家邀请展、“重温经典”第三届娄东（太仓）全国中国画（山水画）双年展等。

蔡萌萌先生是当代著名的山水画家、版画家。1986年版画《山泉》等6幅作品曾在《美术》和《版画世界》等杂志发表，并参加在日本举办的中国版画群体大联展，获1986年版画世界奖和鲁讯奖章。

蔡萌萌《山泉》(版画)

蔡萌萌《童年的快乐》(版画)

蔡萌萌《女孩与和平鸽》（版画）

郑兴昌，1956年生人，江西上饶市信州区人。中国版画家协会会员、江西省美术家协会会员、江西版画家研究会理事、上饶书画院特聘画家、信州书画院副秘书长，当代实力派焦墨山水画“最勤奋的画家”，受到当地美术界同行一致称赞。郑兴昌先生早在上世纪就以版画创作知名并获“版画鲁迅奖”

及人民美术出版社“版画世界奖”。

郑兴昌像

在上饶市信州区水南街的一方斗室，郑兴昌先生日夜不辍，潜心创作。他的创作，以家乡上饶的山水景观和民居建筑为主要创作对象，也不乏花鸟等生活内容。他的画作富有变化，气象万千。香港美术家协会副主席、中国人民大学艺术学院导师陶古先生称其作品已是上乘。

郑兴昌《夏白》（木刻版画）1989年

郑兴昌先生的作品是东西方绘画艺术的融通，既有西方的科学透视光影方法，同时又包括了中国画的写意精神，值得玩味！从郑兴昌的作品不难看出先生对作品领悟到的艺术感悟！而以我之墨表我之图，以我之心表我之意，以我之技表我之艺，以我之情表我之乡。这是艺术家的胸怀！

郑兴昌《探古》（吹塑水印）2017 年

郑兴昌《谷鸣翠青》（吹塑水印）2020 年

随着时代的发展，人们的审美趣味在变，这要求我们在把握审美趣味转移的时代条件下，拿出具有更高的美学价值和更深刻、更丰富的思想内容的版画作品，以满足和发展人们的审美需求，使他们得到精神享受。基于上述原因，我们除了向民间传统学习之外，还必须向多元的艺术学习，向国外好的艺术学习，认真体会、吸收，以发挥远亲繁殖的优势。一个画种如果重复传统的东西太多，它承受的负担也就越重，传统对于我们来说，重要的不是技巧，而是观念，一种我们国人看待世界及宇宙的观念。

未来的版画发展在我们开拓者的手中，在踏荒者的脚印里。

（作者简介：黄飞，上饶美术馆馆员，上饶市青年美术学协会副主席）

我用镜头见证了信州四十年的发展

郝正良

我是一位业余的摄影工作者，走过了40年的摄影之路。我的职业与摄影无关，而我的生活，又与摄影相伴。

1980年5月，我作为恢复高考后入校的第一批大学生，毕业后被分配到上饶市常青公社工作。公社机关的工作并不紧张，尤其是我单身一人在上饶，就有了更多的空余时间，闲时就帮公社写点通讯报道。过后不久，我花80元钱，买下了已停业的茅家岭烈士陵园照相部的一台海鸥4A型双镜头反光照相机和他们的一些冲洗照片盆盆罐罐等设备，开始拥有了自己的第一台相机，从此走上了业余摄影的路。

20世纪八九十年代，我用极大的热情拍摄了大量的图片，也屡屡发表、获奖。

2010年上饶城市的早晨

1984 年，上饶市第二中学学生为保护大熊猫捐款

20 世纪 80 年代中期，公安干警在信江步行桥扫雪

20 世纪 80 年代中期，黑白电视机开始走进百姓的家庭

20 世纪 80 年代，阅报栏是百姓知晓天下事的重要途径

20 世纪 80 年代，渔民把信江大桥桥洞当作了自己的家园

1985 年，刘家坞村的串堂班在演奏

1988年6月21日，朝阳乡下源村被山体滑坡摧毁，伤亡78人。图为90年代新建的灾民新村工地

20世纪八九十年代，每年的3月5日，是毛主席“雷锋同志学习”的题词纪念日，青年们都要上街开展为民服务活动

20世纪八九十年代，每年的3月5日，是毛主席“雷锋同志学习”的题词纪念日，青年们都要上街开展为民服务活动

1999年，为防汛行洪需要，龙潭大桥进行扩孔建设

1999年，穿越上饶市区的解放河，进行清淤改造

滨江东路银河大厦一带河堤1986年时的景象。1992年为召开江西省第九届运动会，修建了现在的滨江东路，2002年改造成现状

1989年，我已调上饶市农林水利局工作。1989年是上饶市遭受洪水侵袭的一年，那年我还兼任了上饶市防汛抗旱指挥部办公室的主任。洪水袭来的那天深夜，我陪市委书记等领导到河堤察看汛情。在市二中操场，洪水已经齐腰深了，武警战士在齐腰深的洪水中，背着成捆的草袋抢险。我拍下了战士抢险的照片，后来我把照片寄给《中国环境报》发表，《中国环境报》摄影部主任梁文骏亲笔写信给我，称这是“真正的新闻照片”。这组照片参加江西省1989年抗洪摄影展览，还获得了省政府的奖励。

1989年，武警战士深夜在上饶市二中防汛抢险

1996年春节，我的个人摄影作品《郝正良舞台艺术摄影作品展览》，在上饶市人民广场展出。展览由江西省人大常委会委员、江西省摄影家协会主席宫正作序。展览分为艺术名人、民族歌舞、外国歌舞、服装艺术4个部分。这些舞台摄影作品大部分都拍摄于上饶，展览从一个侧面也反映了上饶文化的开放、市场的繁荣、经济的发展和社会的进步。在上饶，我是举办个人摄影作品展览的第一人，同时把作品放在人民广场展出，也开创了上饶艺术作品展览在室外展出的第一次。展览吸引了广大市民的眼球，大家纷纷前来观展。著名书画家胡润之先生观看过我的展览后，为我挥笔作画一幅，并在画上题词：最美一瞬间，最难一瞬间，摄好一瞬间，美意永留传。

展览结束后，上饶市市委办公室、市政府办公室、上饶市委宣传部、上饶市文化广播电视局、上饶地区文化局、上饶地区摄影家协会、上饶地区艺术摄影学会联合给我颁发荣誉证书，祝贺我的展览取得圆满成功。1996年5月5日，《上饶日报》用一个整版的版面，发表我的摄影作品选登和中国摄影家协会会员、中国艺术摄影学会理事、上饶地区摄影家协会主席汪维炎介绍我的文章:《不敢放松自己——我所熟悉的摄影家郝正良》。《上饶日报》用一个版面来介绍一个人和他的作品，是这张报纸有史以来、直至现在都是唯一的一次，可见当时的展览反响是多好。此后，展览还到上饶师范学院、上饶艺术学校的校园展出。

1999年8月，为纪念中华人民共和国成立50周年，全国50城市举办摄影作品联展，每个城市选出2幅作品，自己制作成20吋的展出成品，每幅做50张。作品送到贵阳，然后由贵阳市摄影家协会将作品分成50份，每个城市取回一份在各自城市展出。我代表上饶市参加了这项活动。在这次活动中，不但展出了自己的作品，而且宣传了上饶，结识了很多摄影活动积极分子和摄影名家，并深入黔东南少数民族地区采风。同年，在江西省摄影家协会副主席欧阳萍的帮助下，上饶市人民政府做了一本反映上饶建设成就和大美风光的宣传画册，也是向新中国成立50周年的献礼。该画册市政府指定由我负责。画册印出来后，为上饶市的宣传和招商引资起到了良好的作用。

1999年，庆祝新中国成立50周年群众游行

上饶纺织厂车间

上饶线材厂车间

2012年6月，江西省摄影家协会第五次代表大会召开，我当选为江西省摄影家协会副主席。2012年9月，在上饶市第三届文代会上，当选为上饶市文联兼职副主席。2014年8月，在江西省文学艺术界联合会第八次代表大会上，当选为省文联委员。2015年10月，出任中国摄影家著作权协会首席代表，还获得了全国“2018年度优秀首席代表”的荣誉。同时，我还是中国艺术摄影学会会员，中国民俗摄影协会会员，江西省生态摄影研究会理事，江西省自然摄影协会艺术顾问，江西省数字影像协会顾问，江西省风光摄影协会理事。在这一系列光荣的头衔后面，是我对摄影艺术的孜孜追求，是我对上饶摄影事业的倾情付出。

当我摄影技术有了一定的基础，我把镜头也对准了更广阔的天地，对准了上饶的发展。在自觉与不自觉的拍摄过程中，为上饶市的城市建设、人文进步、社会发展留下了不间断的真实的影像。

90年代初，上饶市在城区庆丰路胜利路口建成了首座城市雕塑，一只展翅欲飞的凤凰，站在高高的立柱之上，象征着上饶拥有“凤凰”牌照相机制造地的荣耀。但没几年，这雕塑随着城市道路的改造而废弃了。在市赣东北大道和中山路交叉口上，建起了“纺织女工”雕塑，象征着上饶是一座纺织工业发达的城市。在市中心广场中间，建起了不锈钢“奋进”雕塑、在带湖路口建起了茶圣陆羽像雕塑，但这些雕塑都留存时间不长，赣东北大道改造，拆除了“纺织女工”，中心广场的改造拆除了“奋进”雕塑，陆羽像只剩下了人像本身而移至了一中校园内。目前上饶城市雕塑，也当数“四门通天”“三清映月”“鄱湖日出”了。外加还有“全国旅游城市”的城标和一些反映上饶民俗风情、历史名人的小型雕塑了。

1991 年，位于庆丰路、胜利路路口的凤凰雕塑

位于赣东北大道、中山路接口处的“纺织女工”雕塑

1995年，上饶市获得江西省卫生城市称号。在带湖路南端，安装了江西省卫生城市城标雕塑

20世纪90年代，上饶市中心广场

现在位于上饶东高速路口的中国优秀旅游城市标志雕塑

城市雕塑的演变也反映了城市发展的过程和水平。这些年来，我们的城市飞速发展，城区在拓展，经济在增长，技术在进步，科学在创新。三江新城区开发建设、胜利大桥建设、市委市政府的搬迁、上饶市老体育中心建设、老火车站片区改造建设、横南铁路建设、新上饶市行政中心建设、新火车站建设、新体育中心建设等等，有的地块，都已经进行了第二轮的改造。城市日新月异的变化，和在这变化中的人们的精神风貌，我的镜头都留下了它们的影像。

1993年，三江新城区建设管理委员会成立，拉开了三江新城区建设的序幕。同年8月，市政公司的一位智者，在工地办公室的小黑板上用粉笔写下了“历史悠久的汪家园将被三江新区所代替，它将在上饶这块土地上逐渐消失。新潮的转折点：公元一九九三年八月三日十时，宽阔的建设路（注：现名叶挺大道）在鞭炮震天中翻开了历史的最新一页”。智者的话今天成了现实

1994年9月1日，胜利大桥建成举行通车仪式，同日渡口浮桥拆除。上饶市结束了靠浮桥过江的历史

1994年，上饶市六套班子及有关部门领导，在三江新城区为市委、市政府办公大楼选址（左上图）。大楼于1996年1月9日奠基（右上图），1998年12月27日启用（左下图）。大楼高21层，象征着迎接21世纪的到来。大楼的建成，拉动了三江新城区开发建设的速度

1993年12月横南铁路上永线开工仪式

1995年，全省城市建设现场会在上饶市召开。与会代表考察了上饶市城市建设项目

1998年10月，上饶市火车站新站房及站前广场建成。这是火车站在老城区最后一次的改建。2006年4月，铁路线北移，新火车站启用，使用了70余年的老城区火车站封闭

还有很多重大历史事件，我也不忘用镜头把它们记录下来。比如1991年，上饶市举办首届服装艺术节，表明上饶是江西省纺织服装基地，以推动上饶市的纺织和服装工业发展。艺术节为期四天，同时举办了全国服装精品与模特表演大奖赛，服装精品展览展销及当代中国服装发展趋势研讨会。我拍摄了服装艺术节的大量照片。

1993年江西省第九届运动会在上饶举行，这时江西省运动会第一次走出省城，在地级市举办。为此，它拉动了城市建设的步伐、带动了经济的发展、提升了城市建设的品牌。我参与了九运会的场馆建设和举办，当然也用镜头记录了它的全过程。

1993年，江西省第九届运动会在上饶举行

2000年10月18日，上饶市撤地设市，原县级上饶市改为信州区，行政区划不变。上饶地区更名为上饶市，升格为地级市。当时撤地设市庆典大会在上饶地区影剧院举行，我主动拿起了相机记录了这一历史时刻。恰巧的是，当时撤地设市最具象征性的镜头，仅我一个人拍到。在撤地设市的大会上，

省委副书记钟起煌将“中共上饶市委员会”的大印亲手交给市委书记陈达恒时，因所有的记者都挤在了主席台前方，而送印上场的三位武警战士转身后将他们全部挡在了镜头之外。而只有我站在主席台的后方，拍下了陈达恒书记接印的镜头。为此当时《上饶日报》专门找我调用了这张照片登在报纸的头版上。不仅如此，当天下午在三江新城区，老上饶市委市政府办公大楼门前，我还参与并拍摄了上饶市更名为信州区的授印和揭牌仪式。这些，都已经成为珍贵的历史镜头。

2000年10月18日，撤地设市庆典大会在上饶地区影剧院举行。时代江西省委副书记钟起煌向上饶市市委书记陈达恒授印

2000年9月，上饶市人大十二届四次会议在地税局大楼举行，这是县级上饶市人大最后一次会议

2001年2月，上饶市信州区第一届人民代表大会第一次会议，在信州国际会议中心举行

2017年5月28日，上饶三清山机场建成启用，这是上饶人民多年来的愿望，也是市委市政府10余年来为之奋斗的成果。中午11时03分，四川航空公司首架民用航空客机空客320飞机抵达，市委、市政府在机场举办了隆重的通航仪式。12时15分，飞机起飞飞回成都，航班号3U8158。当时我已经退休，但我还是拿起相机，拍摄了上饶市民首登第一架航班的喜悦，拍下了第一架航班在上饶起飞的画面。这也是在上饶仅有的起飞完整场面的照片，因为拍完人们登机的场景后，我迅速开车绕到机场跑道对面的围栏边，将飞机起飞和机场塔台、标有“上饶”字样的站房一起纳入了镜头。这画面也让机场管理局多次使用。

2017年5月28日，上饶三清山机场第一架民航班机起飞，标志着上饶从此结束了没有民航机场的历史

2008 年 12 月 18 日，南昌海关上饶办事处开关

2014年至2016年连续三年，上饶市政府与中国摄影家协会、北京电影学院，联合创办了“金驹杯”世界大学生摄影展。这是中国摄影界高规格摄影展览活动。旨在促进国内外高校之间的学术交流和国际间的教学往来，推动我国高校摄影教育工作、影像艺术学科建设和高层次人才的培养，为国内外大学生搭建一个展示自我、增进交流的平台。展览在上饶市举办，也是宣传大美上饶，促进上饶旅游产业发展的良好契机。展览涵盖纪实摄影、艺术摄影、商业摄影、感知上饶等多种类别，每年都吸引了国内外300多所高校、2万多幅作品踊跃参加。展览还包括多媒体形象、平面模特单元以及盛大颁奖晚会。

展览期间，中国文联领导、中国摄影家协会主席及主席团成员、部分省市摄影家协会主席和名家、北京电影学院领导和老师、部分高校和国外高校的老师和获奖作者，江西省政府领导和相关部门，大家云集上饶。上饶一下成了摄影“世界”的中心。同时，上饶也展示了拥抱世界的博大胸襟。

在这三届展览中，我担任了两届的展览组组长，一届展览组副组长，担任了两届的作品评委。特别是2015年的展览，除大学生作品展览外，我还邀请了北京、上海、江苏、安徽、贵州等省市和江西省各地市、各专业摄影团体的28个展览。展出作品2000多幅。展览场地除了市政府市民广场外，在市中心广场、紫阳公园，还设置了两个展区。我设计展架，简单、大气、稳固，而且可以任意组合，网状版面方便悬挂各种规格的作品。平遥国际摄影大展是国内国际摄影界有着很大影响的大展，大展的艺术总监张国田老师，对此展架大加赞赏，并在第二年的平遥国际摄影大展上，仿制的展架也亮相展览的现场。

连续三年的“金驹杯”世界大学生摄影展览，在上饶的历史上，留下了浓重的一笔。

“金驹杯”世界大学生摄影展览开幕式

2000年以来，我用自己的摄影作品连续印制了8册挂历，并由中国摄影出版社、江西美术出版社等出版了6本个人摄影画册。用图片和画册的形式，宣传上饶和祖国的大美风光。

2010年，受市政府委托，我负责编辑了摄影画册《生态宜居幸福城》，反映撤地设市以来，上饶十年的变化和建设成就，以纪念上饶撤地设市十周年。

2011年，为申报国家园林城市，受分管市长的委托，编辑了《生态宜居园林城》画册，画册图片近九成是我拍摄，其中一页还是我家院子内的照片。文字也由我撰写。整本画册图片精美，主题鲜明，文字说明简洁流畅，充满诗意。画册作为申请国家园林城市的材料之一，上报国家建设部，为上饶获批中国园林城市出了一份力。

作者担任世界大学生摄影展览评委和展览组组长留影

2017年，上饶市获得国家森林城市称号。申报材料的画册，也由我拍摄、撰稿和编辑。画册定名为《绿漾上饶》，画册用精美的图片，全面反映了我市广大区域森林覆盖率达到61.8%的骄人成绩，体现了“绿水青山就是金山银山”的发展理念。得到市委、市政府主要领导的赞赏，受到了广泛的好评，也为申报的成功做出了贡献。

以上三本画册，它们规格相同，版式相近，内容相关。可谓是21世纪开篇第二个十年，上饶市城市面貌和建设的真实写照，是反映上饶发展现状、打造大美上饶，建设宜居宜业宜游城市的姊妹篇。

作者为市政府编辑的上饶画册

2000年10月18日上饶撤地设市，2001年4月1日，上饶市摄影家协会成立，上饶市摄影家协会第一次会员代表大会召开，选举我担任摄影家协会主席。在这个岗位上一干就是17年之多。这是一个社会职务，任职便意味着付出、服务和奉献。17年里，协会会员由成立之初的几十人，发展到市级会员640余名、省级会员170余名、中国摄影家协会会员76名。17年里，我们每年组织采风创作、培训辅导、展览交流。围绕政府中心工作，助推社会经济发展。策应上级协会活动，加强横向交流，推出精品佳作，培养摄影新人，力荐摄影人才，服务广大会员。协会多次被评为省、市先进单位，受到上级和有关部门的表彰。

2017年8月11日，上饶市摄影家协会第三次会员代表大会召开，我卸任了担任17年之久的上饶市摄影家协会主席职务，继续担任上饶市摄影家协会名誉主席。2017年12月29日，江西省摄影家协会第六次会员代表大会召开，我卸任了江西省摄影家协会副主席职务，成为江西省摄影家协会顾问。

2007 年 5 月，作者陪同上饶市委书记姚亚平观看绿色上饶摄影展

2014 年 5 月，作者参加中国摄影家协会基层工作交流会

回顾从20世纪80年代初期学习摄影，到今天已经走过了40个年头。这40年，基本吻合了中国改革开放的40年。这40年，我在上饶学习、生活和工作。我的成长和经历，我的工作和创作，也都见证了这40年，记录了这40年。时代在前进，祖国的发展，一个富强、民主、文明、和谐的社会主义现代化国家，正在向我们走来，我为此而由衷的欢心鼓舞。让我们再继续努力，为实现中国复兴的伟大梦想继续奋斗吧。

（作者简介：郝正良，上饶市人大机关退休干部。中国摄影家协会会员，中国摄影著作权协会首席代表。曾任江西省摄影家协会副主席、上饶市摄影家协会主席等职）

信州戏剧与班社

商建榕

上饶是传统戏曲之乡。

传统戏剧主要以唱、做、念、打等手段为表演基础，是一种融文学、音乐、美术、舞蹈等为一体的综合舞台艺术。上饶戏曲具有悠久的历史、独特的魅力和深厚的群众基础，是表现和传承中华优秀传统文化的重要载体。

上饶境内流行的主要戏曲戏剧，以赣剧为主，赣剧的形成经历了一个相当长的历史阶段，其前身主要是弋阳腔和采茶戏。弋阳腔和采茶戏的戏曲剧目的形成，追本溯源，还得从古代专演小戏的小班社说起。早在赣剧尚未成型之前，因串堂班和三角班的兴起，赣东北城镇就有小戏开始流行。秋收以后，农闲时节，尤其是春节、元宵或庙会期间，歌舞小戏盛行。而支撑这些歌舞小戏的平台，主要是班社组织。宋元时期，演奏打击乐的串堂班已流行赣鄱大地；至明末清初，专演灯彩戏的三角班几乎和弋阳腔同时兴起。串堂班和三角班（采茶戏班）为赣剧的最终定型和戏曲剧目的推广及戏班的发展，均起了不可或缺的重要作用。本文仅就信州小戏的班社和赣剧的起源，按其发展时间顺序做一简述。

串堂班

串堂，旧时也称“串堂锣鼓”，起初是一种演奏打击乐的民俗音乐形式。串堂音乐起源于我国古代的“鼓吹”乐，约起于汉隋，盛于唐。唐贞元初（785），信州辖地丰富的铜矿蕴藏和悠久的炼铜业，使铜质打击乐器在民间广泛兴起，并普遍使用。民间仿效朝廷官宦阶层享用的鼓吹乐乐器和乐曲，由军用而官用而民用，据载北宋末年，就已在信州民间广泛流传。宋元时期，慢慢演变成多种宫廷和民间音乐，并逐渐形成由打击乐手和鼓吹乐手组成的、短小精悍的小型乐班——串堂班。

元时，串堂班在赣东北已十分普及，成为信州具有悠久历史的民间器乐演奏班社，广泛流行于各城镇乡村，民间喜闻乐见。旧时，民间称文艺演出团体为“戏班子”，而串堂班与后来定型的戏班子不同，多为临时组建搭班，成员干练，道具设备简单，平时以走村串户为主，而且召之即来，来之即唱，唱完即走，故而人们称之为“串堂班”。这种走门串户的民间民俗音乐组织，无固定演员和演出场地，艺人多由农民组成，平时务农，农闲时遇有约请，才由班头临时组织，率队至东家，登堂演出。如信州著名的农民歌手姚金娜，早年即出之于串堂班，其兄亦曾为串堂班组织者。

明清时，上饶县北乡的清水乡和石人乡一带，20多个村庄均有串堂班。较著名的有紫鸿堂、长春堂、康乐堂、永安堂、青山堂、灵山堂、青峰堂和新青峰堂等班社。石人殿的紫鸿堂成立于清嘉庆年间（1796—1820），已传五代。清水乡左溪村的青峰堂，创立于明末清初。清光绪年间，青峰堂的第八代传人张尚麟广纳各派名师之长，技艺精绝，声名远播。

至民国时，赣东北各地人口较多、稍大些的自然村，几乎每村至少都有一个串堂班社。几百年来，串堂班在各地年节庆典、宗族祭祀和红白喜丧活动中添乐助兴，成为上饶广大城乡尤其农村不可或缺的民俗演出活动。有民谣描述：“夜天深更半，处处有戏看。鸡叫天将亮，串堂还在响。”即为当年串堂班红火的真实写照。

1951年国庆期间，上饶选派15名串堂艺人进京参加庆祝活动，演员还受到毛泽东等中央领导的接见。

20世纪60年代，上饶有些县文化馆每年都要举行一次串堂师傅集训班，每次50人，并对其节目进行审定。

“文革”期间，串堂班被批为“封建糟粕”，演出受到抑制，班社大多停止活动，只有部分偏僻山区仍有零星演出。改革开放后，串堂班在农村有重兴之势。因现代农民文化素质的提高，串堂班无论在乐器装备上还是在演奏水平上，都比过去有所发展提高。新兴的串堂班，已能够自编自导节目。

串堂班历经几百年的常用乐器，主要有打击乐和丝竹管弦乐器十多种，如锣、鼓、箫、板、三弦、云锣、钹、唢呐、二胡、笛子、梆子等等。演奏曲目有单牌曲、民歌小调、十番等丝竹乐、吹打乐等。演出剧目多为赣剧传统剧本，有全本，有折子，也有连本。乐队人数少则六七人，多则十几二十多人不等。有的一村一班，有的一村两三班。百姓但凡家有大事，不论红白喜丧，大多会请串堂班来热闹一番。常见于迎神赛会、祈雨求福、娶亲嫁女、做屋上梁、老人祝寿、丧葬祭祀，在当代多用于送参军、上大学、迎退休、建新屋、乡村庆典等场合。亦有于农闲季节，组织外出，走乡串户，故又称“锣鼓担”。因其具有广泛的包容性，不拘一格，适用于各种场合，故而历久不衰。

民间喜庆请串堂班演唱，俗称“打串堂”“唱串堂”，传统乐曲演奏一般都要“取彩头”：做新屋开头要打《朝门楼》；结婚开头打《龙凤配》；满月酒打《花园得子》《天仙送子》；做寿开头要打《郭子仪上寿》《九锡宫》。总之，根据各家宴请的不同内容，演奏不同的传统乐曲。其演奏形式主要为坐奏，行奏主要用于游行、丧殡、远涉求雨、赶赴庙会等活动。坐奏时可加进演唱，有民歌小调、赣剧、昆剧、婺剧、越剧、徽剧、黄梅戏等，各地班社不一。演唱者大多由演奏者担任，也可另请专人。演唱艺人虽然都是业余的，但个个都是吹拉弹唱的多面手，一个人兼演、奏多种乐器或串数个角色。

数百年来，串堂锣鼓不歇，串堂班在传承与保护古老的戏曲曲牌和丰富民间音乐资源及传统器乐演奏技艺，推动地方戏曲艺术的繁荣与发展上，做出了卓越贡献。为信州留下了极其珍贵的地方戏曲文化遗产和精神财富。

但近20年因各种现代新媒体的冲击，这些串堂班大多偃旗息鼓，人员数量迅速减少。据省文化部门调查，20世纪五六十年代，上饶有串堂班1500多个。80年代，左溪村著名的青峰堂第十二代传人张宗权、张宗诚兄弟俩还培养了一批串堂接班人。到2000年，上饶全市有串堂班将近800余家，2012年已不足200家。且串堂艺人大多年老，年轻人又很少有愿意学习从事这项民间艺术的。串堂艺术面临着后继乏人的窘境。大批老艺人的离世，造成许多传统曲目和民乐的失传，为抢救、保护这一古老的传统文化艺术，政府组织文化部门对串堂班进行扶持，对串堂艺术进行了整理挖掘，抢录了一批串堂班的器乐曲牌和剧目唱腔。2017年前后，上饶市非遗保护中心出台了系列保护工作规程和计划，将串堂班纳入各地文化站的扶持兼管范畴，并加大了对传承人的培养。将串堂班的生存模式，由传统的“自生自灭型”转化为“助生不灭型”。信州区串堂班被列入第三批市级非物质文化遗产代表性项目。

香会班

香会班是信州民间专为朝山进香而组织的临时小乐队，形成年代和组织形式与串堂班类同，在清代和民国早期极为盛行，遍布城乡村镇。香会班每班人员约十数人，自筹经费，延师教习，演奏锣鼓和乐器，说唱传统戏曲，以赣剧和昆腔、弋阳腔为主。每逢三清山、石人殿、葛仙山、横街等地举行庙会时，信州城乡百姓即以街巷或村镇为团体，组织香会班，随同朝山进香的队伍，如期到达庙会所在地，在庙会上吹拉弹唱，与各地的乐班互比优劣。

遇节日或地方喜庆之事，信州百姓亦请香会班举行演奏。器乐曲中的“十番”“江南丝竹”，十分优美动听。新中国成立后，香会班多已解体，至“文革”时逐渐消亡，尚有一些老艺人散处各地。1981年部分县、市文化馆曾组织香会班的老艺人，对濒临失传的民间著名器乐曲进行了录音、整理。

（详见本辑《信州的庙会与香会》一文）

三角班

三角班，又名“三脚班”，起源于明末的赣东北民间灯戏和茶歌班，因每班只有三个角色而得名。三角班和串堂班略有不同，串堂班以打击乐为演奏主体，乐器和演奏人数都较多，演出场面喧嚣。而三角班初时演员和乐器都很少，演出时仅由两人表演，一人伴奏，主要演地方小戏。乐器起初仅有锣和鼓，以后才略有增加。三角班演出场所多为露天小台，或在民房内搭个小台。因不拘场地，简单方便，明清时流行于各地农村。

三角班演灯彩戏，唱采茶调或湖广调。三角班的唱腔，不同于任何戏曲剧种，具有浓郁的乡土情调和地方特色，但仍未脱离歌舞的范畴。演员起初多为男性，男扮女旦，由一旦一丑表演“对子戏”，后增为二旦一丑。约在清康熙年间，又由二旦一丑增加一个小生，虽然有4名演员，但根据行当分类仍然是生、旦、丑组成的“三角班”。

三角班和串堂班一样，艺人多为当地农民，一般由爱好戏剧的农民自发组成，可以临时凑合，道具简单，演出方便。农村逢年过节，或有庙会，或办喜庆事，多请三角班演戏。清初，采茶戏和赣剧盛行，三角班也逐渐发展壮大，从只能演小戏到学演正本戏，有些班社甚至开始演赣剧部分节目，唱饶河调。班子于是又增加女演员和其他角色，俗称“七子班”或“半班”。但人们大多仍习惯称其“三角班”。

三角班演出的小戏剧目达200多个，以爱情戏为主，生角与旦角打情骂俏，丑角插科打诨逗笑。生旦唱腔婉转，载歌载舞；丑角动作滑稽幽默，极具感染力。唱词多为民歌俚语，以富有乡土味的方言演唱，反映民间底层的百姓生活，充满浓郁的生活气息，为群众所喜闻乐见。

旧时三角班演出的小戏内容较为低俗，如生角唱：“新打戒箍韭菜边，打起戒箍送娇莲。问声娇莲么时嫁？心肝妹，送你戒箍抵礼钱。”旦角接着唱：“哥哥你哇事好清闲，你个戒箍抵几个钱？妹子爱哥哥情意深，心肝哥，岂在乎你这小礼钱！”但也有部分优秀剧目，如反对土豪劣绅、反映民间疾苦的《火烧王八万》《磨难记》等。

20世纪三四十年代，三角班因有些小戏内容太低俗，政府以其“伤风败俗”“有伤风化”为名，下令禁演，派军警四处缉捕艺人，三角班因是偃旗息鼓，销声匿迹。

新中国成立后，三角戏班和剧目多有改革：城镇里的三角班，由政府改组定名为采茶戏班或采茶剧团，上饶城里建起了采茶戏院。广大农村中业余三角戏班依然盛行，但不再称为“三角戏”班。

采茶戏

赣东北采茶戏，是上饶土生土长的传统戏曲小剧种，是在三角戏的基础上发展起来的，其剧种旧时被称为“三角戏”或“小戏”——即三个角色的小戏，新中国成立后才改称“采茶戏”。

赣东北三角戏起源于明末清初铅山武夷山等产茶地，后流行于整个赣东北，是在当地民歌、茶歌和灯歌的基础上，吸收了黄梅戏、花鼓灯、游春戏的唱腔发展起来的。三角戏最先的雏形是“采茶灯”歌，原先只是在春节和元宵时出现的民间娱乐，或有客商前来买茶时为宾客演唱的一种歌舞。铅山县河口镇是武夷茶北销的重要集散地，客商汇聚，故而采茶歌舞十分活跃，所以有“武夷山茶区孕育了采茶戏的雏形”之说。采茶灯歌的演唱，由娇童扮成采茶女，每队8～12人，1～2人领队，手持花灯，边歌边舞，唱的是“十二月采茶”之类比较欢快的采茶小调。后来内容形式逐渐简化，除去了庞大的歌舞队，只留下两名采茶女和一名领队，形成“二旦一丑”的三角班，演出一些生活娱乐小戏。演出时由锣鼓伴奏，没有丝弦和吹奏乐器，有些剧目演出以人声伴唱，伴唱者由乐队兼之，或一边击乐，一边伴唱。演出内容逐渐丰富，班子日渐发展扩大，三角戏班也开始学演一些折子戏。因演大戏的需要，又增加了老生、青衣、花脸等角色，发展成由十一二人组成的“半班”（意即半个戏班），并加入了笛子、胡琴、二胡等传统乐器。活跃在城镇的三角戏班，渐渐向能演大戏的戏班发展，人称“采茶戏”。

采茶戏演唱“采茶调”或“湖广调”。采茶调声腔粗犷、质朴，多半来自民歌小调；湖广调较柔和婉转，吸收了黄梅戏及南方的一些杂曲小调，经过发展演变，成为后来风靡一时的“湖广调”。采茶戏的唱腔基本上分两大类：一是三角调，是小戏的主要唱腔，来自茶歌、灯歌和民间小曲，同时也吸收外地部分民歌和戏曲音乐，是一种曲牌体；二是湖广调，是演出整本大戏的常用主要腔调，属板腔体。

采茶戏许多唱腔小调朗朗上口，群众不但喜欢听，而且还学着唱，流传很广。土地革命时期，闽浙赣苏区流行的一些革命歌曲，大都借用采茶调填词演唱。小戏剧目多描写劳动人民的日常生活、劳动、交易和爱情的民间故事，大戏多反映善恶报应和悲欢离合的故事。

赣东北采茶戏的表演特点：小旦出场手持大手帕，做甩巾、抛巾、飞巾、转巾、顶巾、摇巾等表演动作，姿态优美，活泼动人；小生上场常持折扇，配合剧情，做抛扇、翻扇、摆扇、转扇、顶扇、旋扇等表演动作；小丑出场常带竹烟筒，做各种感情表达，表演技巧着重表现在头、脸部分，要求全身灵活自然。如丑角的“矮子功”，是戏曲艺术中非常受欢迎的一种表演，演员运用独特的高难度技巧，把身子蜷起来在台上蹲步行走。功夫好的丑角，每次出场都博得满堂喝彩。

1955年，上饶采茶剧团成立，在今夜市街建起了采茶剧院，演出常常座无虚席，有时一票难求，还产生了“小张美娟”等著名演员。直至“文革”前夕，上饶采茶戏一直处于鼎盛时期。20世纪80年代末，因新媒体的冲击，戏剧日渐衰退，采茶剧团终被撤销，艺人转行。

2012年10月，信州区传统舞蹈《信州茶灯》被列入上饶市第三批市级非物质文化遗产代表性项目。

赣　剧

赣剧，旧名江西戏，又称江西班，也叫江西路，起源于赣东北，流行于江西省境内。通常称之为“大戏”，以区别于“三脚戏”等小戏。赣剧的声腔基础为明代四大声腔之一的弋阳腔，融合了清代中期传入江西境内的昆腔与乱弹而形成，是古代四大声腔之一。1951年正式定名为“赣剧”，所有赣剧团由民间经营变为国家经营。

赣剧起源于弋阳腔，它的表演也是从弋阳腔开始的。弋阳腔形成之初，与宗教有着密切关系，而最早经常演出的戏文《目连传》，就成为赣剧表演的源头，是赣东北地区的主要地方剧种。

明末清初，弋阳腔已流传全国各地，并形成各种地方戏曲声腔，其发源地的赣东北部，却因乱弹的流入而发展为今日的赣剧。赣剧流传于赣东北、浙西、闽北、皖南的大片地区，分广信班和饶河班两大流派。广信班以上饶（今信州区）、玉山、贵溪为中心，故又称“信河派”，其唱腔特点较婉转、流利，轻歌曼舞如小桥流水，悲壮场面似山呼海啸，田园生活则情趣盎然。饶河班，又称饶河调、饶河戏，因发源于饶河流域和饶州府（今鄱阳）而得名，先以鄱阳为中心，清咸丰时移至乐平，并流行于饶州府管辖的万年、余干、德兴、浮梁、余江等县，以及九江府的都昌、彭泽，远至安徽的祁门、至德（今东至）等地。其唱腔仍保留弋阳腔的传统，古朴、粗犷。民国以后，除赣剧饶河班还保留了部分高腔（弋阳腔）剧目外，广信班仅在几个单折戏中留有一些高腔，余均为弹腔所取代。

清末，赣剧以唱乱弹为主，高腔、昆腔次之。乱弹又称弹腔，主要属板腔体，有西皮、二黄、秦腔拨子、浙江调、上江调、浦江调、南词北词、安徽梆子及民歌小调等。西皮、二黄是赣剧弹腔中的基本曲调，板眼大致与京剧相似，但无慢三眼。板式变化多样，节奏鲜明，能表现戏剧人物喜怒哀乐各种情绪的变化，富有表现力。赣剧的表演艺术虽是由弋阳腔发展而来的，但自有一套程式。赣剧的表演风格古朴厚实，亲切逼真，歌舞结合，声腔体系十分丰富。

旧时剧团演出，进门第一场戏（指夜场）先演“三闹”“三打”。“三闹”即“花闹台”（打击乐、吹奏乐全参加）、“摆八仙”（喜庆戏）、“跳加官”（魁星点斗、财神献宝、天官赐福）；“三打”即“打台”（全体演员化装翻打跌扑）、“打布”（在台前悬一匹布，由一演员在布上腾空表演各种技艺）、“打场面”（由演员扮一怪形，以手为足，以足为手，头藏裤内，臀扎一头，红衣红裳，倒挂行走，蹒跚舞蹈，做各种表演动作，均传承于弋阳腔《目莲》戏）。1950年以后，“三打”中后二打已不演了。

赣剧的表演特点：一是动作大，线条粗，身段严谨，场面热闹，夹以杂耍武打和雄壮威武的演出形式，散见于各戏的武打表演中；二是古朴，富有生活情趣。一般来说，花脸（净行）动作较粗犷，特别是大花、二花，招手踢脚，幅度比较大，三花（小丑）则较夸张，技艺难度也大；生行表演尤为扣人心弦，正生的“变脸”活灵活现，特别是赣剧娃娃生，其特有的传统表演功是不多见的；旦行的“跪步”“甩发”等也都有独到的技艺。其唱腔通常都唱“凡”调，正生、小生、小旦习惯于在句中、句尾加“噫”“啊”“呃”等衬词，用假嗓演唱。故民间有“不啊不噫，不成饶河戏”之说。

赣剧传统剧目（包括高、昆、弹腔）留存至今的有大戏260多本、小戏700多出。赣剧的服饰和脸谱既细腻又严谨。传统剧中的人物、服饰和脸谱都有严格的规定，文官武将，或忠或奸，分得一清二楚。

上饶境内历史上曾出现过的赣剧青林班社达七八十个之多，至20世纪20年代，赣剧为鼎盛时期。在赣北乡村，有“四大名班”称雄之说。旧社会，艺人不甘受歧视、压迫，也曾有过反抗行动。清光绪三十年（1904）饶河班艺人在二花脸夏廷义（诨名叫混天麻子）率领下，参加了“反青靛加税”的暴动，全省为之震惊。土地革命时期，赣东北苏区有一个赣剧戏班加入红色演出团，进行革命宣传。新中国成立前夕，因社会动乱和经济凋敝，境内只剩下两三个专业赣剧戏班。

20世纪50年代起，政府先后在地区和各县成立了赣剧团。并在地区和县两级开办了文艺（戏剧）学校、演员训练班，培养了一批批赣剧新生力量。业余赣剧团及赣剧串堂班也迅速遍及上饶各县乡村。政府对部分老剧目进行了整理、改编，还创作和移植了一些新编历史剧和现代戏。多次参加全省、市级会演和中央调演，获得好评。50年代末，赣剧在庐山为毛泽东、周恩来等中国共产党和国家领导人演出。

“文革”后，赣剧存在人员老化、后继乏人、传统剧目和表演艺术得不到继承的困境，因此急需保护、传承与发展。

2011年6月8日，赣剧经中华人民共和国国务院批准列入第三批国家级非物质文化遗产名录。2016年20日，赣剧首次赴英国，参加在莎士比亚故乡举办的“纪念莎翁和汤显祖逝世400周年”活动。2019年11月，《国家级非物质文化遗产代表性项目保护单位名单》公布，江西省赣剧院（江西省赣剧暨弋阳腔保护传习中心）获得“赣剧”项目保护单位资格。

赣东采茶戏名旦刘叐香

杨　咏

刘叐香（艺名刘莎香），赣东采茶戏老艺术家，曾任上饶地区采茶剧团副团长。1946 年10月21日出生于上饶市广丰区，中共党员，国家二级演员，代表性采茶戏剧目有《哑女告状》《白蛇传》《柳玉娘》《三凤求凰》《红灯记》《江姐》《山绿人红》等。她自小与采茶戏结缘，期间虽历经艰辛和磨砺，但初心不改，一生致力于赣东采茶戏的推广和传播，为采茶戏艺术做出不可磨灭的贡献。

一、历经磨砺方得香

刘叐香[①]从小生活在一个爱好戏曲的家庭，父母及三个哥哥和一个姐姐均能演唱戏曲，受家庭的艺术熏陶，她自小悄悄地把对戏曲的热爱埋在心里，在她还是广丰永小上学时就跟大哥学会了第一首小戏《小放牛》[②]。1956、1957年，她连续两年参加了当地的戏曲演员选拔，均被选上，但由于学校的阻拦都未如愿。1958年，出于对戏曲的强烈爱好，她终于考进了广丰县(今广丰区)

---

① 刘叐香："叐"字为上饶方言，读音 sui，阴平声调，意思是“小”。如文章中的“叐哥”即指小哥哥的意思。她在家中，上有两个哥哥和一个姐姐，她排行最小，故取此名。

② 《小放牛》是民间歌舞小戏中一段载歌载舞的男女对唱。原为昆曲《吹腔》曲牌，50年代流传于全国，并常用于戏曲音乐之中，京剧、二人转、黄梅戏、河北梆子、豫剧、云南花灯均有此剧目。音乐明朗清新，表现天真活泼的村姑与牧童路遇时的相互问答、互表爱慕之情。

越剧团，师从邓蔓霞师傅学戏。

当地把越剧师傅称“娘”，她“娘”出身书香门弟，不但戏演多而且能写会导，折子戏一本一本地教她，如《小姑贤》《拾玉镯》《庵堂认母》《方玉娘祭塔》等20多折，这些折子戏一般用在大戏前加演。值得庆幸的是，她还有个武功师父郑云潮，早上师傅帮她操跟头，利用空闲时间排武戏，如《盗仙草》《水满金山》《穆柯寨》《杨排风》等。

后来，她又被团里选送到玉山县城边上的上饶专区艺术学校学习越剧。当时艺校的越剧班共有4个老师，20个学生。老师和学生主要由贵溪、德兴、横丰、玉山、上饶市、广丰各剧团选送而来，学生中年龄最大的18岁，她当时只有12岁，是学生中年龄最小的。艺校的生活十分艰苦，加上三年自然灾害，粮食和副食品短缺，团里的阿姨们将粮食减到一个月25斤。当时，她正是长身体的年龄，加上每天练功，没有40斤粮食，根本填不饱肚子，可又不敢开口讲。越剧班女生多，赣剧、采茶班则男生多。男生都长得牛高马大并且饭量也很大，食堂大桶饭自盛自吃，男生吃饭时，第一碗盛少点，第二碗盛满了还要压一压，等到她去盛饭时，能有一碗饭就不错了，连红薯米饭都不够吃。每当饿慌了，她就去摘没熟的小毛桃吃，时间一长，得了胃病，有时疼得在床上打滚。还有一次，剧团到鹰潭演出，她实在饿不住，就到火车站去买一盒饭吃，谁知盒饭是凭火车票买的，兄妹三人都没有火车票，只好买野生的乌饭果吃，肚子没饱，嘴唇却吃得乌嘟嘟。她跟哥哥说“奀哥（广丰方言‘小哥哥’），我饿得很！”三弟也讲他头有点昏，奀哥拉着弟妹，坐在马路边上说:“弟妹饭都吃不饱，我算什么男子汉？”说完，三人抱头痛哭。当天晚上，她只得以开水充饥，晚上起床两次，谁知天亮后，同房间的师姐丢了钱包，就怀疑她拿了，可她根本没拿，这种冤枉怎么受得了？她哭得昏天黑地。好在到了傍晚，师姐的钱包又找到了，她才免去一劫。那一刻她深深地体会到，被冤枉和穷苦的滋味不好受呀！

然而，不管生活多么艰难，也没有阻挡她学习戏曲的热情。在校期间，她进行了较为系统的基本功学习，跟随武功老师张福培，文戏杨桂仙、黄晓莺等老师傅学戏，包括踢腿、拉大顶，翻跟斗、劈叉、刀枪棍剑和武功等，以及唱功课和身段表演课的学习。

艺校早晨练功时，赣剧、采茶戏、越剧三个剧种的男生和女生统一在操场练习。她们首先要在大操场跑步，然后女生在杨桂仙老师指导下练习基本功[①]，老师教得很仔细，从慢步开始，到小丫头的甩手步、快步，手势有害羞的，单指等。冬天，在空旷的操场上练功，刚开始，大家冷得不敢伸手，杨桂仙老师马上说："纳妮哎（上饶方言，指女孩），不要怕冷，把手伸出来。"大家听话地伸出手，一招一式认真练着，直到跑快步才出汗。武功由京剧团的张福培和邓老师主教，从搁腿，踢腿，抬腿开始，腰功先拉大顶、下腰、甩腰，然后翻跟斗等。记得在练习飞脚时，用1根竹棍两人抬着，人从棍上飞过去，当时她飞得轻又高。张老师见她勤奋好学，又教她双刀的八刀花，枪花，双剑，单刀枪对打，双刀枪对打；翻跟斗从前跷后跷，虎跳，毽子，小翻，腰子翻身，后扑翻，乌龙绞柱等武功。艺校晨起练功的习惯，她一直长年累月坚持下来，为日后的出色表演打下坚实的基础。

艺校的唱腔和排戏由各个剧种的老师教，越剧老师有贵溪的钱老师，广丰的黄晓英老师，横丰的郭老师，德兴余老师（琴师）。越剧班没排戏时，她就到簪剧班看杨老师教《断桥》，就这样那些赣剧班的同学会了，她也看会了。越剧班排《碧玉簪》一场戏，她演送酒丫头，没有一句台词，但是，她站在夫人身边，随着夫人的戏，夫人笑她高兴，夫人哭她伤心。贵溪越剧团的钱老师见状说："这个小鬼头，演得介认真，笑煞我哉。"于是在第二本戏《严兰贞盘夫》中让她演一个有四句唱的丫头。到了第三本戏，老师们放手让她学《九斤姑娘》。这可是一口浙江土话的既喜且忧的戏，对于一个学戏不到半年的学生来说非常困难，但她没有退怯。浙江土话不会就学，她想了个办法，用本子把台词抄好，再请郭老师一个字一个字地教，遇到特别难记的字，就用广丰同音字标注在难记的字下面，记不住了，就看下面的同音字，一字字，一句句，全神贯注地练习。就这样，她凭借这股顽强的精神，终于把《九斤姑娘》排出来。在学戏的道路上，她一步一个脚印，是艺校师生一致公认

---

① 杨桂仙：已故赣剧最早的四大花旦之一。出生于1918年，江西上饶人，从小随父学戏，后从师杨贞水。1953年，杨桂仙任上饶专区赣剧团业务团长，1959年调任江西省赣剧院副院长。上饶民间流传："三天不看杨桂仙，人就要发癫。"代表剧目有《装疯骂殿》《拾玉镯》《哑背疯》《白蛇传》《梁祝姻缘》《马前泼水》《思凡》《孟姜女》等，其中《装疯骂殿》唱段灌制了第一张赣剧唱片。

的勤奋好学的学生。

艺校毕业后，她带着武功和文戏的基础返回广丰越剧团，经江报演出，团长和师傅们很满意。当时剧团有14个学员，她和两位哥哥，坚持冬练三九，夏练三伏，从不间断。冬天，“奀哥”坐在雪地里弹琵琶，手指练热了，往雪中插进去，冻冷手指后又重新练习。她每天晨起在舞台上练功，广丰剧场是原来的天妃宫，舞台采用的是木头柱子，瓦盖的屋顶，因年久失修，只要一下雪，雪花就从瓦缝钻进去落到台板上。当她的那些师姐们还在暖和的被子里做美梦时，她已在洒满雪花的台上练得满身热汗。她心中始终牢记“宝剑锋从磨砺出，梅花香自苦寒来”的道理。她除了晨练，一般上午排戏，下午以及晚上演出，演出空闲时，她还练习毛笔字，一天时间就这样在累并快乐中有序地进行着，常年艰苦的训练，使她的戏曲基本功得到极大提升。

她除了跟艺校老师学习之外，更多的时间是靠自己的琢磨和模仿前辈艺人的表演，从而掌握了采茶戏的抖音腔唱腔及表演特点。早期她的演唱多用本嗓，她感到本嗓演唱让她的嗓子经常疼，且时间一长，声音就失去光彩。于是，她开始跟着蔡毅老师学习声乐，采用头腔，口腔、鼻腔、胸腔四个共鸣腔发声，这个发声要求与民族唱法非常接近，她把这套科学的发声运用到后来的戏曲演唱当中。在语言方面最开始用的贵溪话，后来改为掺杂上饶话的普通话演唱。此外，在这期间她还掌握了采茶戏的扇子、手绢、矮子步等特色表演技巧。

1988年，单位送她到江西大学中文系作家班汉语言方向学习。学校为她们开设了包括中国文学、外国文学、古典文学（陈东有老师的《四大名著》）、戏曲（滕振国老师的《昆曲》讲座）、影视、英语、写作等在内的22门课程。1990年，她以《论幕表戏的艺术》作为毕业论文顺利毕业。这三年的本科学习，极大地丰富了她的人生阅历，拓宽了艺术境界，提高了她对采茶戏韵律以及情感表现力的把握能力。

二、采茶“包台旦”的悲喜人生

上饶采茶戏和全国的戏曲境况相似，历经了曲折起伏的发展历程。上饶采茶剧团成立于1955年，主要活跃在贵溪，鹰潭一带。其中五六十年代属于采茶戏的高峰期，“文革”期间转为低潮期，到七八十年代又出现一个高潮期，80年代后期，采茶戏逐渐衰退。

1958年刘关香凭借越剧《珍珠塔》选段的出色演唱和她的两位哥哥一起考上广丰县(今广丰区)越剧团。刚到团里她勤学苦练，终于在剧团初露头角，一次剧团领导在大会上宣布，刘关香为青年尖子演员，是今后的重点培养对象。可是，这并没有让她高兴，因为马上很多风言风语朝她扑面而来。她跟关哥诉苦，哥哥劝慰她：“别理睬，你站稳舞台中央，就是胜利！”有一次剧团在铜钹山演出，她“娘”(师父)叫了声：“小包台，去吃饭了。[①]”她马上说：“娘，我不当小包台，太受气了。”娘劝慰道：“能当上小包台就是光彩，受点气是必然的，不要怕，娘支持你。”

1964年6月，全省现代戏调演，根据要求由本地区选出一台好戏参加省里调演。当时上饶共有19个剧团参加选拔，最后选中采茶剧团的《山绿人红》参加演出。几个月后的一天，她突然接到鲍团长的通知，上级要借她去参加省里的调演。她心里满是疑惑，想着采茶戏不是有演员吗？况且她又不会唱采茶，但是鲍团长说：“上级叫你去演，这是命令，记住三个月结束后就回来，团里已申报你当副团长了。”她赶忙摆摆手，除了演戏，她根本没想过要当领导，一心只想着完成调演后返回剧团。就这样，她被借用到地区采茶剧团三个月，由上饶文教处的李德清老师带着她去采茶剧团报到，从此她便与采茶戏结下了一生的情缘。

她在采茶戏《山绿人红》中饰演女主角林红[②]，塑造了一位正直、努力、不畏艰难的人物形象。在排练这部戏时，她们需要先对词，但是她一开口，就引起哄堂大笑，因为她用江浙话念采茶戏台词。她找到当时的地委宣传部

---

① “小包台”：清初江西乱弹腔兴起，婚姻爱情戏增多，小旦成为剧中的重要角色。但凡剧中旦行角色均由小旦包任，故称“包台旦”，扮演剧中的青年女子，要求文武精通，唱做全能。因刘关香当时年龄尚小，且文武戏双全，故其师傅昵称其为“小包台”。

② 《山绿人红》：1964年，上饶地区选送采茶剧团的《山绿人红》参加江西省现代戏调演，刘关香饰演女主角林红。故事讲述共产主义劳动大学赣东北的七公岭分校林学系三班，以林红，长青为首的绝大多数同学通过劳动实践锻炼朝着能文能舞的方向前进。而受资产阶级思想影响的李聪生，则逃避劳动，拒绝同学的批评和帮助。一次制造灭虫烟雾剂的事件教育了李聪生，他终于感到林红所走的道路，是自己应该走的道路。

刘杰部长，要求回广丰越剧团。刘部长鼓励她说："小刘，你知道全区19个剧团，为何选你演林红？这是领导觉得你条件不错，是个好演员的材料，在培养你呀，你怎么可以一碰到困难就打退堂鼓？我让团里安排老师傅，一对一教你。"于是孙团长安排了琴师和殷师傅，每天单独教她学贵溪话："做么俚彩，崽俚，妮俚……"犹如小孩子牙牙学语。经过三个月的学习和排练，十月，她们到省里参加调演。当时的黄知真省长是上饶横峰人，他看了演出，和蔼地对她说："小刘演得不错，不要骄傲，继续努力，学好本领，下次再看你演戏。"那时还不满18岁的她，见到省长只知道笑，话都不知道怎么说，只一个劲地点头称："是是是。"

调演结束后，采茶剧团一直让她演戏，如《江姐》《红色娘子军》《李双双》《远方来信》《红灯记》。直至年后，广丰越剧团李艳芳团长跑到宣金堂专员办公室反映情况，宣专员终于同意，她又回广丰越剧剧团。此时的广丰越剧剧团已改为文工团，演员多是从广丰歌舞团调来，同时在广丰中学招了一批学生做演员。以前的旧人只寥寥几个，年纪大的老演员一个都没有，后来听说，她们有些人在酒店洗菜，洗碗，还有的调到山区去养猪。可惜，她刚刚学会采茶戏，现在又要改学歌舞，那样的环境她实在待不下去了，不久，她随丈夫调回县里。

自1968年起，她被下放到广丰红旗垦殖场。她心中装满艺术，当军管剧团的徐科长通知她当剧团的副组长（相当于副团长）时，她坚决不当，一旁的电工师傅说："别人想当，当不到，你却不当，真是个不求进步的人。"那时，她除了日常劳动之外，选择了宣传毛泽东思想，唱红歌，演红戏，通过排戏和歌舞表演到村庄演出进行宣传。这时期，她参演的作品主要有独唱《看见你们格外亲》，舞蹈《洗衣歌》，表演唱《大海航行靠舵手》《北京的金山上》等红色主题歌曲。

1971年1月，她调回上饶市采茶剧团，兼任女演员队队长，时任团长汪少楼。1972年春节走访慰问期间，她与张勇排了个形式生动活泼的表演唱《喜迎华主席像》，政治部崔主任走到哪里慰问，都要带上这个节目。1973年，全区现代戏会演，采茶剧团自编，自演了两个节目《客满》和《重见光明》。她主演《客满》中的店经理，为老农代管牛，晚上还为老农补衣服。舞台上用一束聚光灯照着，她熟练地穿针引线，一针针，一线线，补的是老农衣，缝的是阶级情，画面漂亮，情真意切，感动了观众和戏友。

1977年地、市剧团合并为上饶地区采茶剧团，郑少堂任团长兼书记。她开始演古装戏新戏，如《刘三姐》《三凤求凰》《三女抢板》《哑女告状》《白蛇传》等。有一次她在义乌演出《哑女告状·哑背疯》[①]，在剧中她塑造了一个柔弱的哑女上珠形象，由一人饰演老汉和疯瘫女两个角色。当时，看戏的两个男观众打赌，一个说是两个演员演的，另一个说，不对，是一个人演两个角色。演出结束后两人赶到后台，刚好她在换装，一看，果然是一个演员演两个角色，那位打赌的观众惊讶地说："呀，你演的真像两个人。"

1980年她参演方健忠导演、邓辉亮编曲的古装戏《白蛇传》[②]。她在剧中饰演白蛇（文武花旦），这个角色要求演员必须能文能武。一次，住在她对门的京剧团陈先生听见她背《白蛇传》台词，就好心劝她："小刘，我们京剧团已排了《白蛇传》，你们怎么演得过京剧，还是不要排了。"她回说："陈老师，我一介布衣，凡事都听上级安排。"后来，京剧团前三天上演《白蛇传》，采茶戏后三天也演同样剧目。看戏的观众先看了京剧团的演出，后又来看采茶戏演出，就这样看来看去，直到京剧《白蛇传》停演了，但采茶戏《白蛇传》却在工农兵剧院连续售票上演了48天，有时甚至一票难求，有的观众为了排队买票，头一天晚上打地铺睡在戏院门口等着买票。这部剧获得观众的一致好评。此外，她还在吴正国、王少林等导演的《红灯记》《江姐》《红色娘子军》中担任女主角。

1984年，她担任上饶地区采茶剧团业务副团长。当时剧团的全部演职员

---

① 《哑背疯》：出自《目连戏》中的一折。讲述官家大小姐掌上珠，自幼与书生陈光祖有婚约，继母掌夫人毁约，迫其改嫁。上珠不从，在老管家掌忠帮助下，赠银送陈光祖上京赴试，结果一举得中。掌夫人设计以亲女代嫁，并唆使儿子呆大放火烧听月楼，上珠跳楼幸免于难，随千里上京寻夫，患难夫妻终得团圆。这折戏由一人饰演老汉和疯瘫女二个角色，演员上身扮演疯瘫女，后腰处扎一双假女足，下身扮演老汉，用木偶系于演员前身，形成老汉背疯瘫女的形象，令观众耳目一新。该剧曾先后被赣剧、越剧、京剧、闽剧、秦腔等数十个剧种移植上演。

② 《白蛇传》是我国广为流传的民间传说，民间常以戏剧表演、说书、小说，漫画、电影等多种方式演绎。讲述的是白素贞为报恩来到凡间，与许仙成亲，法海从中阻挠，诓骗许仙并将白素贞镇压在雷峰塔下的故事。该剧主要有游湖、盗草、水斗、断桥、合钵等折组成，是一台完整的综合性传统剧目。1980年，刘奀香参演方健忠导演、邓辉亮编曲的古装采茶戏《白蛇传》，她在剧中饰演白蛇（文武花旦），当时参加演出的舞美，服装，音乐，演员阵容都很强，演出大获成功。

50多人，其中导演有方健忠、吴正国，演员有30多人，行当比较齐全，主要演员有刘奀香（花旦）、郑崇鸿（小生）、曾景荣（老生）、王腊珍（花旦）、张婉珍（花旦）、项银太（小丑）、周庆珍（花旦）；乐队有司鼓江朝炎、胡琴邓辉竞、琵琶金兆渝等10余人。此外，团里的舞美灯光服装师都有专职人员负责管理，整个剧团的老，中，青三代演员结合，剧目丰富，演出阵容空前强盛。剧团常年在浙江衢州、诸暨、杭州和安徽、福建、江西等地演出。一年演出时间约10个月，所到之处受到当地老百姓热烈欢迎。一次剧团从黄山开演，一路演至歙县，演出场场爆满。一次演出结束后，演员们上了客车，回头一看，票房窗口排了一条长龙，有人问剧院经理："这些人在干什么？"经理说："这些人等买票，晚上看你们的戏啊。"一次歌舞团去歙县演出，经理让她们带口信，"请刘奀香带团来演出，我保证她一个月满场。"虽是一个口信，说明当地观众仍然非常喜爱采茶戏。

这种情况一致维持到80年代末期，自从电视剧上市后，采茶戏便慢慢开始冷落。有一次剧团到湖村演出，刚开演的时候，台下坐满了观众，谁知演到第三场，台下观众突然走光了，一打听才知道，原来那天晚上电视里正在播出《少林寺》，大家都回去看电视剧了。然而，剧团演出有规定，不管台下观众多少，台上演员还是要认真演，直到演出结束。在这种几乎没有观众的情况下，很多演员的思想开始动摇，大部分人要求转行，最终文化局决定撤销地区采茶剧团。剧团撤销后，她随即进入工农兵剧院任经理职务，主要组织剧院上演电影、负责茶座、录像厅、小吃部的管理工作。1999年工农兵剧院又撤销，于是合并到市图书馆，直到2001年退休。

忆当年，参加省调演，受到省长接见，她犹如初升的太阳，光彩照人。可世事难料，太阳刚露出半个红艳艳的脸庞，却被十年"文革"遮住了。"文革"后的十几年，采茶艺术再次给她戴上最光彩的头环，戏中的喜怒哀乐抚平了她这个"包台旦"对现实的哀怨，她在视若生命的戏剧舞台尽情绽放。

三、夕阳近黄昏，红艳不逊春

2001 年，她退休后一天也没有放弃她所热爱的戏曲演唱及教学工作。她去了浙江温岭民营越剧团做导演，在那里她为温岭民营越剧团排演了越剧《五女拜寿》《三凤求凰》《三线姻缘》《夜明珠》等剧目。2005年返回上饶，2010年开办越剧培训班，接着又创办了中艺越剧团，但由于种种因素未能持续，该剧团于2013年解散。为了让家乡人们重温采茶戏，多年来，她来回奔波在两个家乡（上饶、广丰）的老年大学之间，先后多次组织开办采茶戏学习班。

目前她主要在上饶市老年大学，广丰区老年大学等地教授采茶戏。她自编唱词，套采茶的曲调，用老采茶调，教大家唱采茶戏的韵味，传授采茶戏表演。她所教的学生200余人，学员中有老师、工人、干部等各行各业对采茶戏感兴趣的人。学生中最年轻的50岁，最大的70多岁，平均年龄在65岁左右，其中以女性多，男性只有2～3人。他们每星期集中学习半天时间，学完后她会给学员们进行排练，已经排演的剧目有《南湖的船》《江姐》《党的摇篮》等。此外，采茶班的学员还义务在上饶灵溪镇及其他村镇、福海敬老院、水南街道等地演出。连续两年，经过激烈的竞选，她带的团队冲上了上饶市“我要上春晚”的舞台。随着演出实践的不断丰富，提高了学员的学习成效，扩大了社会各界对采茶戏的认知和喜爱。现在她又开始在上饶市第八小学开办采茶戏课外活动班，并准备在水塔小学开办采茶课程，她希望让更多的孩子们了解并热爱家乡的采茶戏。

提及对上饶采茶戏今后的保护和发展设想，她情绪激动，欲语泪先流。第一，她最担忧的是目前采茶戏没有年轻演员，建议能在大学里面开办采茶班，传承戏曲文化，同时呼吁相关文化主管部门为上饶传统采茶文化提供传承和发展机会以及平台，创造条件开办上饶戏曲学校，开辟采茶戏专业，招收一批中小学生从小学戏，到那时，她愿意无偿为孩子们传授采茶戏。第二，根据这几年在老年大学采茶班的教学经验，她希望移植其他剧目配上采茶调，按表演唱的方式排演采茶戏。目前已经排演的《三清神女送香茶》即综合了各地采茶歌的曲调。前段采用的是浙江的请茶歌，中间做茶一段由她填词谱曲，最后部分又采用了江西的请茶歌曲调。第三，她希望恢复采茶小戏，如选取《红色娘子军》参军投军一场，按戏曲的方式再现经典。如今党中央为挽救地方戏剧，三番五次发文件，要求各地传承和弘扬地方戏剧。这犹如一支进军的号召角，给戏痴们打了一支强心针，只要社会需要，她便可以冲锋陷阵。

整个上午的访谈结束了，73岁的刘奀香老人似乎忘记了疲劳和她常年的关节疼痛，依旧容光焕发地诉说着她的采茶梦。她说："类风湿病如刑罚，时刻折磨着我的身体，可是只要一上台，便头不昏，眼不花，手不疼，脚不拐，舞台对于我来说犹如天堂，在那里百病消散。"

夕阳近黄昏，红艳不逊春！此刻，我唯有安静地倾听，感受着她那份对采茶艺术的无限深情与执着。

口述：刘奀香（赣东北采茶戏名旦）

记录：涂纯（上饶师院音乐舞蹈学院16级学生）

采写：杨咏（上饶师院音乐舞蹈学院教授）

时间：2019年11月7日

地点：上饶师院图书馆悦读吧

上饶题材电影新作《幸福山歌》评析

吴凑春

一、上饶题材电影新作《幸福山歌》

故事电影《幸福山歌》于2019年9月9日在央视CCTV-6首播。该片导演武圣基，编剧程建平、史俊，男女主角姚冬妹、饶哥分别由刘思莹、邢城饰演，老表演艺术家陶玉玲饰演老年女主角姚冬妹。

这是一部根据上饶本土作家创作的电影剧本拍摄的电影。剧作者是上饶市政协主席程建平，上饶市电影电视艺术家协会主席、余干县文联主席史俊。影片由上饶市政协、中共信州区委、信州区人民政府、江西南国影视文化传播有限公司、江西越合文化传媒有限公司等联合摄制。显然，本片带有鲜明的上饶地方印记，是继《法官妈妈》(2008)、《美丽的故事》(2011)、《天梦》(2018)等之后又一部典型的上饶题材电影。

上饶题材电影，“指与上饶有关的故事电影，主要包括根据发生在上饶的历史事件改编及以上饶人物为主要讲述对象的影片”。至今，上饶题材电影创作已经成了一个显著的文艺创作现象，俨然成为地方文化产业的一个新亮点。其中，著名人物的传记叙事是重要形式，《幸福山歌》可说是又一新的尝试。

故事以老年女主角姚冬妹追忆的方式展开，主要讲述的是：20世纪30年代初，地处赣东北的信州人民遭受反动阶级的压迫，生活在水深火热之中。父亲姚勤茂、母亲爱英、女儿姚冬妹组成平凡的一家，过着日出而作、日落而息的普通百姓的生活。作为当地民歌大王、穿堂班班主的父亲姚勤茂，会在闲暇之余以唱山歌抒情达意。但是，当地土财主汤汉先、汤襄臣父子为非作歹，试图逼迫姚家以女儿抵债。为女儿幸福计，父母只得让她做王家水生的童养媳。汤氏父子继而合谋，以姚勤茂不识字进行欺诈勒索，汤父则垂涎姚母姿色进而强暴致其自杀身亡。正当父女冤屈不得伸张、求告无门之际，受党组织派遣的共产党员饶哥来到信州发动农民革命。趁着汤汉先举办寿宴的机会，农民暴动突起，姚冬妹亲手将汤汉先击毙，其子汤襄臣则趁机逃跑了。从此，信州区苏维埃革命政权成立了，姚冬妹也进入列宁夜校学习，接受革命信仰教育。在革命斗争中和饶哥相爱的姚冬妹，勇敢走出旧藩篱，离开了水生家。受父亲影响，姚冬妹以唱山歌表达革命信念，在“1933季闽浙赣（皖）苏区联欢会”上演唱《开口就唱共产党》，并见到了方志敏同志。后来，饶哥离开革命根据地随方志敏北上抗日。皖南事变后，姚冬妹参与抗议国民党反动行径的示威游行被抓，关押上饶集中营，见到了饶哥。原来，饶哥参加了新四军也被捕于此。饶哥宁死不屈壮烈牺牲，以“气不歇歌不止”劝勉姚冬妹继续革命。苦难的历史终于过去了，转眼之间到了2019年，年老的姚冬妹在孙子搀扶中蹒跚远去……

影片一开始就以字幕标注了故事的来源：“部分故事情节取材于信州区‘民歌妈妈’姚金娜生前事迹。”故事结束后打出的字幕是：“谨以此片献给已故江西信州‘民歌妈妈’姚金娜老师，以及千千万万用歌声记录新中国历史进程的中华儿女。”显然，女主人公的故事来自原型人物姚金娜，整部影片犹如女主角的人生传记叙事。

二、虚构艺术的传记性

故事电影，是一门虚构性艺术，在真实性上有别于纪录片，显得更弱。作为一部本土作家讲述本土人物故事的影片，毫无疑问会强化故事的真实性，以达到更好教化观众这一目的的实现。为此，影片积极处理主要人物、空间、时间、故事情节等方面和历史真实之间的对应关系，营造了影片叙事的真实性效果，甚至赋予影片女主人公的传记叙事色彩。

我们先看原型姚金娜的简要生平传记资料。她（1929年10月6日—2017年4月16日）生于江西省上饶市信州区郭门村。姚金娜幼年丧母，12岁便成了童养媳，“读书”对于那个时候的她，简直就是天方夜谭。新中国成立后，姚金娜开始接触知识，她上夜校、学文化，参加了工作。天性乐观的她，酷爱唱歌，目睹了新中国翻天覆地的变化，又亲身感受到党的关爱，姚金娜就把自己身边的人和事，自己的感受编成歌谣唱出来。她提笔写的第一首歌曲名字就叫《开口就唱共产党》。主要代表作有:《开口就唱共产党》《呼牛调》《摘菜》《上饶龙船调》《上饶渔鼓》《好粮好棉卖给国家》等。

姚冬妹与原型人物姚金娜存在对应关系。1. 影片开头标注了故事的来源：“部分故事情节取材于信州区‘民歌奶奶’姚金娜生前事迹。”开宗明义，声明女主角的故事来自原型人物。故事结束后打出的字幕是：“谨以此片献给已故江西信州‘民歌妈妈’姚金娜老师，以及千千万万用歌声记录新中国历史进程的中华儿女。”再次强调了女主角与原型人物的内在对应关系。2. 女主取名姚冬妹，原型为姚金娜。相比较女主的名字更显乡村土气，但是与原型人物一样都姓姚。3. 出生地相同，都是江西上饶信州区。4. 姚冬妹为家境所迫做人家的童养媳，姚金娜也是童养媳身份。5. 姚冬妹从小不识字，没有受过文化教育，后来进夜校才开始学习。原型姚金娜类似，不同处在于她是新中国成立后入夜校的。6. 主要形象都是擅长唱山歌的“山歌大王”，《开口就唱共产党》都是他们的代表作。影片中女主参加“1933季闽浙赣（皖）苏区联欢会”时演唱的就是此曲。显然，影片主人公以姚金娜为原型，创作者努力使其在诸多方面尽量吻合姚金娜的特点。总之，主人公的故事是建立在原型人物的生平事迹基础之上的，具有很强的纪实性。

与此同时，影片让一位著名历史真实人物方志敏出场，这更加强化了故事的真实性。方志敏（1899年8月21日—1935年8月6日），江西上饶弋阳县人，土地革命战争时期赣东北和闽浙赣革命根据地的创建人，于1934年10月率领中国工农红军先遣队北上抗日，1935年1月被国民党逮捕，同年8月6日遇害。影片中方志敏出场的情节发生在1933年，当时女主参加“1933季闽浙赣（皖）苏区联欢会”，从而两人会见了。作为一部具有虚构特征的故事电影来说，这在时间逻辑上是没有问题的，艺术真实允许适当的虚构加工。因此，方志敏这一人物形象的出场，更加强化了影片的真实性，一定程度上混淆了影片故事真实与虚构的边界。

更为重要的是，影片还非常注重故事的时间，以各种艺术手法进行了标注，从而与历史真实的时间遥相呼应。故事的时间脉络有：

1. 女主参加“1933季闽浙赣（皖）苏区联欢会”，演唱《开口就唱共产党》，于此见到了方志敏。标注方法是女主演唱时背后横挂的横幅“1933季闽浙赣（皖）苏区联欢会”说明。

2.1935年8月后不久的某一天。标注方法是女主看报知晓方志敏被害的消息。

3.1941年1月皖南事变。标注方法是《新华日报》的特写镜头（刊载周恩来的题词“为江南死国难者志哀”和诗“千古奇冤，江南一叶，同室操戈，相煎何急！”）。

4.1949年。标注方法的天安门前的开国大典游行。

5.2019年。影片以字幕形式告知“新中国成立70年来……”，展现信州区发生了翻天覆地的变化。

此外，还有空间的真实。故事上演的空间是江西东北部的信州，人物对话中出现的弋阳、横峰现均属于江西上饶市。故事中还提到成立的信州区苏维埃政权、匾额中出现“信州区沙溪镇”等字样，均有现实依据。影片中提及的许多地名建筑也是真实存在的，如上饶集中营，龟峰风景区、上饶高铁站等，这些都强化了故事地域的真实性。

总之，影片以字幕说明（“部分故事情节取材于信州区‘民歌奶奶’姚金娜生前事迹”等）、主人公与原型人物的对应关系（姓氏、童养媳身份、不识字、进夜校等）、方志敏的出场、故事时间与历史的谨慎对应（举行“闽浙赣（皖）苏区联欢会”的1933年，方志敏遇害的1935年，皖南事变的1941年，新中国成立的1949年，新中国成立70周年的2019年）、真实的地域空间及建筑（弋阳、横峰、沙溪镇，上饶集中营等），确保影片的真实性。在此真实性的基础上，影片以编年体叙事的方式展开，宛如主人公的人生传记故事：

年轻时家庭遭受地主剥削而被迫做人家的童养媳；母亲受凌辱自杀死亡；在党组织的领导下投身农民革命运动；以上发生在1933年或略前一点时间。

参加“1933季闽浙赣（皖）苏区联欢会”，时在1933年；阅看报纸知道方志敏遇害的消息，时在1935年8月之后不久；参加抗议国民党当局分裂抗日活动的游行，时在皖南事变后的1942年；在饶哥牺牲后迎来了新中国的成立，时在1949年10月；见证了新中国70年以来翻天覆地的变化，目睹了信州区的新面貌，时在2019年。影片处理采用首尾呼应叙事模式，主体情节则是线性叙事，以时间顺序逐一讲述女主角的人生故事。可以说，该作以一部常规故事电影的时长，讲述了女主人公长达86年之久的人生故事，虽然1949年以后的70年故事是以跳跃、一笔带过式讲述的。由此，影片成了姚冬妹（原型姚金娜）的人生传记故事叙事。

三、虚构性处理背后的“铭文”意义

铭文（或“书写印迹”）的意义是指，所有个别的文本都是一个被历史地决定的“文本”（历史文本的一部分），并被刻写进这个它们在其中得以产生的历史文本，由此，并非“杰作”的一部电影作为铭文，自带了如何被历史产生的秘密，具有读解的价值。

这部影片的其他许多细节与原型姚金娜还是有出入的，如姚冬妹进入当地苏维埃政权创办的夜校学习，但事实上姚金娜是在新中国成立后才有学习机会的；做童养媳的姚冬妹摆脱了命运的枷锁，走婚姻自主的道路，但姚金娜的童养媳身份则没有这样的转变……当然，这些虚构性处理可以由创作者拔高了当时的农民革命斗争、旧时代农村女性觉醒的可能性加以解释。

这里需要着重分析方志敏这一历史人物的出场的虚构性处理。涉及四个方面：出场的不可能与可能，出场的急迫性，出场的氛围，以及出场的“铭文”意义。

首先，出场的不可能与可能。从原型人物生平来说，方志敏是不可能与其存在交集从而在故事中出场的。因为，原型姚金娜生于1929年，在方志敏遇害的1935年时才6岁。如果真的有电影里的“1933季闽浙赣（皖）苏区联欢会”这一情节，那么，1929年出生的姚金娜此时只有4岁，根本不会有她（故事人物姚冬妹）参加联欢会而遇见方志敏这一情节的可能。

但是，一部虚构性故事电影让1935年1月失去人身自由的方志敏在1933年与女主角会见在“1933季闽浙赣（皖）苏区联欢会”上，这是可能的。故事电影作为一门虚构性艺术，是被允许的。所以，影片的处理，应该是把主人公的出生年份较之原型人物提前了至少12年，为的是能够让她在1933年参加“闽浙赣（皖）苏区联欢会”，从而见到方志敏。于此，明了方志敏出场是虚构性情节。

其次，出场的急迫性。由上述影片煞费苦心的处理可以感觉方志敏出场的急迫性。急迫性还体现在：影片除了方志敏所有人物都是虚构的，没有一个真名，即使女主人公姚冬妹相比原型人物在名字上也做了处理，由金娜改为冬妹。由此，方志敏成了全片中唯一一个没有做处理的真名人物，虽然在整个影片中出现的时长很短，仅出现在女主角1933年参加“闽浙赣（皖）苏区联欢会”这一情节中。这就更加凸显了方志敏这一人物在影片中出场的急迫性。

剧中方志敏出场是在电影时长过半后，但是，在之前情节中已经被剧中人物多次提及：苦难的农民遭受地主压榨时说到有个闹革命的方志敏，饶哥出场时被一同志介绍为是“方志敏队伍的人”，饶哥告知女主自己是由方志敏资助上学并取饶哥之名的，夜校老师在上课时以方志敏为例号召大家像他那样做顶天立地的人，饶哥亲口告知女主写山歌的尝试获得了方志敏的肯定……总之，方志敏在没有出场前，已经在故事中被屡次点名，可以说是不断被提及，早已成为一个多功能的符码：有号召力的革命者，普罗大众的贴心人，和善可亲的大叔，年轻革命者的引路人……可以说，方志敏的是在一种“千呼万唤”的氛围中出场的。

方志敏出场具有“铭文”的意义。当今的电影创作，作为国家一统式计划体制的文化事业逐渐弱化，已经变为各个地方政府旅游、文化产业建设的重要内容。作为赣东北革命根据地创始人的方志敏，是当地现代革命历史的标志性人物，文艺工作者尤其是本地文艺工作者都有再次“复活”他的职责与内在冲动。从创作者来说，让方志敏出场也是作为本地文艺工作者的职责所在。那么，这样一部讲述出生在1929年的原型人物故事的虚构电影，偏要拉进一个史有其人的方志敏，由此满足宣传红色革命历史和当代文化名人的需要。于此也足见本地宣传部门与文艺工作者的渴望与急迫性。

当然，我们还要更为注意的是大的政治话语氛围。2010年9月1日，习近平在中央党校2010年秋季学期开学典礼上讲述了老一辈共产党人“伟大信仰”的故事，其中提及“我多次读方志敏烈士在狱中写下的《清贫》”。2014习近平在文艺工作座谈会上的讲话中，把方志敏的《可爱的中国》，视为“以全部热情为祖国放歌抒怀”作品之一。2016年7月1日，习近平在庆祝中国共产党成立95周年大会上的讲话引述方志敏的《死！——共产主义的殉道者的记述》中的诗句“敌人只能砍下我们的头颅，决不能动摇我们的信仰”。也就是说，在当下主流政治话语体系中方志敏是一个被允许反复诉说的对象，讲述他的故事对文艺工作来说创作风险极低。事实上，根据其人生故事、再现其英雄形象的多个文学、戏剧、影视作品已经面世。因此，我们在《幸福山歌》中再次看到了出场时长约1分钟的“1933季闽浙赣（皖）苏区联欢会”上的方志敏：他肯定了女主角不愧为“山歌大王”称号，并指出她的山歌对革命工作的重要性（“一支山歌抵咱们一个师”），勉励她“为了可爱的中国”继续歌唱……

美国电影评论员曼尼·法伯（Manny Farber）说，每一部电影都传承着那个时代的DNA。《幸福山歌》以上饶一位被誉为“山歌大王”的真实人物的事迹改编，是属于现实题材创作。它关注了真实人物的故事，也出现了像方志敏这样著名的历史人物。《幸福山歌》能呈现当下文化症候的作品。它以上饶一位被誉为“山歌大王”的真实人物的事迹改编，是属于现实题材创作。它关注了真实人物的故事，也出现了像方志敏这样著名的历史人物。该剧把主人公的出生年份较之原型人物提前了至少12年，为的是能够让主人公在1933年参加闽浙赣苏区的联欢会，从而见到方志敏。剧作如此设计，其内在目的是为了满足当地政府宣传红色革命历史和当代文化名人的需要，能够让方志敏这一本土历史名人出场。

现实主义是文艺创作一种精神，来自创作者的赤子之心，而不仅仅是一种题材划分的命名。只有这样才能创作出好的优秀的文艺作品。鲁迅在《革命时代的文学——四月八日在黄埔军官学校讲》中所言，至今还极有启示意义：“好的文艺作品，向来多是不受别人命令，不顾利害，自然而然地从心中流露的东西。”

（作者简介：吴凑春，男，江西余干人，上饶师范学院副教授，博士，主要研究中国电影文化。基金项目：江西省高校人文社会科学规划项目“新中国70年人物传记电影创作的理论反思”。项目批准号：YS19137）

【古风民俗】

上饶立春民俗文化的探索与研究

汪增讨

立春，是我国农历二十四节气之首，也是与春节最为临近的一个节气。过了立春，万物开始复苏，新的一年四季又开始了。在人们的感觉中白天明显比以往变长了，太阳也明显变得暖和了许多。

江西省上饶市是块“富饶美丽历史悠久的赣东北大地”，古属饶、信二州，地扼闽、浙、皖、赣要冲，有“豫章第一门户”之誉。今辖十二县市区。明、清之际，大批闽广、吴越人口迁入。随乡入俗，到江西上饶后，接受当地的风俗习惯，同时也把自己老家的生活习俗带入，这也是正常的。由于地域相接，上饶东边与衢州、金华相邻。随着20世纪20年代末，浙赣铁路由杭州延伸到上饶，如今上饶铁路员工还保留着似像非像的杭州、金华、衢州等地混合的特有的浙江母音的“上饶铁路话”。后来抗日战争爆发，上饶成了抗战大后方，大批杭州、绍兴、金华等地难民涌入上饶，在上饶生活、经商，至今还有许多讲上饶话的浙江人后代。新中国成立后许多新安江移民又迁入上饶市弋阳县、德兴市，与当地人在一起，或种田或教书或经商。很多年前就曾有金华与上饶结为友好城市的佳话；如今“江山、常山、玉山”的“三山”文化艺术节每年都要举办一次，这也是赣文化与外来文化的交融。如此频繁沟通，构成了生活习俗很多既相同又不相同，结果使上饶民俗化更具有多样性。我想上饶立春的民俗文化内涵也必定既有本地的土味，也许包含了吴越文化或徽闽文化的各种元素。

立春，上饶人习惯称“新春”，也有的人叫“逢春”，“交春”，还有一种非常普遍的让人感到喜气洋溢的“新春大似年”的说法。实际上早在明、清年间上饶每年就已经非常盛行“立春”这个节气。随着年代的变迁，人们的生活习惯和生产方式不断地变化，然而，各地农村传统的“立春”民俗活动至今还是保留着。当然，祭祀方式也发生了许多变化，各地也尽不同。为此，我认为立春的祭祀与“春社”“春牛图”“盲春”的种种关系都也值得我们进行探索与研究。

一、浅谈上饶古今“立春”的祭祀习俗

人们的生产与生活方式随着时代的进步也在不断发生着变化。“立春”，这项作为农历农时的节气民俗活动，当然也不可避免发生了很大的变化。据查阅清同治十一年的《广信府志》与《上饶县志》的民俗篇章记载：“立春：前一日迎春，东郊诸行铺集，优伶结綵亭前导，远近聚观。以土牛色占水旱，以句芒冠履验春寒燠。翌日，祀句芒。鞭土牛，争拾牛土，谓可疗疾。其夜，涂市燃灯放花爆，名曰接春。”(标点符号系作者后加)由此可见，上饶立春历史上的祭祀盛典是非常隆重的，也是非常热闹的，而且在时间上还分迎春和接春二天进行。州府县衙的官员穿戴整齐和平民百姓一起争相观看。还有艺人化妆成句(句读gōu)芒神，又称春神或木神，上饶民间俗称“五谷神”。是主管农事之神，也是专管粮食之神。句芒手执彩鞭在前面带路，将泥巴“春牛”迎进县城。第二天，“立春”日又将春的象征——土牛打碎，众人纷纷哄抢土牛碎片回家，还认为可以治病，成了仙丹妙药。晚上满街张灯结彩，到处燃放鞭炮接春，那景观实在是太热闹了。这种由清朝官府领头举办的立春祭祀活动，一直延续到民国初年。

而民间千家万户的立春习俗却继续到现在。如今，极大多数的农户人家都在立春当天清晨，到自家菜地找一棵挺拔像样的白菜连根带土挖起来，小心翼翼地抱回家，移栽在一个干净的无破损的瓷碗里，并在菜根上围一圈红纸，然后又把一块写着“迎春接福”的红纸牌插在白菜前面。还有许多人家同时将自家做的豆腐或在市场买来的新鲜豆腐，取出一大块放在瓷盘上，又

同样在这块豆腐面上放一张写了“春”字的红纸。必须说明的是这块大豆腐是由四块小豆腐连在一起的，这就是一块田字形的豆腐。这新鲜的白菜和洁白的豆腐置放在正厅堂的香案桌上。寓意是祈求今年农田生产吉祥如意，喜获大丰收。有条件的人家还会在厅堂正面墙的居中位置贴上一个大大的“春”字或“迎春接福”的条幅。

上饶地域辽阔，俗话说“百里不同风，千里不同俗”，各县的立春祭祀方式也略有不同：如德兴市农家除了移栽白菜，还要在香案桌上置放五个碟子，分别装满玉米、稻谷、大豆、芝麻、黄粟；鄱阳县谢家滩，则在香案桌两端各放一碗油菜、一碗小麦，中间摆上12个酒盅，表示一年12个月，每个盅内放进一粒黄豆，装进一些清水。“立春”后，看哪个盅内豆子泡发得大，就是哪个月农事好；万年县作兴“立春”之日“数犁”的民俗活动，就是农民将牛犊牵至畈上教犁田。即由一人牵牛绳，一人扶犁，引导小牛犊犁田。耕田不多，主要是教牛走犁路；婺源县立春日，还要在门口的香筒插上梅花或天竺叶；铅山县立春日在案桌上摆满糕、饼、酒、茶之类的供品；玉山县怀玉山区还更有意思，接春要在自家厅堂的桌子摆放谷、玉米、豆、芝麻、黄粟五样粮食、敬供“五谷神”，每样食物面上均用青菜叶盖上，以示各种子等待下种的新春景象；立春日摆粿子，有广丰区的蒸米糕、铅山县灰碱粿等。供品是祭“五谷神”，“五谷神”在民间认为是专管农事的神灵。

尽管各县各乡村举行形式各异的立春祭祀民俗活动，但是到了历书规定的接春时辰，都要燃香、点烛、烧纸、鸣放鞭炮，各户男当家还要向门外作辑、拜三拜，表示迎接新春的到来。

二、立春文化的要素是“农时”“土地”与“耕牛”

任何一种文化的体现源自内在要素。作为我国农耕文化的二十四节气，早在公元前137年的西汉时就已经出现，其年代久远，影响极深，即便是现代科学技术如此发达的新时代，在我国广大农村、农业科研部门及相关人员还在遵循“春耕夏种秋收冬藏”的生产自然规律。作为二十四节气的第一个节令“立春”，尤为显得重要。

立春，一年四季在于春。“立春一日，水暖三分”，意味着大地回暖，万物复苏。立春节令充满了不误农时的紧迫性，它提醒人们，该是下田劳作了。庄稼不等人，季节不饶人。

从古到今，人们如此隆重欢迎立春节令，祭祀立春节气，上饶民俗有“新春大似年”的说法，这实在是一点也不假。如今还有许多人家，不仅保留了古代传承的各种迎春接春的风俗，还有立春之日的晚餐备有不亚于除夕年饭的丰盛菜肴，阖家团聚，甚至还要邀请许多亲朋好友来家做客。大家在一起举杯欢庆春天的来到，祈求一年风调雨顺五谷丰登六畜兴旺。我认为，古人留下的迎春习俗，首先就是提醒广大农民，田里的越冬作物即将复苏，小麦也将开始返青，春耕要尽早做打算了，谷种要认真加以挑选，肥料要准备好，及农耕用具也要进行检修等等。为此，可以理解要为新的一年努力生产，多出汗多卖力，争取今年农业生产大丰收。

“田要深耕，儿要亲生”。深耕细作是种田人的根本。土地本是农民的命根，立春后的第五个戊日是“春社”，上饶人也非常重视“春社”，有的农村在春社这天要进行祭祀，有的还要演“社戏”。还有的乡村，在社日有“拦社”的节俗，就是说这家人如在秋社后，家中死了人，春社日就要到社公庙进行“拦社”，请社公老爷管管他的亲人坟地，不要被蛇打洞。“拦社”祭祀一般是到社公庙点香烧纸，还要摆上米制的裸敬供。

许多地方在社日为什么要到社公庙烧香烧纸祭祀？人们为什么对社公如此产生敬畏？原因是民间认为社公是管土地的，土地能生五谷养活凡间众人，为了感谢和祈求土地的恩赐，所以要祭土地神。为什么社公庙都很小，所占面积都不大，而且极大多数都是在路边田头，有的地方还是几块石头一垒就是社公庙。民间说道它自己是管土地的，所以要求大家与它一样也珍惜土地，农民更要珍惜每寸农耕田地。土地是不能再生的。我认为作为现代农业的今天，农村中出现荒废土地也是极大犯罪。必须加以制止和管理。我国广大农村几千年来对土地珍惜的良好传统，进行春社祭祀活动就是最好的明证。实际上这也是立春节令祭祀活动的延续。这些都是反映农民对土地的无限深爱一种体现。

耕牛，应该也是立春节令的一个非常有趣的并有实际意义的不可或缺的重要话题。耕牛，历来是农家宝。古代，立春有“句芒”鞭打春牛的习俗，土地要生长粮食，要靠人插种，耕田锄地要靠牛协助拉犁，这是不发达时代农耕文化的生产活动大链条。牛成了人们的不会讲话的忠实“朋友”，也是农家的“半边家当”。每年农历四月初八日，还俗定这天是“牛节”。当天，家家户户的牛都不要干农活，大清早还要由主人牵出牛栏去吃露水草。

立春节气有许多关于牛的习俗。古时的上饶立春前一日，要在东郊迎春，泥塑一条春牛，由艺人扮成句芒（五谷神）鞭打春牛进府城。立春日又将“春牛”打碎，人们争抢春牛土块拿回家，说可以治病。立春日又有送“春牛图”上门，谓之送春。接到“春牛图”人家会恭恭敬敬地贴在中堂上或是其他显眼的地方。收到“春牛图”的人家还会给送“春牛图”的人一点钱表示谢意。在农民的心目中，早收到“春牛图”，就说明今年的年成好。本人小时候就曾经跟随送“春牛图”的人到处走。当然，如今科学发达了，耕田地有大中型拖拉机或手扶拖拉机替代耕牛。送“春牛图”是没有了，但是每年历书上还是会印刷一幅“春牛图”。

现在养牛的人家确实也逐渐减少，但是一些有关牛的习俗还是保留了下来，如养牛主人在农历正月初一要牵牛“出行”，到外面饮水，牛栏还要烧香纸、放爆竹，当天要给牛喂精饲料；还有牵牛到牛市场进行交易，都要在牛头上绑块红布或红头绳；卖户将牛卖出，绝对不卖牛绳，表示自家以后还要养牛，祈求来年兴旺发达等等。

立春，自古以来的节俗，归根结底就是提示农民要不误农时、要爱惜土地，要同情耕牛。“农时”与“土地”在当今社会或将来都是永远不会过时的话题，也将在继续发挥作用。耕牛给人类所做的贡献，也是会让人们永远记住的。

三、上饶民间“寡春年”及“迎春燕”的习俗

中国传统历法中的二十四节气，这节气源自我国劳动人民和天文学专家们对天象长期观察，反复探索的结果。西汉时《淮南子》一书则完整地记录了全部“二十四节气”。“二十四节气”同农业息息相关，实际也成了我国人

民从事农业生产的法宝。一年有12个月，每个月有2个节气，每隔15天有一个节气。“气”就是指气象，物象的意思。然而，二十四节气在农历中并没有固定的日期，需要推算才能确定。我国自古以来使用农历，1911年，辛亥革命成功后，改用阳历，我国农村仍普遍沿用农历。在农历中，以“立春”为二十四个节气的第一个节气。这样一来，农历与阳历交织在一起，于是便出现“立春”一般在阳历中的二月四日或五日。如2017年的立春是在阳历的二月三日子时23时34分，而农历却是正月初七；2018年的立春，恰是在阳历的二月四日5时29分，而在农历(鸡年)十二月十九日，按民间的说法，这个鸡年是两头春。到了2018年(狗年)的立春又推算到十二月三十日11时14分。这样一来，狗年还算是有立春节气。假如推算到第二天的正月初一，狗年就没有立春节气，便会成为民间的“盲春”年。

由此可见，农历的年份，一年中，年头或年尾各出现一次“立春”节气，便称之为“两头春”，民间又叫“双春年”；如果农历一年中的头尾都没有立春节气叫作“盲春年”，上饶人则叫“寡妇年”，也有称之“寡春年”。2018年的“立春”节气出现在年末腊月(十二月)三十日除夕这一天，民间则称之为“岁交春”。

本来二十四节气是科学推算而来的，然而人们硬将“盲春年”称之为“寡妇年”。于是有的人听信算命瞎子或风水先生，不在“盲春年”讨亲嫁女，往往会采取提前一年或推迟一年结婚。这都是听信迷信造成的。幸好如今上饶很多年轻人已经不相信这套鬼话，认为农历中出现的立春节令是科学现象，与人间发生的生老病死或福或祸，是没有任何关系的。所以在“盲春年”结婚还是大有人在。

上饶民间在立春还有一个在自家屋檐下修筑燕子窝的良好传统习俗。人们认为燕子既是益鸟又是福鸟。燕子“不吃你家的谷子，不吃你家的糜子，只在你家抱一窝儿子”。大家还会说这家人如果今年不走运，燕子还不到你家做窝呢！所以家家都争着在自家屋檐或祖屋大厅边做燕子窝。本人小时候就亲眼见过父亲立春日在自家屋檐下钉燕子窝。我那时只是感到非常有意思，但并不了解大人们的用意。

二十四节气的立春民俗文化，是历史长河中的人类记忆，也是非常有趣的话题，其内涵极其丰富，可谓是人类文明进步一部厚厚的教课书。它不断地启迪后来人要“务耕不误农时，土地不可再生，要珍惜每寸良田”的道理。

上饶市的立春民俗文化各地大同小异，各地也有其特色，但万变不离其宗，还是以“农时”“土地”“耕牛”为主要核心内容。研究民俗文化要“深挖掘、细探讨、善疏理，一定会终得其果”。我想，全面深入了解上饶立春传统文化也是如此，尚待继续努力。

立春耕种图

立春日的白菜豆腐，寓意清清白白

信州的香会与庙会

商建榕

宗教崇拜，是上饶民俗文化的重要组成部分，具有悠久的历史渊源、深厚的人文内涵和浓郁的地方色彩，属于地域性文化。作为一种普遍而特殊的民间精神信仰，它有一定的神秘性、功利性和多种社会功能，故而深深地渗透到人们的日常生活中，反映出境内百姓的民族情感、文化心态甚至审美心理，其范畴早已超出了单纯的崇教信仰，是构成民俗丰富多彩的文化层面。

上饶民风自古“好巫”，史载明至清时，仅上饶县便有99座寺庙宫观；据民国二十七年（1938）调查，半数以上的乡村都建有一至数个大小不等的庙宇。“其敬神目的，不胜枚举，……以求财、求福、求子、求五谷丰登，及求人畜洁者居多”(《江西近现代文献资料汇编》)。由此引发了多种神灵崇拜，大至天界、人间、阴间、山岳、江湖，小至门、帐、井、灶、树，都有专司神灵。其实纵观上饶的神灵，多半由历史上德高望重、智慧过人的名人圣贤演绎而成，如上饶文庙供奉的孔子，文公庙供奉的朱熹，武庙供奉的关羽，灵山供奉的胡昭、刘太真、李德胜（鹰武将军）还有朱丹溪（朱大元帅）等等。这些人，生前多为文豪人杰、名宦名医，或为官勤政廉洁，或治病救人造福一方百姓，郡人感其恩德，便在其死后建庙立祠，岁时祭祀供奉，日久便成了神。

上述这些神灵，多属于地方神，因与人们的生活密切相关，故其庙宇的香火极盛，宗教活动频繁。每个庙都有其特定的时间（如主神的诞日与忌日），定期开展宗教活动，僧人借机弘扬教义，扩大影响，增加收入。善男信女们则于此时去庙中朝香，祈祷还愿，逐渐形成寺庙集市——庙会。赶庙会的民间组织“香会”也应运而生，成为民俗文化中的两个亮点。

一、庙 会

上饶人喜欢赶庙会，境内大大小小的庙会常年不断，尤其是一些村民，几乎每逢庙会必去，而且常常是举家老幼一同前往赴会，如此代代相传，形成上饶民俗中的重要活动。而上饶最兴盛的大庙会，当数灵山石人殿庙会和葛仙山庙会。这两个历史悠久的大庙会，是上饶人最重视的庙会，在多达十数万的香客人流中，上饶的朝香者占了绝大多数。

石人殿庙会

石人殿位于上饶灵山风景区石人峰下。灵山自古名胜云集，宋、明时曾被道家经典列为道教第三十六和第三十三福地。石人殿始建于西晋太康元年（280），原称石人峰祠，供奉“石人公”。石人公是灵山之巅一座人形石峰，头、颈、胸、躯干俱全，人称“石人公”，神话传说很多，据说十分灵验。三国时，祠中又增祀道士胡昭，因胡昭生前在灵山养真岩采药修道，治病救人，故又称“胡昭公祠”。

唐德宗时天下大旱，信州旱情尤重，连旱三年。由礼部侍郎贬知信州的刘太真与刺史李德胜到石人峰下祈雨，“甘霖立澍，民众欢腾”。刘太真在信州时间不长，仅一二年时间，但勤政惠民，捐资修桥铺路，积劳成疾，以身殉职；信州刺史李德胜，由吏部员外郎出守信州。至祠中祈雨时，立化于祠。两位刺史逝世后，百姓感其德政，塑二人像于祠中，与胡昭同祀。宋宣和二年九月御赐“鹰护殿额”；明嘉靖二十一年，夏言上书请封为“灵山鹰武将军”；明万历年间，加封李德胜为“西济南宏道荣兴护国真君”。据传，李德胜仙踪曾多次出现，或助朝廷平叛，或解民间疾苦，时有灵验，威名远震，故历代多次受封，敕广建道院。明时，石人峰祠改称为石人殿，此后屡有毁建。大殿今存建筑面积为1568平方米，砖木结构，有石柱40根，分统雷殿、大高元殿、李老真君行宫等，两侧有道院、会官公署及戏台。山门前有牌坊、碑亭、文昌阁、敕建亭、万安桥、观音阁等古建筑群。石人殿千百年来几经兴废，三遭火焚三度兴建，四受皇封恩典，先后有王安石、夏言、郑以伟等三位宰相光临造访。

旧时灵山庙多，庙会亦多，以石人殿庙会历史最为悠久，自唐以来一直盛行不衰。庙会以殿中首神胡昭的诞辰（九月初九）为期，从农历九月初一开始（上会），至初十日结束（下会），会期十天。尤以一、三、六、九四日为最，灵山附近来自上饶、玉山、横峰、广丰、铅山、德兴、乐平乃至浙西、闽北、皖南等四面八方的香客摩肩接踵，络绎不绝，把石人殿前4米宽的“弓”字形鹅卵石街道挤个水泄不通。有时游人无法行走，只好从街边的红花草田里另辟蹊径。十天会期下来，把高低不平的田坎踏成一条平整大道。据粗略统计，庙会高峰时期，香客与游客日达十万人次。

早年灵山不通车，人们需步行而至，远道者需在石人殿歇足过夜，故所有百姓家都成了饭店旅社，房间、厅堂甚至屋檐下都睡满了香客。路边临时搭建的清汤、面食小吃店铺子，长达四五华里，并逐年延伸。操着南腔北调的行商走贩们，从各地赶来，云集石人峰下，趁机出售各种土特产品。拥挤不堪的店铺内，各种小商品琳琅满目，香纸蜡烛摊点遍地皆是。卖艺耍技、算命测字、乞讨布施者处处可见。爆竹震天，烟雾弥漫，把整个石人殿闹的沸沸腾腾。夜间远处观看，殿房火光冲天。

相传明末清初，乐平有香客来石人殿进香，途经马蹄岭，山高路陡，疲惫不堪，香客们发誓今后捆绑也不再来进香。次年乐平县一带痢疾流行，死亡者不计其数。时有商人沿村叫卖大蒜子，病者服食即愈，问其姓氏，商人腾空而起曰：“吾乃石人殿人也。”乐平乡民认为是石人殿李老真君显灵，遂更尊崇石人殿诸仙。此后乐平乡民每年前来朝香时，除沐浴斋戒外，均在腰间绑系一根稻草绳，以示虔诚。

1950年以后，上饶县政府利用石人殿庙会举办物资交流大会，效益显著。如1952年的庙会，参加者日达二万余人次。当时的上饶工商界，曾组织24个行业的代表团，共289人参加庙会交易，市工商联还专门派乐队前去表演，盛况空前，有力地推动了当时商品生产的发展。1958年以后，石人殿曾一度冷落。20世纪70年代庙会又渐渐兴起，并常以城乡物资交流会的形式出现。80年代后，庙会又增加了传统的历史文化内容。每逢庙会，仍然十分火爆。2020年庙会，仅初一那天就有香客游客四万余人。

石人殿庙会，夜间火光冲天

葛仙山庙会

葛仙山，原名云岗山，位于信州西南部武夷山支脉，海拔1096米，为赣东北道教名山。史载道家鼻祖葛玄于此修道成仙，故名。相传当年葛玄遍游括苍、罗浮、灵台、合皂等天下名山，到此后见山川秀丽，泉水甘甜，气候宜人，遂结茅修道。边弘扬道法，边为百姓治病。赤乌七年（244）葛玄坐化后，乡人感其德而建庙供奉，后逐渐演变为葛仙祠，山也因此改名为葛仙山，葛仙足迹和试剑石等道教遗迹，至今犹存。

葛仙祠始建于宋元佑七年（1092），由葛仙殿、老君殿、送子观音殿、三官殿、灵官殿、地母殿、玉皇楼等建筑组成。殿宇群落依山而建，层层递进，规模宏大，气势非凡。据史载：明时因殿中住持乏人，礼请附近的鹅湖峰顶山慈济禅寺僧人上山协助管理。众僧上山后，于葛仙寺北部建慈济寺。从此道佛两教齐弘，殿寺共居一山，形成葛仙山特有的宗教现象，故而香火很盛。每年六月初一和十月初一，山上殿寺都要举办隆重的“开山门”“关山门”法会。届时，葛仙山上张灯结彩，旗幡飘扬，吸引了信州和周边城乡无数善男信女，每年农历六月至十月，结队去葛仙山朝拜，相沿成习，形成长达百日的千古庙会。

朝拜之前，上饶信众往往相互串联，组成庞大的香会组织。出发时，以村、坊、都为单位，在“头首”的带领下，各自扛着会旗、鸾驾，一路上吹长号，放神铳，敲锣打鼓，并伴以串堂班演奏的宗教音乐，浩浩荡荡上山进香。

史载每年葛仙山“开山门”时，铅山县令都要循例上山祭祀，葛仙山因之名声大振，影响广及闽、浙、皖、赣四省。附近的上饶、广丰、横峰、弋阳、玉山、贵溪、婺源等县的善男信女，对葛仙翁的崇拜达到狂热的程度，在葛仙山举办法会的四个月间，朝拜者争先恐后，不绝如缕。六月初一、七月十九、八月二十、九月九诸日，更是热闹异常。特别是八月二十那天，相传为葛仙翁寿诞，朝山进香者常日达万人以上。一路上香亭仪仗塞道，笙箫鼓乐喧天，夜晚在直线相距30里外的陈坊，也可以清楚地看到山路上长龙般的灯火。山上的僧众、道徒则早早守候在寺、殿门前，每有会队至，即燃放鞭炮迎接。会队中的神铳手则在放生池前列队，数十把甚至数百把神铳，连续齐发三响。响声在山谷中回荡，震耳欲聋。接着，由僧人或道徒接过朝山会队的会旗，由寺、殿住持率领香客们依次到每座殿中“串庙”、朝拜，再安排食宿。之后，会队全体人员到葛仙殿向葛仙翁“上疏文”。此时，殿中灯火辉煌，香烟缭绕，司法道人在葛玄圣像前高声诵读，时而伴之木鱼、钟磬之声。香客们手中执香，成行列跪拜于大殿之中，祈祷国泰民安，家庭吉祥。上疏文诵毕，钟、鼓、锣、磬齐鸣，鞭炮齐放，排列在殿外的神铳队也连续放铳。此后，朝山会队又由僧人、道徒率领，扛着会旗到各殿、堂佛像、道圣像之前顶礼膜拜，曰“回拜”。之后便分散活动，自行礼拜。会队上山时，一般都配有匾额、锦旗、香案帘、神龛帘以及草垫、蒲团，甚至扫把等敬献给山上诸殿寺。

庙会期间，许多民间小戏班随香会上山演出。香客游人敬香、求愿、还愿后，晚上便聚在大殿看《五女拜寿》《郭子仪上寿》等折子戏，形成一种特有的道教文化现象，直至今日。

大规模的朝山活动，人力、物力浪费惊人，旧社会土豪恶霸乘机巧取豪夺，因分赃不匀而械斗残杀之事时有发生，给人民带来不少祸害。清道光年间铅山知县吴林光曾作长诗一首，予以针砭。

葛仙山头钟鼓起，葛仙山下人如蚁；
仙乎有无不可知，呆女痴儿竟趋靡。
六月一日山门开，村村鼓角进香来；
填街塞巷纷杂沓，人声炮声喧如雷。
共道求仙仙降福，布施百钱供一宿；
千万人来千万钱，徒使奸僧饱鱼肉；
年年秋尽始封山，失业伤财空逐逐。
富豪土恶争财东，白刃血溅山门红，
杀人者死咸抵罪，无辜鄱及村为空。
岂知侥福返求祸，以此问仙仙亦穷，
愿乐瓣香祀田祖，俾尔时和年屡丰。

新中国成立后，上饶朝拜葛仙翁的人数虽然有所减少，但仍相当可观。据1962年统计，当年上山朝拜者达3万余人次。“文化大革命”中，山上寺观遭到严重破坏，朝山进香活动被迫停止。1980年10月上饶信徒募款重修殿宇，僧义发上山担任住持，朝山活动逐渐恢复。1982年“开山门”后两个月内，进香者多达2.1万余人，其中多为上饶人。近几年因政府的重视，山上成立了民间管理组织，有信众若干人为临时执事，协助从事庙会期间的接待及宗教活动。公安、宗教等有关部门也协同管委会维持秩序，械斗之事不再发生。每年仍有五至八万人上山朝拜。

烟雾缭绕的葛仙大殿

二、香　会

香会，系庙会的衍生物，老百姓专为赶庙会而组成的民间临时性组织，庙会结束后则自行解散。香会在赶庙会的旅途上，因队列中旗幡飘飘，故又称“幡会”。上饶境内朝香拜佛之风自古盛行，每逢庙会或农暇时，人们便结队进山朝拜。一般于农历正月或八月朝拜“三清”，三月朝拜东岳大帝，六月朝拜“葛仙”，八月朝拜许逊，九、十月朝拜石人殿李老真君。而山高路远，携老扶幼，多有不便，所以人们往往在赶庙会之前，联村串户，自发组成庞大的进香组织，名曰“香会”。

香会组织城乡皆有，尤以农村多见，牵头者多为地方绅士或德高望重者。以村或乡为单位，由“头首”负责进香活动的具体事项，统一购置吹打乐器、黄纸、香烛、旗幡、三眼铳及庙堂供奉等物，费用由成员分摊，有些香会有固定田产，其收入专用于进香活动。出发前三至七天，朝香者要沐浴斋戒，家人也得斋戒，以示虔诚。

进山朝香时，各班香会都有自己的会名和旗幡，香客们身着洁衣，肩挂黄色香袋，手持燃香，列队而行。为显示规模和气派，队伍常达数百上千人。出发时，由绣有“名山进香”的旗幡领前，三眼铳开道，串堂班鼓乐队随后。每过沿途村镇，以隆隆铳声预报让道，而后鼓乐齐鸣，浩浩荡荡，一路威风。各地群众夹道迎送，议论着这是何处的香会，何等有名之类的话题。香会中的头面人物也不时地向熟悉的观众打招呼，炫耀着自己地方的实力。友队相遇则互相礼让，秩序井然。沿途有香客小店备素食接待香客。到达寺庙后，随队来的香客各自去神像前朝拜，香会成员则摆开八仙桌，拉开场面，打“闹台”，唱大戏。有时几班香会同时进入庙堂，他们各分坐次，一班在东，一班在西，各唱各的，各显神通，让观众目不暇接。即使听不出什么名堂来，也过了把戏瘾。未组织香会的，则三五成群，自行结伴前往，至庙堂膜拜后，方可解除斋戒。

香会在清代至民国年间最为兴盛，各县市城乡普见。上饶城区的刘家坞、水南街、汪家园、五桂山及周边各乡均有香会，而以沙溪、郑坊、上泸、皂头、煌固等乡镇的香会最为著名，出动时少则四五百人，多则上千人。20世纪50年代末，朝香之俗受到一定限制，香会也几乎绝迹。80年代后，除老年妇孺仍虔诚朝觐外，人们赶庙会的目的以旅游观光的较多。大规模的民间香会组织已不多见，即便有也是小规模的，也不再统一着装，佩带香袋。但由几个串堂班自发地聚在一起赶庙会的情况仍时有出现。

话说上饶人的筷子文化

汪增讨

筷子，中国人一日三餐的用具，古代曾称之谓“箸”“夹”。现代汉语词典释为:“用竹、木、金属等制的夹饭菜或其他东西的细长棍儿。”然而，这既普通常见又简单的一双筷子，在上饶人宴席上却很有考究，不可小视。平常生活中有关筷子方面的口头语也很丰富并耐人寻味。

先从家宴分送筷子说起，主人对上桌的客人共有几位？一定要算清楚，不可少送一双筷子，避免主客双方都感到尴尬。分送筷子的顺序同样很重要，家中备有多桌，应首先敬送厅堂上方第一桌。若家中只有一桌，则先送坐首席的客人，那是长辈或贵客。以前的筷子是用工制作的，路边都有用毛竹劈筷子的人，手法都很娴熟，但是因为是手工，总有长短粗细的差别。所以手中的筷子分送时发现长短不一，就应把齐平的筷子给客人，余下的长短筷留下自己用。笔者小时候就曾听父亲经常讲述新中国成立前上饶商界流行的一则颇有意思关于分筷子的故事：讲的是民国初年，上饶城里有几个商人准备合伙做生意。开张前一天，大家高兴地来到一菜馆喝酒，好好庆贺庆贺商店明天开张志喜，大家落座后，一个商人接过店小二送来的筷子，主动站起来为大家分筷子，只见他先将筷子在桌面竖起来比一比，然后把一双特别齐平的筷子从中抽出来放在自己碗边，再把其余长短不一的筷子一双双分送给其他合伙人。酒席刚一结束，就有两位合伙人提出要退出，其实大家心里都明白，分筷人的做法明白表露自己私心很重，与只顾自己利益的人合伙做生意是不会发财的。于是这家店还没有开张，当天晚上大家就散伙了。这则小故事揭示，分筷子事虽小，却见其人动机。

另外，上饶人给客人递筷子，很特别注意不会一头正一头倒送给客人，更不会在客人的饭碗两边各放一只筷子。要知道那可是绝交筷。历来富有教养的上饶人做客，一定会在主人站起来，热情招呼大家进餐后拿起桌上早备的筷子，等长辈或贵客夹菜后，再开始自由取菜。一般都不会一上餐桌就拿筷子夹菜。这样就欠斯文了。

进餐中，上饶人的筷子夹菜也很有讲究，非常注重形象。自己爱吃的菜，最多不能连续三次以上夹同一样的菜；夹菜不可横着筷子在碗里撬菜，上下左右翻动；也不许夹起一样菜又放回去，再又去夹另外一碗菜；非常反对用筷子在汤碗里捞菜吃，那样可会被其他客人视为“洗筷子”；不要过多地站起来夹离自己座位较远的菜，尽量选择取离自己近的菜等等。宴席尾声，吃饱的客人，不应马上离开餐桌，上饶人的习俗是把筷子搁在空碗上，等全桌人餐毕，首席宾客先起来，众人欲纷纷起身时，再将筷子轻轻放置到桌面上。如果筷子没有放置到桌面，尚搁在空碗上，就意味着饭桌还有人没有吃饱，帮厨的人就不能清扫桌面，主人也还会认为是自己招待不周到或是客人对自己有什么意见，饭都没有吃饱哩！

上饶人用筷子还有许多忌讳，如不许小孩用筷子敲打空碗或饭桌，说那是“讨饭”的行为；在餐桌用餐时万万不可用手中筷子直指对方说话，那是被认为“叉乌龟”，对方会马上很不高兴；而最大的忌讳就是把筷子竖插在盛满饭的碗里，那可是敬供死人的“头边碗”，有的地方叫“头羹饭”，这也是送给将要被执行死刑犯人的临终断头饭。都被认为是很不吉利的这种恶作剧，不论是在家或做客，都是万万不可以发生的。另外，还有一种迷信的忌讳就是把刚洗干净的筷子，为了把水甩干，就图方便在柴灶或煤灶台上拍打几下，家庭主妇就会说：“拍不得，这样灶司公（灶皇爷）会说是用鞭子打他。”如今有个别偏远农村还有这种说法，假如到农村做客可就要千万注意啊！

最后说说上饶人平常的筷子口头语，很有趣味，有的还非常搞笑。如吃饭时一不小心，筷子掉在地上，会自我解嘲地说“筷子发飙，有吃望明朝”，戏说明天有人请自己吃饭。当餐后洗筷子，发现漏掉一双筷子没有洗，全家人会高兴地说:“明天会有客人来。”对一些家庭卫生搞得差，邻居会讽刺这家人“筷子越吃越粗，饭碗越吃越小”。有人宴席上不太礼貌，快速夹菜吃，别人会悄悄说这人“筷子如雨点，喉咙如竹笕”等等。笔者还记得小时候看到家附近一些小客栈、饮食店老板每天清晨都要将放在店堂里或露天桌子上盛有筷子的筷子筒，双手抱住站在临街路边连摇三遍，祈求筷子神招呼客人来店住宿吃饭。这种现象一直延续到公私合营后就没有再看过了。

上饶人的筷子文化内涵确是很丰富。有些健康文明礼貌用筷，当今还是有一定的现实意义，仍应提倡。如现在所用的机制筷，根本不存在长短不一，分筷就不必担心参差不齐。另外，含有迷信色彩的风俗习惯，逐渐消失了，这也不足为怪。

趣聊上饶人的年俗

汪增讨

“细人（上饶方言，即小孩子）望过年，大人望赚钱”。这是上饶人经常讲的一句老话。“有钱没钱，回家过年”“路再远，也要想方设法回家过年”，实际上，“年”，无论是对小孩，还是对大人，同样都很重要，大有讲究。上饶人有“送灶神”与过“大年”“小年”的习俗，还有“新春大于年”之说及“拜年”的礼数。一般从农历十二月十五日着手置办年货，大年三十祭祖、过年、守岁等。正月休闲几天又忙着拜年，初六开始筹办元宵闹花灯。十五元宵夜闹花灯之后，人们才正式开始新的一年做工、务农、经商或从政。

甜言蜜语“灶神”山天

“送灶神”，上饶人习惯叫作“送灶师公上天”，时间是在农历十二月二十三日晚。这天晚饭后，家家户户的家庭主妇忙完碗盆锅筷的洗涮后，把灶台抹得干干净净，然后恭恭敬敬地把“灶神像”贴在烟囱上，并在“灶神像”下面摆上三个小酒杯，分别灌满米酒、茶和糖，也有小酒杯灌满米酒、饭和米糖，各地虽不一样，但都是三个杯，而且必须有一个杯要放满糖。就是要让“灶师公”甜糖糊住嘴，上天多说好话，甜言蜜语。最后在“灶神像”前点三根香拜三下，烧三个黄纸包，各家“堂客人”在点香烧纸的过程中，还要一边拜揖一边祈祷：“灶师公灶师妈，上天奏好事，下地降吉祥，保佑我们一家人平平安安。”最后在灶前点燃一挂上饶人称作“百子鞭”的小鞭炮。

“接灶师公下地”是在大年三十，吃年夜饭后，重新在灶台放三个小酒杯盛满酒、茶、糖，点香烧黄纸包、放小鞭炮，嘱咐“灶师公”保佑全家新年平平安安。

提心吊胆过“小年”

腊月二十四，上饶人传统作兴在这天“过小年”。可在新中国成立前，对那些帮商家干活的伙计、店员、替人教书的私塾先生、农村有钱人家的长工、短工和奶妈等而言，过小年心里总是忐忑不安，不知道明年还会不会仍旧在这个东家干活赚钱。

我小时候就经常听父亲说，过小年的晚上，东家会准备丰盛的“小年”晚餐，并会高兴地对大家说，快过年了，大家一年来也辛苦了，明后天有的人就要回自己家过年了，今天请大家过“小年”。如果东家自己往餐桌的上位坐下去，招呼众人上桌落座，这时，大家如同吃了颗“定心丸”，知道明年不会被解聘。如果东家在落座前，很客气地请某某坐上首位，那这人就心知肚明自己被解雇了。第二天，他就无可奈何卷起铺盖，与账房先生结账，然后离开东家，特别难过地回家过年。至于那些继续留用的店员、伙计，第二天开始无忧无虑地打扫卫生和干其他事，并与老板商量回家过年的时间，以及来年上工的日子。

“年夜饭”前祭先人

农历十二月三十日，称“年节”，又俗称“过年”。如果遇到十二月小，又称“小建”，那就在二十九“过年”。不过，有的地方即使是十二月大，也在二十九日“过大年”，如上饶县枫岭头镇井边村张姓他们就是在这天“过大年”，如果是遇到“小建”，那就在二十八日过年，反正提前一天过年。据说是他们老祖宗有二个儿子，为了方便在两个儿子家过年，于是一个安排在年三十，一个在二十九过年。腊月三十日（或二十九日）过大年，早晨，家家户户的当家男人，会用托盘盛上“三牲”，竞相争早端到本地的社公庙敬神，点香烧纸，燃放鞭炮，上饶人俗称为“请年”，然后将“三牲”即一只鸡、一条鱼、一刀肉。所谓“一刀肉”就是用刀只一下切下来的肉，一定是排刀肉，不可重复再切一刀。将“三牲”用托盘端回家，置放于家中的厅堂，敬香跪拜，这就是上饶人的“祀年”习俗年三十的早餐与午餐，一般较为简单，家家都要把剩饭剩菜全部吃完，特别是要把小碟中剩余的豆腐乳吃完，并把小碟洗干净。从正月初一到十五，过去是坚决不把豆腐乳端上桌。这是因为豆腐乳要经过发霉，有“霉气”，而新年是千万不能碰“霉气”的。上饶人通常在吃年夜饭前，首先要“祭老祖宗”，在厅堂八仙桌，摆上鱼、肉、肉圆粿、豆腐干，粉丝等7个菜或9个菜俗称“烧羹饭”。家庭主妇炒“烧羹饭”的菜，有很特别的忌讳，那就是烹饪祭祀先人的所有菜肴时，都不能尝咸淡，也不准放香葱、大蒜和生姜，菜肴盛入碗内，任何人都不准吃，哪怕是一丁点。祭祖前，大人都要劝阻每一个小孩子，千万不能去碰撞桌子和长板凳，那是我们家的老祖宗在“过年”。

祭祀先人要在桌子的三边摆上盛了饭的6个小碗，灌满酒的小酒杯和6双筷子，然后焚香烧纸及烧冥钞，最后燃放鞭炮“送祖宗”。祭祖后，“烧羹饭”的饭菜必须全部重新回锅，再加上佐料和葱蒜姜。

“年夜饭”后嘴要甜

吃年夜饭，上饶人非常忌讳外人突然闯进全家团圆的“年夜饭”厅堂，所以要把大门紧紧关上。年夜饭宴席上，家中长辈坐上位，待全家人都上桌了，再开始过年。如果家中还有人没有赶回来过年，那就要为他留一个坐位，并在空位的桌面上摆碗筷和酒杯，就如同他在家一样，这样算作全家人团团圆圆。年夜饭开始后，大人会叫小辈过年要慢慢吃多吃菜，而且样样菜都要吃，一般都会说“吃了大蒜，会算数”；“吃了芹菜，更勤快”；“吃了豆腐，代代富”；“吃了豆腐干，以后会当官”（上饶方“干”与“官”谐音）；“吃了粉丝，顺顺利利”；“吃了年糕，年年长高”……小时候听父母讲的这些话，感到非常有意思。

年夜饭过后，家庭主妇洗涮完毕，就忙着接“灶神”下地归位。然后又是捞新年饭，为全家人准备新的一年新米饭。这意味着年年不断粮，年年有存粮。男人们则与小孩子们一起围坐在火盆边“守岁”，边吃花生、炒豆、米焦等糕点边聊天。小孩子这时最感兴趣是听老人讲那年复一年的老故事。“守岁”是亲人坐在一起，回味家庭的温馨与幸福，体会亲人团聚的亲情和甜蜜。再守几个小时就是新的一年来到了，“一寸光阴一寸金”，“守岁”的时光，让大人感到日子过得真快，也为每一个家庭成员留下了最美好的幸福回忆，甚至连小孩也慢慢懂得自己在慢慢长大了，又长一岁了。“守岁”后，大人会把家中所有房间都点亮灯，然后燃放鞭炮，关上大门，这便叫“封门”。正月初一凌晨，再又燃放鞭炮，这叫“开门”。清晨，大人会领着小孩谓之“出行”向四方天地朝拜，并口念“一年四季，四方大利”或“一年四季，方方吉利。笔者从小到老，几十年来每年正月初一清晨“出行”的朝拜，也一直从未间断。正月初一大家见面，都高兴地说“新年好”“恭喜发财”等吉利话。正月初一早上在家里喝第一杯茶是糖茶，祈望新的一年生活甜甜蜜蜜。下茶的糕点是“云片糕”或者“灯芯糕”，寓意步步高。还有花生、瓜子、糖果等。初一早餐基本都是安排吃长寿面条初二吃年糕，初三吃汤圆，每天都不一样，意味着新的一年生活丰富多彩，样样都有。上饶人讲正月初一玉皇大帝生日，初二地王生日，初三米王生日，所以初一要敬天、初二不可以扫地，初三不能煮生米捞饭。还有初一到初三不能往家外泼水或倒垃圾，否则会把财富扫地出。

“拜年”心诚端午前

“拜年”，是过年非常重要的传统礼俗，是敬老爱幼、亲情交流的重要体现，所以即便是在“文革”期间破“四旧”，这一习俗也没有被彻底破除。上饶人有一句俗话:“有心拜年，拜到端午前。”意思是说你再忙，拜年也不能忽视。最多可以延长一段时间，但在过端午节前定要把该拜的年都拜掉。拜年时最特别的忌讳，就是千万不能到长辈的床前去作辑拱拜，一定要把老人恭恭敬敬地搀扶到厅堂，待其坐定后跪拜或鞠躬。

【信州非遗展示】

信州非遗

骆　辉

传统音乐（Ⅱ–1）

【姚金娜民歌】

第二批省级非物质文化遗产代表性项目
所属地区：江西省上饶市信州区
保护单位：上饶市信州区文化馆

信州人民自古以来就有着以歌传情的传统。宋代辛弃疾在上饶寓居时，曾经写下“醉里吴音相媚好，白发谁家翁媪”，描写的是当地的吴侬软语悦耳动听，就像款款的绝妙对唱。姚金娜民歌即信州民歌。姚金娜（1928—2017），女，父兄是当地业余串堂班艺人，受其影响，自小喜欢民间文艺，善于即兴填词、演唱。其从事民歌演唱50余年，演唱风格质朴、大气、粗犷，充满浓郁的乡土气息。姚金娜创作并演唱的信州民歌充分借鉴了本土民间文学、音乐和语言，具有鲜明的地方特色和民间艺术审美价值。在其数十年艺术生涯中，姚金娜共创作并演唱信州民歌数百首，是信州区人民家喻户晓的民歌手，深受当地群众的欢迎。信州民歌是上饶人民用本地方言演唱并代代

相传的一种民间唱腔。姚金娜作为其代表人物，用她的智慧和对音乐的热情诠释了信州民歌，赋予了它新的生命和活力。

姚金娜演唱民歌

【信州茶灯】

第三批市级非物质文化遗产代表性项目
所属地区：江西省上饶市信州区
保护单位：上饶市信州区文化馆

信州茶灯，既“采茶”。“采茶”是中国一种民间歌舞形式，是茶歌、茶舞、茶戏和灯彩的结合，主要流行于南方产茶区，它的诞生和发展是与中国茶文化紧密相连的。信州茶灯由采茶歌发展而来，起源于明代。明中叶至清初，采茶歌与民间舞蹈相结合，又加入春节元宵的灯彩元素，逐渐形成了采茶舞。采茶舞主要用地方方言演唱采茶歌以及一些地方民歌小曲，并由女童或妇女扮成采茶女，每队八至十二人，另有少长者二人为队首，手持花篮和牌灯，边唱边舞。信州茶灯的唱腔可分为“三角小调”和“湖广调”两大类。如今的信州茶灯主要以采茶歌、舞为主，保留有少量的采茶戏剧目。信州茶灯贴近广大劳动人民生活，深受当地群众喜爱。它人物少，布景简单，表演场地不限，观赏性强，气氛热闹喜庆，群众参与度高，民俗气息浓厚，所以极具生命力，在城市和农村都非常流行。

信州采茶灯表演

【信州串堂班】

第三批市级非物质文化遗产代表性项目
所属地区：江西省上饶市信州区
保护单位：上饶市信州区文化馆

信州串堂班演出

串堂，是一种以民乐演奏为主，辅以唱腔的民间曲艺表演形式，发源于唐代，广泛流传于赣东北地区。串堂成员基本为业余，有人邀请，他们就聚集起来，走村串户，堂前一坐，吹打说唱，故名“串堂班”。敲锣鼓，奏管弦，乐手兼演唱，一人串多角，唱戏文，不演戏，是串堂的艺术特点。串堂班分为坐奏和行奏两种表演形式。根据所服务的对象和场合，串堂班的人数少则几人，多则十几二十人。串堂班应用范围广泛，常于民间红白喜事、建房乔迁、节庆舞灯、迎神赛会、宗祠祭祀等场合表演。串堂使用的乐器是传统民族民间乐器。每种乐器的搭配，视演出规模与人数而定，亦多亦少，亦繁亦简。串堂班表演分器乐和声乐两类。器乐曲目经常演奏的有《江西闹台》《十番锣鼓》等十多曲。声乐演唱主要是戏曲唱腔，也演唱一些地方民间小调。串堂班分不同流行区域分唱饶河调和信河调。由于其只唱不演，故不称之为“戏”，只谓之“调”。此外还有演唱徽剧、京剧、采茶剧、越剧、黄梅剧等剧种的。新中国成立初，赣东北地区有串堂班1500多个。据不完全统计，目前上饶市串堂班的数量大约只有不到200个。串堂班的演唱内容源自生活，来于民间，所表现的是一方地域不同时代的生活画卷。串堂班保存了大量的戏曲曲牌，很好地传承和推动了戏曲艺术的发展，是一份珍贵的江西地方戏曲遗产。

传统体育、游艺与杂技（Ⅵ-2）

【信州赛龙舟】

第五批市级非物质文化遗产代表性项目
所属地区：江西省上饶市信州区
保护单位：上饶市信州区文化馆

龙舟竞技是我国传统节日端午节的重要习俗内容之一。有水的地方，就

有龙舟竞技。位于信江河畔的信州区，龙舟竞技历经千年，逐渐形成了一套完整且系统的程序和礼仪。在竞技层面涵盖了挑选人员、赛船训练、听鼓撑船、龙船唱腔等内容；在民俗层面则有“偷”树造船、“打观舢”造势等等。信州龙船竞赛通常一年有两次，农历五月初五（端午节）至五月十三日（关平帝君圣诞）。沿信江流域各自然村皆组队参赛。比赛时，一船40人，分工明确，齐心协力。艄公掌舵，负责看水路，时刻注意掌握舵向，丝毫不能疏忽。特别是要防止撞船，因为比赛时，两船之间距离只有二三米。比赛期间龙船蔽江，锣声震天，两岸鞭炮声此起彼伏，商贩沿河设摊，人头攒动，热闹非凡。千百年来，信州赛龙舟世代相传，具有强大的生命力。今天，其已成为一项强身健体的群众性体育运动。

信州赛龙舟

传统美术（Ⅶ–4）

【信州陈氏石雕石砚】

第二批市级非物质文化遗产代表性项目
所属地区：江西省上饶市信州区
保护单位：上饶市信州区文化馆

陈文武雕刻石砚

石雕石砚，指用各种可雕、可刻的石头，创造出具有一定空间的可视、可触的艺术形象，借以反映社会生活、表达艺术家的审美感受、审美情感、审美理想的艺术。江西省民间艺术家陈文武刀耕不辍，历二十载而始终如一。多年来遍访名山，观摩历代石刻作品，刻苦钻研石雕篆刻艺术和砚文化。多年来从石头构造的角度对石雕加以研究，积稿盈筐，技艺博采众长，风格独具匠心，无论雕砚制壶，还是金石篆刻均有较高的造诣，把古典形式与现代的审美情趣巧妙地融为一体，给人以回味悠长的联想，大有身临其境之感。他的砚作，现幽思于毫间，弥逸气于砚内，清新脱俗，自然淡雅，粗犷中有细腻、洒脱中含凝重，溶书画金石与雕刻为一炉，寓书卷气于一体。既继承了传统的精细秀逸，又渗透了现代的明快简洁，自然飘逸，形成独有风格，素有“德怀遗风”之美誉。

玉龙戏水壶

【信州夏布制作工艺】

第二批省级非物质文化遗产代表性项目

所属地区：江西省上饶市信州区

保护单位：信州区文化馆

沙漠人在加工夏布

中国的夏布生产从周代就已经开始。夏布主要是用苎麻（也有用葛根纤维）为原材料纺织而成的一种布料。苎麻具有防腐、防菌等功能。用苎麻手工纺织而成的布料，穿着凉爽舒适，是理想的夏秋季衣料，故得名“夏布”。素有“苎麻之乡”美誉的信州区沙溪镇，夏布生产兴盛于清代，一直延续至今，产品远销多个国家和地区。2018年，沙溪镇的夏布出口占全国出口的一半，全镇百分之八十的农民擅长手工织麻加工夏布。信州夏布的生产主要由种麻、浸麻、剥麻、漂洗、绩麻、成线、绞团、梳麻、上桨、纺织等十二道手工程序组成，其品种甚多，以经纬线编织的不同，可分为平纹布、罗纹布；以麻线粗细不同，可分为粗布、中庄布和细布。今天像沙溪镇这样仍以传统手工艺生产加工夏布是非常少见的，它所承载的历史记忆和文化背景值得去传承和保护。

沙漠妇女纺织夏布

传统医药（Ⅸ-1）

【信州火针】

第三批省级非物质文化遗产代表性项目
所属地区：江西省上饶市信州区
保护单位：上饶市信州区文化馆

火针属针灸的一种，古称焠刺、燔针、烧针。它以“内病外治”的医术，用火烧红的针尖迅速刺入穴内，通过经络、腧穴的传导作用，应用一定的操作，来治疗疾病。火针治疗以通经脉，调气血为主，使阴阳归于相对平衡，使脏腑功能趋于调和。火针医疗的理论依据主要源于中医理论《灵枢经》。唐代孙思邈《千金要方》中正式定名为“火针”，并有“处疖痈疽，针惟令极热”的论述，既火针疗法有温经散寒、通经活络作用，因此在临床可用于对虚寒痈肿等症的治疗。近代，火针治疗一般有两种疗法：

信州区火针传承人纪绍宗在用火针治疗

一、长针深刺，治疗瘰疬、象皮腿、痈疽排脓；二、短针浅刺，治疗风湿痛、肌肤冷麻等病症。火针疗法疗效迅速显著，操作方法简便易行，医疗费用经济，极少副作用，受到了广大人民群众的欢迎。千百年来，火针为无数病患诊疗疾病，为中华传统医学的发展做出了杰出贡献。